말씀, 모든 말씀은 거룩하다. '하나님이 가라사대 …하시고… 그대로 되니라'는 말씀과 '말씀이 육신이 되어'라는 말씀은 언어의 기초 기둥이다. 하지만 이렇게 세상을 만든 말씀들과 구원을 이룬 말씀들은 그 뜻이 오염되기 쉽다. 그리스도인들은 언어를 정화하고 단어의 정확성을 유지해야 할 크나큰 책임이 있다. 그 언어와 단어에 참으로 많은 것이 달렸기 때문이다. 이 책에서 마르바 던은 우리가 부주의로 인해 마귀의 거짓말을 하는 데 하나님의 말씀을 사용하는 일이 없도록 시종일관 우리를 경성시키고 사려 깊게 행동하게 만든다.

유진 피터슨 『메시지』 저자

정보화 시대에 언어는 일종의 법정 화폐 역할을 한다. 그런 면에서 언어는 때로 땅에 떨어져 더러운 것이 묻기도 하고 닳아 없어지기도 한다. 또 언어는 잘못된 용도로 쓰이기도 하고, 값어치 없는 것으로 여겨져 쓰레기통에 던져지기도 한다. 이 책에서 마르바 던은 신학 용어들이 바르게 사용되지 않고, 남용되고, 악용되는 현상에 대해 탄식하고 있다. 신학 용어 단어집이라 할 수 있는 이 책에서 마르바 던이 관심을 두는 것은 추상적 개념이 아니라 살아 있는 신앙 체험이다. 책 전체에서 마르바 던의 박학다식한 면모가 빛을 발하고 있기는 하지만, 그녀의 말은 머리보다는 가슴에서 나온다. 지리적, 교파적 경계를 넘어 세계 여러 곳을 두루 다니면서 그녀는 교회가 전통적으로 사용해온 용어들이 형편없는 취급을 받고 있는 현장을 자주, 그리고 직접 목격했다. 그녀는 이런 현실에 대한 아픔으로 진저리치며, 기독교 신앙을 위해 심오한 의미를 지니고 있는 그 말들이 본래의 가치를 회복해야 한다고 호소한다. 나는 이 시대 교회에서 우리가 사용하는, 혹은 사용하지 않는 단어들의 의미와 관련해 그녀가 제기하는 문제들을 높이 평가하는 바이다.

웨인 맥카운 노스이스턴 신학대학원

"언어를 구해내라… 세상을 발견하라"고 에드윈 호스킨스 경은 청중에게 말했다. 이 책에서 마르바 던은 그렇게 언어를 구해내야 할 사명, 우리의 신앙 어휘 사전에 있는 가장 소중하고, 호기심을 불러일으키며, 영속적인 단어들에 담긴 의미를 발견해낼 사명을 감당하고 있다. 이 책은 훌륭한 글이자 훌륭한 신학으로,

이 둘은 완벽한 평형을 이루고 있다. 이 책을 읽는 건 큰 기쁨이다!
티모시 조지 샘포드대학 비슨신학교 신학 교수

18세기 작가 한나 모어의 표현대로, '사물을 적절한 이름으로 부르는 것'은 신실한 신앙을 가진 이들의 의무이다. 마찬가지로 마르바 던도 우리가 사용하는, 오용하는, 그리고 당연시하는 신학 용어들에 대해 다시 한번 생각해 볼 것을 촉구한다. 이 책은 우리 시대 교회가 어떤 의식을 가지고 있는지 돌아볼 수 있게 해 주며, 이는 신앙 공동체의 통일성 유지를 위해 아주 시기적절하고도 중요한 시도이다.
데이빗 라일 제프리 베일러대학교 문학 및 인류학 교수

이 책은 왜곡된 믿음으로 인해 우리가 얼마나 쉽게 비틀거리는지 깨닫게 해준다. 이 책은 너무도 당연하다는 듯 오염된 신앙 용어들의 영광과 위력을 회복시키는 책이다. 최근과 같은 사상 풍토에서 이 책은 보편적 흐름을 거스르는 신학서로서, 성도라면 하루도 빼놓지 말고 날마다 읽어야 할 것이다. '성부', '삼위일체', '창조', '속죄', '지옥' 등과 같은 72가지 핵심 신학용어들에 대한 짤막하고도 명쾌한 에세이인 이 책은 하나님에 대해 그리고 신앙에 대해 좀더 진실되게 알고 이야기하고자 하는 이들에게 활발한 토론거리를 제공해 줄 것이다. 이 책은 하나님께 드리는 풍성한 찬미요 '그 이름을 증거하는 입술의 열매'(히 13:15)이다.
윌라드 스와틀리 아나뱁티스트 매노나이트 성서신학교 신학 교수

많은 그리스도인들이 위대한 신앙 어휘들을 마치 증조할머니가 쓰던 은식기처럼, 변색되고 기억에서 잊혀진 채 다락방에 쑤셔 넣어둔 구시대의 유물로 여기는 경우가 많다. 이 멋진 저서에서 마르바 던은 무시당한 채 처박혀 있던 그 보물들을 다시 끄집어내어, 그 오랜 단어들을 윤이 나게 닦아 반짝거리게 만든 다음 신앙 생활 중 언제라도 사용할 수 있도록 우리에게 되돌려 준다. 감사와 기쁨으로 이 책을 읽기 바란다.
토마스 롱 에머리대학교 캔들러 신학대학원 설교학 교수

언어의 영성

Talking the Walk

by Marva Dawn

언어의 영성

마르바 던 / 오현미 옮김

오염된 신앙 언어의 회복이 나에게 가져다주는 것들

좋은씨앗

Talking the Walk

Copyright © 2005 by Marva Dawn
Originally Published in English under the title
Talking the Walk by Brazos Press,
a division of Baker Publishing Groups,
Grand Rapids, Michigan, 49516, U. S. A.

All rights reserved.

Korean translation Copyright © 2009 by GoodSeed Publishing Company,
Seoul, Korea

언어의 영성

초판 1쇄 발행	2009년 1월 9일
재조판 1쇄 발행	2023년 12월 1일

지은이	마르바 던
옮긴이	오현미
펴낸이	신은철
펴낸곳	좋은씨앗
출판등록	제4-385호(1999. 12. 21)
주소	서울시 서초구 바우뫼로 156(MJ 빌딩) 402호
주문전화	(02)2057-3041 주문팩스 / (02)2057-3042
이메일	good-seed21@hanmail.net
페이스북	facebook.com/goodseedbook

ISBN 978-89-5874-394-1 03230

이 한국어판의 저작권은 Baker Publishing Group과 독점계약한 좋은씨앗에 있습니다.
신저작권법에 의해 한국 내에서 보호받는 저작물이므로 무단 전재와 무단 복제를 금합니다.

오염된 신앙 언어의 회복이 나에게 가져다주는 것들

11 ··· 들어가는 글

1부 하나님의 속성

24 ··· 하나님
27 ··· 예수님
32 ··· 그, 그의, 그를, 그 자신
37 ··· 메시아(또는 그리스도)
40 ··· 주님
45 ··· 우리 주 예수 그리스도
49 ··· 보라!
51 ··· 왕
53 ··· 선한 목자
57 ··· 인자
62 ··· 하나님의 아들
67 ··· 말씀
68 ··· 성부, 성자, 성령
71 ··· 삼위일체
77 ··· 성부
82 ··· 성령
85 ··· 경이로운

**2부 인간과 세상에게
하나님이 필요한 이유**

90 ··· 깨어짐
93 ··· 데카당스
94 ··· 죄
96 ··· 고백
99 ··· 희생자
103 ··· 자존감
105 ··· 타락
107 ··· 악
109 ··· 원죄
113 ··· 계층
116 ··· 명성
117 ··· 죄책
119 ··· 의견
120 ··· 교만
122 ··· 심판
124 ··· 사탄(또는 마귀)
130 ··· 통치자들과 권세들
133 ··· 세상
135 ··· 지옥
137 ··· 흥분되는
139 ··· 죽음

차례

3부 하나님의 행위

146 ···	하나님의 행위	211 ···	구원
148 ···	신비	213 ···	속죄
150 ···	(하나님의) 이야기	219 ···	승리자 그리스도
153 ···	용서	221 ···	대속
155 ···	창조 I	223 ···	화목
159 ···	창조 II	225 ···	속량, 구속, 희생
160 ···	창조 III	227 ···	구속
165 ···	구약성경	231 ···	죽임당한 어린 양
167 ···	진노	237 ···	칭의
169 ···	계명	241 ···	성화
173 ···	동정녀 잉태	243 ···	모범
177 ···	성육신	246 ···	화해
181 ···	(그리스도의) 두 가지 본성	250 ···	십자가의 치욕
184 ···	기적	261 ···	부활
188 ···	가르침	265 ···	승천
191 ···	고난	272 ···	오순절
197 ···	십자가에 달리심	276 ···	파루시아 (그리스도의 재림)
202 ···	시험		
206 ···	죽으심 (십자가에 달리신 그리스도)	281 ···	미주
209 ···	무덤		

들어가는 글

이 책은 교리를 설명하는 조직신학서나 성경의 주해서가 아니다. 나는 그런 책을 쓸 자격이 없고, 그런 책은 나 말고도 쓸 사람이 많다. 이 책은 성경이나 교리에 관한 혹은 교회 관련 이슈들에 대한 새롭고 창조적인 접근 방식을 다루는 책도 아니다. 나는 그 정도로 창의적인 사람이 아니고, 그런 시도는 다른 많은 사람들이 하고 있다.[1]

이 책은 나의 다른 저서와 똑같은 과정을 거쳐 쓰게 되었다. 그리스도인, 교회 그리고 우리를 둘러싼 사회가 서로 뒤엉켜 있는 세상에서 무언가가 내게 문제로 다가올 때마다, 나는 그것에 대해 뭐라도 하지 않으면 안 될 것만 같다(마치 내게 해결할 힘이라도 있는 것처럼 말이다. 하지만 적어도 시도를 해본다는 것은 귀한 일이지 않은가!)

이 책은 교회와 그리스도인의 삶에서 날마다 일어나는 어떤 위기에 대한 나의 답변이다. 그 위기란 성경적인 신앙과 관련된 핵심 언어들의 의미가 몇 가지 이유로 오염되거나 사용 자체가 거부되는 경우가 자주 있다는 것이다. 그 몇 가지 이유란 교회 내의 심각한 문제들을 해결한다는 명목으로 쉽고 빠른 '미봉책'을 선택한 결과이다.

예를 들어 오늘날 '성부'Father, '주님'Lord, '신조'Creed 같은 단어들은 좋지 않은 평판을 얻고 있다. '음부'Hell 같은 단어는 사람들이 등한시해 오염되었고, '경이로운'Awesome이라는 단어는 남용되고 있으며, '천국'Heaven은 요즘 (혹은 포스트모던) 시대에 적절하지 않은 단어로 치부되고 있다. 오염되고 거부된다는 이유로 이런 많은 단어들이 다른 말로 대체될수록—예를 들어 복음성가 같은 데서—이 단어들의 변화는 "어리석고, 유해하고, 진부하고, 불필요하고, 억지스럽고, 어떤 의미에서는 전통 기독교 교리를 왜곡하는" 경우가 빈번해진다.[2]

이 책에서 내가 목표로 하는 것은, 어떻게 하는 것이 원래의 단어들에게 좋겠는지 그저 물으려는 것이다. "이름을 바로잡는 게" 가능하다면 말이다.

위의 표현은 공자의 말에서 따온 것이다. 그의 가르침을 집대성한 책(논어)을 보면, 아둔한 제자 자로가 공자에게 와서 "스승의 모든 가르침을 간단하게 설명해 주기"를 여러 차례 청했다. 자로는 특히 위나라의 대부(무력으로 권좌에 앉은)가 나라를 대신 다스려 달라고 청하면 어떻게 하시겠느냐고 물었다. 공자는 무엇부터 시작하

겠다고 했을까? 이에 스승은 이렇게 대답했다. "반드시 이름부터 바로잡겠다."³

언론인 T. R. 레이드는 미 하원에서 벌어진 일을 예로 들어—우리가 주의만 기울인다면—그러한 (이름을 바로잡으려는) 시도가 진실을 맞닥뜨리는 데 얼마나 도움이 되는지 설명한다. 그는 하원에서 "1980년 조세 개혁과 경감에 관한 법령"The Tax Reform and Relief Act of 1980이라는 제목의 법안을 두고 의원들이 토론을 벌이는 것을 지켜본 경험에 대해 이야기한다. 대체적으로 이 "조세 개혁" 법령은 사실상 "여러 부류의 로비 그룹에게 세제상 특전을 베풀려는 의도로 만들어진, 특수 이익 집단을 위한 조항을 모은 것"이었다. 전투 태세를 갖춘 초당파적 소수 의원들이 개정안이 하나씩 올라올 때마다 반대 의견을 펼쳤지만, 이익 집단들의 힘이 워낙 컸기 때문에 "새로운 세금 우대 조치는 하나씩 하나씩 힘들이지 않고 통과되었다." 그러던 중 한 의원이 법안명에서 '조세 개혁'이라는 말을 삭제해야 한다는 또 하나의 개정안을 내놓았다. 이 법안은 세금에 관한 법을 '개혁'하는 게 아니라 오히려 더 복잡하고 불공정하게 만든다는 것이 그 이유였다.

이 엉뚱한 제안은 매우 격렬한 토론을 촉발시켰다. 새로운 세제 법안을 밀어붙이는 의원들은 격노했다. 법안을 가지고 장난하지 말라는 것이었다! 펜실베이니아 주를 대표하는 신사가 어떻게 법안 제목을 가지고 이러쿵저러쿵하느냐, 귀한 시간을 낭비할 수 있느냐, 법안을 뭐라고 칭한들 달라지는 게 뭐냐는 것이었다. 그러자 그 의원은 대답했다. "공자라고 하는 위인이 가르치기를, 이름이 정직하지 못하면 정부는 정직하게 일할 수 없다고 했습니다. 법안 제목을 고치자고 하는 이 개정안은 훌륭한 정부가 지향해야 할 기본적인 목표에 이르기 위한 것입니다. 바로, 이름을 바로잡는 것입니다." 당연히 예상할 수 있는 일이지만, 진실하게 입법을 하고자 하는 이 시도는 압도적 표차로 좌절되었다. 그리고 하원은 지금도 정기적으로 '조세 개혁 법령'이라는 이름의 법안을 통과시키고 있다.[4]

이름이 정직하지 않을 경우 한 나라의 정부까지도 올바르게 일을 할 수 없는 것처럼, 교회(그리고 개개의 그리스도인들)도 이름이 오염되어 있을 경우에 융성할 수 없다. 나는 북미 전역을 비롯해 때로는 그 외 나라들까지 다니면서 교회를 섬기곤 하는데, 그때마다 신앙 용어가 왜곡된 탓에 성경적 신앙이 무언가 좀 덜 신실한 것으로 대체되고 있는 모습에 당황하는 경우가 점점 많아지고 있다. 이 책은 그렇게 왜곡되고 변질된 이름들을 바로잡고자 하는 하나의 청원이요 자그마한 시도이다.

지난 세기에 영어권 세계의 그리스도인들은 "말하는 대로 행해야 한다"walk our talk고, 우리가 살아가는 모습은 우리가 신봉하는 가치와 조화를 이루어야 한다고 역설해왔다. 그리스도인들이 자신들이 알고 말하는 대로 행동하지 않는 경우가 많은 것은 사실이며 이러한 모습은 오늘날에 와서 점점 더 두드러지고 있다. 하지만 이 말을 뒤집은 쪽이 진실일 때가 더 많다. 즉, 우리가 무엇을 말할 때 그 말하는 방식이 기독교 신앙의 가장 깊은 진리를 고스란히 드러내지는 않는다는 것이다. 그렇다면 우리가 기독교 언어를 원래의 영광 그대로 되살릴 수 있을까? 시공을 초월해 모든 기독교회가 합력해 이름들을 바로잡고, 그럼으로써 "행하는 대로 말하는"talk our walk 법을 좀더 온전하게 배울 수 있을까?

이 한 권의 책에서 이 용어들을 완전히 회복시키고 그 의미를 면밀하게 규정하고 해설할 수는 없을 것이다(이 책 미주에서 이 작업에 필요한 성경적·역사적·기술적 실력을 갖춘 노련한 학자들을 소개하겠다). 그런 점에서 나는 '아마추어'이다. '아마추어'라는 말의 진정한 의미에 맞게 나는 그저 기독교 신앙의 유산에서 중요한 의미를 갖는 단어들을 언급하고, 이름을 바로잡기 위해 그 단어들의 의미를 제대로 터득하고 보존해야 한다고 주장하고 싶을 뿐이다. 그 단어들은 하나님과 우리와의 관계의 핵심 요소이며 그리스도인으로 살아가는 일상에서 믿음의 생동성을 가늠하는 중요 요소이다.

이 생동성에 대해 잠시 생각해 보자. 기도문이나 성경 역본 혹은 신학서적을 보면, (영문에서) 성삼위 하나님Trinity을 지칭하는 대명사 사용을 꺼린 나머지 '하나님'God이라는 이름을 거듭 거듭 거듭 반복 사용해 불필요하게 지루함을 더하는 것을 볼 수 있다. 다른 용어도 마찬가지겠지만 "하나님…하나님…하나님…하나님…하나님"은 생생한 느낌이 없다.

반드시 대명사를 써야만 생생한 표현이 되는 것은 아니지만, 대명사가 문어체적 흐름을 좀더 생동감 있게 만들어 주는 것은 분명하다. 신학적으로도 대명사는 남용되지 않는 범위 내에서 적절하게 사용되어야 하건만, 왜 (일부 편집인과 독자의 요구대로) 대명사를 아예 다 없애버리는 것일까? 질문을 이렇게 한번 바꿔 보겠다. 왜 우리는 검토해 보지도 않고 그 용어들을 삭제해 버림으로써 믿음을 축소시키려 하는 것인가?

이제 나는 이 책에 언급되는 어떤 단어든 잠시 생각해 보지도 않고 넘어가지 말라고 여러분에게 권면한다. 예를 들어, 이 책에서는 하나님을 일컫는 대명사 같은 것에 대해 논평할 테지만, (비판은 자제하면서) 시간 날 때 그것을 연구해 보는 것은 독자 여러분의 자유이다.

영문학 전공으로 첫 번째 석사 학위를 받았고 (내 인생이 신학 쪽으로 기울어지기 전) 초년에 영어 교사를 해본 적도 있는 사람으로서 나는 말의 위력, 말이 지니는 무게, 그리고—말이 오용될 경우—말이 주는 '굴욕'[5]에 대해 늘 관심이 있었다. '말' word을 뜻하는 히브리어 '다바르' dabar가 '사건' event이라는 뜻도 갖고 있다는 사실을 알고 내가 얼마나 기뻤던지! 유대인들이 그러했듯, 우리가 하는 말이 종국에는 사건이 된다는 것을, 우리가 사용하는 언가가 우리가 어떤 사람이 되고 어떻게 처신하느냐에 얼마나 큰 영향을 끼치는지를 우리 또한 깨닫고 있는가?

결론적으로, 나는 현대 기독교 신앙에서 언어가 오염되는 것을 상당히 우려하고 있다. 잘못된 신학을 말하면 신학적으로 잘못 살게 된다. 우리의 신학자들과 목회자들, 그리고 신앙 공동체들이 우리의 신앙 유산 가운데 의미심장한 단어들을 배척하거나 오용할 때, 우리 기독교는 위축되거나 쇠약해진다. 예를 들어, 리차드 헤이즈Richard Hays는 로버트 펑크Robert Funk(예수 세미나 창시자. 기독교 교리가 성립되기 이전의 예수님을 탐구한다는 명분으로 이 모임을 만들었으나 결과적으로 성경에 기록된 예수님의 말씀을 거의 대부분 부정하고 있다—역자 주)가 역사적 현실로서의 부활을 사실이 아닌 것으로 치부하는 것에 대해 상세히 설명하면서, 펑크가 "자기 자신을 기독교를 논박하는 사람이 아니라 '개혁'을 옹호하는 사람으로 생각하고" 있다는 게 얼마나 놀라운지 모르겠다고 말한다.

> 펑크가 상상하는 무부활resurrectionless 스토리는 성경이 이야기하는 스토리와 전혀 다르며, 신구약이라는 정경이 그에게는 복음과 생명의 근원이라기보다는 ("우리는 새로운 플롯을 찾아야 한다"고 말한 데서 알 수 있듯) 극복해야 할 장애물이 되고 있다.[6]

기독교의 전통에서 취하지 않은 다른 용어를 사용하여 그 유산의 의미를 부인한다면, 그것이 과연 기독교 신앙일까? 더 나아가, 언어를 오염시키거나 오염된 용어를 사용한다면 우리는 신앙을 말로 표현할 수 있는 능력을 잃어버리는 것이 아닐까? 시카고 대학교 교수였던 조지프 시틀러는 『중력과 은혜 Gravity and Grace』에서 발췌한 다음 글에서 내가 염려하는 문제를 이미 제기하고 있다.

말이 지니는 정확성과 불가사의한 힘의 조합에 내가 맨 처음 관심을 갖게 된 게 언제인지 잘 모르겠다. 뒤돌아보면, 일곱 살이나 여덟 살 쯤 되던 어린 시절, 고상한 말들을 다 이해하지 못하던 그때, 그럼에도 불구하고 아버지가 아름다운 목소리로 예배 순서를 읽어 주시는 것을 한 주 한 주 얼마나 귀 기울여 듣곤 했는지 지금도 기억이 난다. 그리고 또 특정 구절이 얼마나 강하게 내 뇌리에 와 박혔는지도 기억난다. 아버지께서 성찬식 순서를 읽어 주시면서 "그러므로 천사와 천사장과 천군들이"라고 하셨을 때 나는 그 말의 의미를 정확히 알지 못했지만, 그것이 뭔가 대단한 것을 말한다는 것 정도는 알 수 있었다.

그리고 우리가 신앙 용어들을 아주 어색한 것들로 만들어 버리기 전, 공동 예식서에 기록되어 있던 만성절 기도의 그 아름다운 문구들도 나는 결코 잊지 못한다. "오 전능하신 하나님, 택하신 자들을 독생하신 아드님의 신비한 몸 가운데 한 성찬과 교제로 함께 엮어주시는 knit together 분이시여." 어찌된 일인지 요즘 우리는 그런 표현을 너무 장식적이라 생각하지만, 이런 문구들은 아주 장엄한 광경을 묘사해 준다. 바울은 그리스도의 몸에 대해 이야기했다. 그런데 위의 기도는 찬란한 이미지로 그리스도의 몸과 그 몸 가운데 있는 우리 각 사람에 대해 이야기한다. 뜨개질을 knit 해본 적이 있는가? 한 올 한 올이 다른 모든 올과 서로 완전하게 얽히는데, 만약 한 올이라도 빠지면 그 줄 전체가 다 풀리게 되곤 한다. 그것이 바울이 말한 바, 우리 중 한 사람이 고통당하면 온몸이 고통을 당한다는 말의 의미이다. 위의 기도는 그 사실을 얼마나 아름답게 포착하고 있는가! "택하신 자들을 독생하신 아드님의 신비한 몸 가운데 … 함께 엮어주시는knit together 분이시여…."

성경을 비롯하여 다른 훌륭한 문헌들의 의미를 이해하는 가장 빠른 길은 그 용어들에 세심한 주의를 기울이는 것이다. 오늘날에는 그런 세심함을 기울여 글을 읽기가 어렵다. 밤낮으로 틀어놓는 컴퓨터와 텔레비전 때문에 우리는 무감각해지고 게을러지고 주의가 산만해졌을 뿐만 아니라, 그 과정에서 지극히 품격이 떨어진 언어와 지극히 과장스러운 언어들을 들어온 탓에, 언어를 명료하고 정확하고 투명하게 사용할 수 있는 능력이 발휘되는 것을 우리 시대에서는 보기 힘들어졌다.[7]

언어의 품격이 떨어지고, 언어 구사 능력이 실종된 탓에, 오염된 언어를 회복하고자 하는 이 프로젝트는, 나라는 사람과 내가 가진 실력, 내가 받은 교육의 한계를 훨씬 넘어서 있다. 나는 그저 우리 모두의 생각을 환기시키고 싶을 뿐이다. 그리고 아마도 이 책을 읽는 독자들이 이 자리에서부터 그 일을 실행하길 기대할 뿐이다.

본격적인 이야기에 들어가기에 앞서, 전제 조건을 아래에 써두려고 한다. 그것은 여러분도 이 조건들을 붙들고 고민해보고 여러분 역시 동의하는지 스스로 확인하게 하기 위해서이다. 나는 다음의 진술들에 대해 "진실"로 여길 것을 제안한다.

1. 전통적(이 말이 지닌 최상의 의미에서)이고 정통성 있고 보편적인 신앙은 지적으로 믿을 만하다.
2. 신앙은 각 시대마다 늘 재고되어 특정 부분이 수정될 필요는 있지만 본질이 달라져서는 안 된다.
3. 신앙은 각 세대마다 늘 교정되어야 하며 고민하고 씨름하는 일 없이 무작정 수용되어서는 안 된다.
4. 신학은 그 분야의 고립된 전문가들만의 영역이 아니라 공동체 안에서 기독교회 전체, 특히 일반 성도들이 몸부림쳐야 할 문제이다. 이들의 신앙이 일부 전문가들에 의해 위협당하고 평가 절하되는 경우가 종종 있다.
5. 우리 믿음의 조상들에 의해 전해 내려온 기독교 신앙의 기본 전통은 참으로 의미 있는 삶과, 진정한 사랑을 향한 사명과, 무한히 깊은 기쁨의 원천이다.

어느 시대든 기독교 신앙의 조류는 단일한 흐름이 아니었다. 기독교 신앙의 유산은 그것이 발원된 이래 다양한 해석과 실천이라는 수로를 통해 흘러왔다.[8] 하지만 다양한 시간과 공간 속에서도 공통적 기독교 신앙을 통해 물결치며 흘러내려온 그 다면적 전통의 기본적 요소라는 것이 있다. 이 요소들 중에는 알아들을 수 없는 현대의 신학적 전문 용어들에 의해 그 흐름이 막힐 위험에 처한 것들도 있다.

그건 심각한 문제이긴 하지만 상황은 절망적이지 않다. 하나님의 말씀과 관련된 것 중에 절망적인 것은 절대 없다! 그러므로 기독교 신앙의 몇 가지 본질적 용어들은 그 본래의 진리와 영원한 신비를 모두 그대로 되찾아야 한다고 이 보잘 것 없는 책은 주장하는 바이다. 이 작은 책을 우리 모두로 하여금 언어라는 것에 대해 계속 깊이 생각하게 만드는 자극제로 삼자. 무엇보다도 나는 이 책이 하나님을 영화롭게 하되 성삼위 하나님의 영광을 가리는 것이 되지 않기를 기도한다. 부디 이 책이 우리 모두를 다소나마 자극시키고 고무시켜 하나님과 우리 이웃을 향해 더 깊은 사랑을 품을 수 있게 해주기를 바라는 바이다.

1부

하나님의 속성

하나님

 나는 누구이기에 '하나님'이라는 단어로 이 책을 시작하려 하는가? 생각해보면 나는 오염될 대로 오염된 이 단어를 회복시키는 일을 감당할 능력이 없는 죄인이다. 단지 하나님의 은혜로 그분을 향해 바로 나아가기 원하는 종일 뿐이다. 그런데 '하나님'이라는 단어를 바로잡아야 한다고 주장하는 이유는 무엇인가?
 사실, 나는 할 수 없다. 그 이름은 너무도 많이 의미가 손상되었고, 무게를 잃어버렸으며, 추상화되었고, 함부로 사용되고, 우상화되었으며, 적절치 않은 간구의 대상이 되었다.
 내가 '하나님'이라는 단어로 이 책을 시작하는 단 한 가지 이유는, 이 책이 처음부터 끝까지 하나님에 관한 책이기 때문이다. 이는 우리 삶에서도 마찬가지다.
 우리가 그 사실을 잊지 않는다면 말이다.
 나는 알고 있다. 적어도 나는 자꾸 그 사실을 잊는다는 것을.
 우리의 삶은 얼마나 쉽게 하나님이 아닌 온갖 종류의 다른 신들gods로 득실대는가? 하나님께 충실하고자 애쓸 때조차 우리는 하나님의 이름을 망령되이 들먹거린다.

내가 하나님의 이름을 가장 오염시키는 순간은, 하나님의 종이 아니라 하나님 이름의 종이 되려고 애쓸 때이다.

하나님의 엄청난 창조의 역사에 말로는 경탄하면서도 우리 일상의 평범한 것들 속에 숨겨져 있는 광휘는 자꾸만 망각함으로 나는 그 이름을 더욱 오염시킨다. 우리의 일상은 사실 그 정도로 평범한 게 아닌데 말이다!

나는 하나님의 많고 많은 속성들을 탐구하면서 내가 하나님을 잘 안다고 생각할 때 그 이름을 더 오염시키기도 한다. 최악인 경우는, 하나님을 내 하잘것없는 이해의 수준으로 격하시킨 후 내가 축소시켜 놓은 그 하나님조차 신뢰하지 못한 채 (내 생각에 의하면) 내 일상 속으로 가차없이 들이닥치는 재난에 불평하는 것이다. 아이고, 참! 하나님은 내 어리석은 기대에 부응하는 뻔하고 편한 대답을 주실 게 아니라 오히려 나에게 이의를 제기하시는 편이 옳을 것이다.

내가 아는 최고의 어휘들을 동원해 하나님의 우주적 장대함을 그저 암시라도 해보려 애쓸 때 나는 다시 하나님의 거룩하신 이름을 오염시킨다. 하나님의 통찰력, 경이로운 장엄함, 견고한 영존성, 영민하심, 긍휼히 여기심, 은혜로운 권세 등을 탐구해 충만하신 그분의 존재를 감히 상상하고 표현해 보려 부적절한 시도를 벌이는 것이다. 그 어휘들이 사실 얼마나 보잘것없는지 알지 못한다면 그 시도마저 불가능하다.

또한 나는 내가 만나는 모든 사람이 하나님의 형상을 지니고 있다는 사실을 잊을 때 한 번 더 하나님의 이름을 오염시킨다. 오늘 이 공항에서 내 곁을 스쳐가는 사람들, 휠체어를 밀고가는 사람들, 경비원들 그리고 직원들에게 아무 관심도 보이지 않는 나의 태도는 그런 오염 상태를 그대로 드러낸다.

아, 그렇다. 내가 하나님의 이름을 얼마나 오염시키고 있는지 일일이 나열하자면 끝이 없다. 그래서 나는 한적한 공항 게이트의 한쪽 구석에 앉아 간구한다. "내 앎의 한계 너머에 계신 하나님, 하나님의 은혜가 없이는 그 어떤 말로도 하나님의 이름을 오염시키지 않을 수 없습니다. 어떤 표현이든 오직 하나님의 자비로만 회복될 수 있습니다. 하나님이 모든 것 되시며 하나님 없이 우리는 아무것도 아님을 깨달아야만 우리는 진리의 일부나마 아주 잠시 볼 수 있을 뿐입니다."

아장아장 걷기 시작한 여자 아기와 아버지가 내 곁으로 다가왔다. 아기는 하나님의 이름을 회복하는 데 대한 훌륭한 본을 보여주고 있었다. 아이에게서 넘쳐흐르는 만족감, 아버지에 대한 단단한 신뢰, 자기가 걷고 있다는 사실에 겨워 깔깔거리는 웃음, 주위 모든 사물과 사람에 대한 뜨거운 호기심 등. 우리도 그렇게 사는 법을 배울 수 있을까?

그러면 내가 하나님에 관해 굳이 또 하나의 책을 쓰는 이유는 무엇인가?

그것은 하나님이 지금 여기 계시고
하나님이야말로 우리의 모든 것 되시기 때문이다.

그것이 바로 이 책에 담긴 모든 내용이 하나님에 관한 이야기가 되는 이유이다.

그리고 나는 알고 있다. 그것도 아주 분명하게. 무엇 때문에 이 이야기를 다시 한 번 해야 하는가?

내가 들을 필요가 있기 때문이다.

…

그리고 어쩌면 여러분도 말이다.

예수님

"제에에에--기랄!"Jeeeeee-sus Christ 성경책이 들어 있는 무거운 백팩을 메고 성경 공부를 하러 대학교의 학생회관 건물로 이어지는 끔찍이도 길디 긴 계단을 오르고 있는데 내 뒤에 있던 한 학생이 그렇게 투덜거렸다(영어권에서 예수님의 이름은 종종 욕설로 사용된다). 나는 고개를 돌려 그 학생을 향해 말했다. "내가 가장 사랑하는 분의 이름을 그런 투로 말하지 말았으면 좋겠네요."

(그 학생의 표정이 얼마나 험악하던지) 표정만으로 사람을 죽일 수

있다면 난 아마 즉사했을 것이다. 생각 없이 내뱉는 욕지거리들로 예수님의 이름이 오염되는 것에 나는 신물이 난다. 그냥 듣고 넘기기가 힘들다. 순진하게도 나는 최소한 사람들이 좀더 분별력 있게 예수님의 이름을 사용하게 만들 수 있다고, 아니 어쩌면 사람들이 더 이상 욕지거리를 하지 못하게 만들 수도 있다고 생각했다. 하지만 나의 기대와 달리, 교회와 신학과 일상에서 예수님의 이름은 얼마나 다양한 방식으로 오염되고 있는지 모른다.

나 자신은 결백하다고 주장하는 게 아니다. 나 역시도 그분의 이름을 더럽혔고, 얼굴과 얼굴을 맞대고 그분을 알게 될 그 영광스러운 날이 오기까지 앞으로도 계속 그럴 것이다. 솔직히 말하면, 지금은 그분이 정말 어떤 분이셨는지, 그분이 진정 어떤 말씀을 하셨는지, 당시 왜 그런 행동을 하셨는지, 현재와 미래에 그분이 나의 삶에서 어떤 의미를 주는 분인지 정말 흐릿해질 때가 있다. 물론 그분은 인간의 이해 능력을 무한히 초월하여 존재하는 분이지만, 우리가 좀더 주의를 기울이기만 한다면 적어도 그분의 이름을 오염시키는 흔한 함정에 빠지는 일은 어느 정도 피할 수 있을 것이다.

예수님이 어쩌다 이런 문제의 중심에 서게 되셨는가? 〈뉴욕 타임스〉 같은 정평 있는 신문조차 예수님의 삶과 사명을 둘러싼 논쟁들을 보도하면서 '예수 전쟁' Jesus Wars이라는 표현을 쓴다.

가장 의미심장한 논란은 루크 티모시 존슨 Luke Timothy Johnson이 '역사적 예수에 대한 오도된 탐구' the Misguided Quest for the Historical Jesus와 '전통적 복음의 진실' the Truth of the Traditional Gospels[1]이라 칭

한 것 사이의 갈등 때문에 생겨난 것이 분명하다. 우리는 나사렛 예수의 실제 삶에 대해 얼마나 많이 알 수 있는가? 복음서 기자들의 글을 우리는 얼마나 신뢰할 수 있는가? 교회가 예수님에 관해 우리에게 전해준 사실들을 얼마나 믿을 수 있는가?[2]

우리는 그분이 실존했다는 사실은 의심하지 않는다. 그분을 믿지 않았던 사람들이 남긴 역사적 자료들이 너무 많기 때문에 그분이 실제 존재했다는 사실은 논박할 수 없다. 하지만 그런 그분을 우리는 어떤 분으로 받아들여야 하는가?

복음서의 이야기들을 곰곰이 생각할수록 내 안에 더 깊이 각인되는 몇 가지 인상이 있다. 가장 두드러진 점은, 우리에게 알려진 예수님의 일생은 날조되었다고 하기엔 너무도 유쾌하고, 너무도 놀라우며, (복음서 기자를 포함하여) 모든 사람의 기대와 유난히도 상반된다는 것이다. 예수님은 나의 기대와도 너무 달라서 쉽사리 외면할 수가 없다. 그분은 그 긍휼히 여기심으로 나를 매혹시키시고, 나를 끌어당기시고, 나에게 구애하신다. 또한 그분의 일생, 그분이 일으키신 기적, 그분의 가르침, 그분께서 당하신 고난, 그분의 죽음과 부활과 승천을 설명하는 글들은 지극히 긴밀한 유기적 연관성이 있어, 어느 한 부분을 부정하면 전체가 다 못쓰게 되어 버린다. 그리하여 결국 나는 그분에 관한 모든 이야기를 사실로 받아들이지 않을 수 없다. 그렇지 않으면 그분이 지닌 그 자석과 같은 힘, 그 말씀의 위력, 그분에 관한 증언들의 완전성을 달리 설명할 길이 없다.

나는 그분을 내 마음에서 지울 수 없다. 그분의 가르침은 세상을 살아가는 설득력 있고 강제력 있는 유일한 방법인 것 같다. 하지만 그분은 나에게 너무 많은 것을 요구하신다. 어쩌면 그것이 바로 대다수 사람들이 성경이 말하고 있는 사실들의 역사성을 지극히 불신하는 주된 이유일 것이다. 일부 학자들이 복음서에 기록된 예수님 기사의 진실성을 부인하고 싶어 하는 것은 예수님의 말씀과 행적에 대해 성경이 하는 말에 순종하고 싶지 않기 때문인지도 모른다. 하나님이 예수님 안에서 역사하시는 방식은 사실 감춰진 방식, 즉 연약함과 겸손, 고난과 죽음이라는 방식이다.

내가 가장 놀라는 것은, 예수님의 기적이나 예수님의 가르침을 전하는 복음서의 기록을 폄하하고 부인하는 사람들은 그분이 왜 십자가에 달려 돌아가셔야 했는지를 설명하지 못한다는 것이다. 역사적 사실과 일치하는 성경의 기록들에 대해 그 신빙성을 깎아내리려 하는 일부 학자들은 예수님이 그저 인간적 증오심의 결과로 돌아가셨을 뿐이라고 주장한다. 하지만 복음서가 상세히 설명하듯, 예수님께서 자신이 메시아이심을 은연중에라도 주장하시지 않았다면 종교 지도자들이 왜 그분을 그토록 증오했겠는가? 만일 예수님의 신성을 삭제하려고 신학자들이 축소시켜 놓은 사역과 가르침에 그분의 삶이 일치되셨다면, 그분의 죽음은 그 형태로 볼 때 그분의 삶의 '자연스런' 결과일 수가 없다. 단지 평범한 인간으로 사셨다면 그런 죽음을 당할 리가 없는 것이다

한편, 예수님의 신성을 받아들이고 믿는다는 사람 중에도 그분

이 엄청나게 그리고 철저하게 고난 당하셨다는 사실에 대해서는 인정하기를 꺼리는 경우가 자주 있다. 그들은 승리하시는 하나님, 일상에서 자신들 역시 승리자로 만들어 줄 수 있는 승리자 하나님을 원한다. 하지만 우리는 예수님이 고난당하는 종이심을 고백하고 있고, 그분은 남을 위해 고난, 심지어 수치까지 당하는 것을 통해 역사하시는 것이 하나님의 방식임을 우리에게 보여 주셨다. 과연 우리는 기꺼이 이 어린 양의 방식으로 살다가 죽을 수 있는가?

'예수님'이라는 이름을, 그 이름이 담고 있는 모든 충만한 것과 더불어 온전히 회복하고자 할진대 "나를 따르라"는 그분의 부르심, 그리고 "네 십자가를 지고 나를 따르지 않는 한 내 제자가 될 수 없다"(그분은 "네 곰인형을 들고 나를 따르라"고는 말씀하시지 않았다)는 그분의 단호함을 과연 무시할 수 있는가? 그분의 이름이 오염된 것은 우리가 사실 그분의 죽음을 함께 나누고 싶어 하지 않기 때문일지 모른다. 우리는 여전히 생명을 위해 우리 자신을 죽음에 내어 주는 것이 예수님 안에 계신 하나님이 이 세상에서 역사하시는 방식임을 인정하고 싶어 하지 않는다. 그것만이 주어진 상황과 상관없이 무한한 기쁨으로 이 세상을 살아갈 수 있는 유일한 방법인데 말이다.

그, 그의, 그를, 그 자신

내가 이런 '남성형' 대명사만 사용하는 것에 대해 불만을 제기하는 사람도 있을지 모르겠다. 물론 세상의 절반인 여성들을 무시하고, 여성들의 기회를 제한하고, 남성인 하나님을 창안해내고, 여성들에게 가하는 온갖 종류의 억압을 당연시하는 가부장적 그리스도인들로 인해 이들 대명사 역시 오염된 것이 사실이다.

반면, 예배 시간에 성경을 봉독하거나 찬양을 부를 때마다 옆자리에 앉은 사람이 줄곧 '그[분]'he이라는 단어 대신 '하나님'이란 단어를 고집하거나 심지어 '그녀'she라고 외치는 바람에 우리의 예배를 방해할 때에도 이 단어들은 오염된다. 오롯이 하나님께 집중해야 하는 공예배 시간에는 항의도 할 수 없다.

고백하건대 나는 페미니스트들이 하나님을 남성 대명사로 지칭하는 것을 왜 반대하는지 처음에는 이해하지 못했다. 나 역시 지극히 가부장적인 가정에서 태어나 자랐고 매우 가부장적인 교단에서 신앙생활을 했으며, 가부장적인 정책 때문에 두 군데 대학에서 일자리를 얻었다가 거절당했건만 그래도 여전히 나는 '그, 그의, 그에게, 그 자신'이라는 단어가 편했다. 이 대명사들이 하나님을 뜻할 때에는 대문자로 쓰인다는 것을 어릴 때부터 보아왔기 때문에 내가 보기에는 이것이 굳이 하나님의 '남성성'을 의미하는 것으로 여겨지지 않았다. 오히려 그 단어들은 말로 표현할 수 없는 거룩함이라는 의미를 담고 있었고, 비록 일반 문장에선 남자를 뜻하는 단어들이긴 하지만 하나님을 가리키는 대명사로 사용될 때는 거기엔 높이 계신 하나님의 초월적 내재성(나에게 가까이 임하여 계심)이라는 은밀하면서도 밝히 드러난 경이가 담겨 있었다. 나에게는 그 단어들이 포근하게 느껴졌다.

그러다가 나는 하나님을 일컫는 대명사에 대해 반론이 일어나는 것은 교회 역사가 가부장적 폭정으로 가득 차 있기 때문이라는 사실을 점차 알게 되었다. 나 자신도 그런 폭압을 충분히 경험했다. 대학원, 그리고 교회에서도 확실히 말이다. 게다가 육신을 입으신 예수님과는 별개로, 하나님은 남성도 아니고 여성도 아니신 것이 분명하지만, 인간이 사용하는 그 어떤 언어도 그러한 특성을 표현할 수가 없다.

하지만 하나님을 일컫는 대명사와 관련하여 진짜 문제가 되는 것은 우리가 대문자 사용을 중단한 것이라는 생각이 자꾸 들었다. 하나님을 일컫는 대명사이지만 첫 글자를 소문자로 표기한 대명사는 너무 인간적이다. 그건 하나님을 특정 성별로 표현하는 것보다 더 두드러져 보인다. 첫 글자가 대문자로 표현되지 않을 경우 이 대명사들은 다음과 같은 신비를 전달해 줄 수 없다. 즉, 초월적 하나님은 인격적인 분이시기도 하며, 이 완전한 타자the Wholly Other는 거룩한 분이시면서도 여전히 우리를 위해 존재하신다는 사실 말이다.

정말 안타까운 일이지만 영어는 헝가리어와 다르다. 헝가리어는 3인칭 단수 대명사가 여성과 남성 모두를 뜻한다. '그 남자/그 여자'를 나타내는 말로 헝가리어 ô를, '그 남자를/그 여자를'이라는 뜻으로 ôt를, 그리고 '그 남자의/그 여자의'라는 뜻으로 ôvé를 빌려와 쓸 수 있다면 얼마나 좋을까?[3] 혹은 중국어처럼 '그 남자/그 여자/그것'을 다 하나의 기본 문자로 표현하되 하나님을 일컫는 대명사를 만들기 위해 그 문자에 '하나님'을 뜻하는 별도의 부호만 덧붙여 사용할 수 있다면 얼마나 좋을까?

일부 종교 지도자들은 하나님을 뜻하는 말로 구체적인 여성형 대명사를 사용한다. 이 선택안의 문제점은 최근까지도 영어의 '그 여자she, 그 여자의 것hers, 그 여자의her, 그 여자 자신herself' 등과 같은 단어에 하나님 개념이 포함되는 것으로 여겨지지 않았다는 것이다. 그 결과, 책을 읽거나 설교를 들을 때 갑자기 이런 대명사들을 만나게 되면 영어권 사람들은 자동적으로 성별의 관점에서 생각하게 되고 그럼으로써 하나님이 성을 초월하여 계신 분이 아니라 여성적인 존재로 여겨지거나 하나님이 하나의 논쟁거리로 격하되는 경우가 생긴다.

이 시점에서 우리에게 필요한 것은, 성경에서 하나님을 일컫는 다양한 이름들의 보고(寶庫)를 더욱 창의적으로 사용해야 한다는 것이다. '거룩하신 분the Holy One, 주님the Lord, 전능자the Almighty' 같은 이름들이 좀더 바람직한데, 이는 이런 호칭들이 하나님에 대한 우리의 생각을 확장시켜 주기 때문이다.

하지만 때로는 단순히 문장의 흐름과 관련한 문제가 있기도 하다. 대명사는 말이 보다 쉽게 읽히도록 하기 위해 만들어졌다. 그래서 부득불 대명사를 써야만 하는 경우가 존재한다. 예를 들어 "마이런이 내 남편의 정원에서 꽃을 꺾어 내게 가져왔다. 마이런 샌드버그 씨는 그 정도로 친절한 사람이지만, 마이런 자신은 그렇게 생각하지 않는다. 마이런에게 그 사실을 좀더 이야기해 줄 필요가 있다"는 말은 "마이런이 자신의 정원에서 꽃을 꺾어 내게 가져왔다. 그는 그 정도로 친절한 사람이지만, 자신은 그렇게 생각하지 않는다. 그에게 좀더 이야기해 줄 필요가 있다"는 말과 아주 우스꽝스러운 대조를 이룬다. 대명사라는 선물이 있는데 불필요하게 이런 어색한 표현을 쓸 이유가 무엇인가?

어떤 식으로 사용하든 우리의 언어란 것은 하나님을 표현하기에 늘 부적절하기 마련이지만, 대명사 사용에 따르는 문제점을 부분적으로나마 줄일 수 있는 한 가지 방법은 더욱 확실한 삼위일체 신봉자가 되는 것이다. 성삼위의 특정 위격은 우리가 좀더 구체적인 이름으로 부를 수 있으며, 예수님을 지칭할 때에는 남성 대명사를 사용할 수 있다. 왜냐하면 그분은 정말로 남성이었기 때문이다.

어떤 이들은 하나님을 성별의 관점에서 생각하는 것은 여성에 대한 억압이라는 것을 근거로 예수님의 남성성을 배격하기도 하지만, 진정한 종됨이 무엇인지 가르쳐 주시고 그 모델을 보여 주시기 위해 하나님은 남성으로 성육신하셔야만 했다. 여성들은 종의 역할에 대해 분개할지도 모른다. 여성이 종이 되어야 하는 상황을 강요받거나 노예 상태로 전락해야 했던 적이 너무나 많기 때문이다. 하지만 강한 남성 목수이자 존경받는 랍비셨던 예수님이 온유함이 무엇인지, 남을 긍휼히 여긴다는 게 무엇인지 친히 보여 주실 때 우리는 하나님의 무한한 자비라는, 기존의 가치관과 배치되는 기이한 종됨을 보게 되며,[4] 존 요더 John Yoder가 '혁명적 종속' revolutionary subodination이라고[5] 칭한 게 과연 무엇인지 깨우쳐 알게 된다.

현재 나는 성삼위의 다른 두 위격에 대해서는 대명사 사용을 피하려고 노력중이지만(영어 표현법에 저촉되지 않는 범위에서), 예수님에 대해서는 얼마든지 대명사를 사용할 수 있다. 다만 그분이 그냥 평범한 한 남성이 아니라는 사실을 강조하기 위해 첫 글자를 대문자로 쓴다. 성경 본문에서 하나님을 일컫는 말로 쓰인 남성 대명사를 이 책에서 인용할 때에도 대문자를 사용했다. 그 대명사들은 남성 예수로 성육신하신 성삼위 하나님을 통해 우리가 하나님을 보다 정확하고 철저히 알 수 있다는 사실을 우리에게 일깨워주지 않을까? 또한 그 대명사들은 성별을 나타내기보다는 예수님과 그분의 성육신을 통해 성삼위 하나님이 우리와 친밀한 관계를 맺으셨다는 놀라운 신비를 나타낸다는 성경의 진리를 우리에게 각인시킬 수 있지 않을까?

메시아(또는 그리스도)

요한복음 4:25-26에서 사마리아 여인과 대화하시면서 예수님은 메시아(히브리어) 또는 그리스도라는 호칭을 자기 자신에게 적용시키신다. 이 주제와 관련한 논란은 모든 복음서에 다 스며들어 있다. 즉, 이 나사렛 예수가 정말 구약 예언의 성취요, 하나님의 백성들을 위해 거룩한 사역을 담당하는 분이요, 억압과 수치와 죄에서 건져내 주는 분이신가 하는 것이다.

우리 시대가 인간 예수님을 기독교회의 그리스도에서 분리시킴으로써 메시아라는 이름을 오염시키는 것은 사실 새로운 병증이 아니다. 1세기의 이단들은 오직 인간 예수가 고난당했을 뿐 거룩하신 분 그리스도는 고통을 느끼지 않으셨다고 주장함으로써 예수님과 그리스도를 분리시켰다.[6]

복음서에서 '크리스토스' christos 라는 헬라어(NRSV에서는 '메시아'로 번역됨)가 언급되는 곳을 가만히 살펴보면, 이 예수가 바로 메시아라는 믿음을 확실히 증거할 목적으로 사용된 경우가 많다는 사실에 놀라지 않을 수 없다. 마태복음에서는 화자인 마태 자신이 1장에서 이 사실을 네 차례에 걸쳐 확신 있게 선포한다. 마가복음에서는 베드로가 이 호칭을 맨 처음 사용하긴 하지만(8:29, 참조 마 16:16, 20; 눅 9:20), 14:62에서 질문을 받으셨을 때 예수님도 자신이 메시아라고 단정적으로 대답하신다. 누가복음에서 천사와 시므온은 예수님이 아직 아기일 때부터 이미 그분이 메시아인 것을 알고 있고(2장), 마귀는 4장에서 이 사실을 확인해 준다. 요한복음에서는 안드레, 마르다 그리고 이 요한복음 기자 모두가 이 사실을 선포한다(1:41, 11:27, 20:31).

이와 대조적으로 복음서는 이 호칭에 대한 몇 가지 논쟁들(예를 들어 요한복음 7장), 예수님의 제자들과 세례 요한(마 11:2) 사이에서도 이 호칭에 대한 오해가 있었다는 것, 예수님이 메시아임을 믿는 사람들이 회당에서 출교당한 것(요 9:22), 그리고 자신이 메시아인지 아닌지 질문을 받았을 때 예수님의 답변에 모호한 점이 많았다는 것(마 26:63, 눅 22:67, 요 10:24-38) 등도 기록하고 있다. 이런 본문들은 오늘날 '그리스도'라는 이름과 관련하여 많은 논란이 제기되는 데 이용됐음이 분명하다.

나사렛 예수와 우리 믿음의 대상인 그리스도가 동일하지 않다고 주장하는 이들은 예수님을 너무 대단한 사람으로 만들지 않기 위해 그런 구분을 하고자 하는 것이 아닐까? 그렇다면 메시아에 대한 소망과 신념이 이루어졌음을 확인하려는 것 외에, 어떤 이유로 그런 호칭을 일찍부터 사용해, 당시 종교 지도자들이 예수님을 거부하게 만든 걸까? 베드로가 직접 그 주장을 한 것일까 아니면 후대의 기자들이 그가 말한 것으로 기록한 것일까? 여러 복음서들에서 그가 그런 선언을 한 정황을 살펴보면, 문제는 그가 그런 선언을 했다는 것이 아니라 그 선언이 무슨 의미인지 자신조차 몰랐음을 암시하는 듯 보인다는 점이다.

신학적 스펙트럼의 반대편에 있는 사람들 중에는 '그리스도' the

Christ라는 호칭을 다양하게 사용하고 있는 복음서의 기사를 그대로 받아들이긴 하되, 그 이름이 고난과 십자가에 의해 이행되는 메시아의 사역을 가리킨다는 것은 사실상 모른다는 듯 살아가는 이들이 있다. 그들은 대적하는 이들도 없고 환란도 없고 희생도 없이 부와 사치를 누리며 안락하게 살아갈 수 있게 해주는 성공한 그리스도를 고집한다.

예수님이 글로바와 그의 동행에게 하신 말씀에 대해서는 오늘날 우리 역시 고민해야 할 것이다. "그리스도가 이런 고난을 받고 자기의 영광에 들어가야 할 것이 아니냐"(눅 24:26). 승리하는 그리스도를 지나치게 강조하는 이들은 너무 성급하게 그분의 영광으로 들어가려 하고, 나사렛 시절의 예수와 믿음의 대상 그리스도를 분리하려는 이들은 너무 더디게 그분의 영광으로 들어가면서 예수님의 지상 사역과 삶에서 암시된 진리들을 부인하려고 한다. 이러한 차이를 한 겹 걷어내고 나면 신학적 스펙트럼의 이쪽 끝과 저쪽 끝 모두 동일한 문제와 씨름하고 있는 것일지도 모른다. 예수님의 일생 중 어느 한 시기가 아니라 처음부터 끝까지 그분을 그리스도로 인정한다는 것은 필연적으로 하나님이 언제나 연약함과 죽음을 통해 역사하실 작정이셨음을, 그리고 그것은 성삼위께서 지금도 여전히 그런 식으로 역사하고 계심을 받아들인다는 의미인 것이다.[7]

"그의 이름으로 죄사함을 얻게 하는 회개가 … 모든 족속에게 전파"(눅 24:47)되어야 할진대, 그리스도의 이름 그리고 그분의 성품이 진정 우리의 이름이 되어야 할 것이다. 우리는 과연 연약함과 죽음으로 '그리스도인'이라는 이름을 감당하는가?

주님

오늘날 많은 이들이 '주님'Lord이라는 호칭을 폐기하거나 그 이름으로 예수님이나 성삼위 하나님을 부르기를 회피하고 있다. 물론 소작인들을 착취하기 일쑤였던 불의하고 잔인한 중세의 영주lord들로 인해 그 호칭이 특히 더 오염된 것이 사실이다—영주들의 폭정에 관해서는 거기 얽혀 전해지는 수많은 이야기들로 인해 사실이 부풀려진 면도 있다. 하지만 그렇다고 해서 그 호칭 자체를 폐기할 필요까지 있을까?

하나님께는 우리에게 복종을 요구할 권리가 있다는 개념이 마음에 들지 않는다는 이유로 그 호칭을 거부하는 이들도 있다. 그들은 그리스도의 주인 되심lordship은 너그럽고 사려 깊은 주인 되심으로서, 순종하고 싶은 마음이 저절로 들 정도로 풍성한 사랑이 흘러넘친다는 것을 잊고 있다. 나에게는 이 호칭이 안도감과 희망의 근원이 되는 데 비해 이 사람들은 그 호칭을 기뻐하기보다는 질색하며 뒷걸음질 치는 것이다.

우리가 '주님'이라는 하나님의 호칭을 고집스럽게 폐기해버린다면 그것은 믿음을 갖는 데 본질적으로 중요한 선물을 잃는 것이다. 하지만 이 용어가 독특한 모호성을 띠고 있기에 이 호칭을 회복하는 것이 쉽지는 않다.

'주'lord라는 말로 번역될 수 있는 히브리어 단어는 두 가지인데, 이 둘은 전혀 상관관계가 없는 아주 다른 단어이므로 먼저 이 두 단어를 구분한다면 아마 몇 가지 문제들을 걸러낼 수 있을 것이다. 그 중 하나는 '아도나이'adonai로서, 이는 일종의 '윗사람'superior을 뜻하며 구약성경에서 주인, 지배자, 군주, 지도자 등 모든 부류의 주인lord을 나타내는 말로 사용되고 있다. 성경에서 이 호칭이 때로 압제하는 사람들을 지칭하기도 하지만, 대문자로 쓰여서 하나님을 일컫는 데 사용될 때에는 절대 그런 뜻이 아니다.

'주'Lord로 번역되는 또 하나의 히브리어는 비교적 더 정확한 이름으로, *YHWH*라는 네 가지 자음으로 이뤄지지만 어떻게 발음하는지는 알지 못한다. 원래 히브리어는 글자로 쓸 때 모음을 표기하지 않기 때문이다. 신실한 유대 신자들은 이 이름을 큰 소리로 입에 올리는 것은 신성을 모독하는 것이라 생각하여 그렇게 하지 않았다(심지어 마음속으로 떠올리지도 않았다). 과거에 영어권 사람들은 이 단어를 '여호와'Jehovah라고 발음했지만, 요즘은 대개 '야웨'Yahweh라고 읽는다.

내가 이 호칭을 좋아하는 것은, 이것이 불타는 덤불에서 모세에게 계시된 하나님의 이름 '스스로 있는 자'I AM를 의미하기 때문이다. 프랑스 사람들은 지혜롭게도 *YHWH*를 뜻하는 말로 '영원자' L'Eternel라는 단어를 사용한다(그리고 '아도나이'는 '주' le Seigneur 로 번역한다). 이 이름은 언제나 하나님의 언약을, 그리고 우리의 불충성에도 불구하고 변함없이 신실하신 하나님의 성품을 떠올리게 한다. 이 이름은 나를 위로하고 나를 지탱시켜 주는 버팀목으로, 하나님이 현재에도 계시고 과거에도 계셨고 앞으로도 계실 분이실진대 어떤 상황에 처하든 나는 늘 하나님을 믿고 의지할 수 있기 때문이다.

YHWH는 절대 폭압을 뜻하는 이름이 아니다. 이 이름은 언제나 무한한 긍휼과 자비의 칭호요, 한결같은 신실함과 견고한 사랑을 뜻하는 이름이다. 특히 이 이름은 신약의 예수님이 'I am'이라는 이름을 사용하시는 것(요 6:20, 35 참조)을 통해 구약에서 말하는 언약의 하나님을 신약의 예수님과 연결시키는 주요 단어 중 하나이다.[8]

신약성경에서 '주'를 뜻하는 헬라어 '키리오스' kyrios는 YHWH와 '아도나이' 두 가지 뜻을 다 지니고 있다. '키리오스'는 하나님을 뜻하는 말로 쓰일 때도 있고 때로는 특히 예수님을 지칭하는 말로 쓰일 때도 있으며, 그 외의 경우 비유에 등장하는 이들이나 로마 지도자들을 가리키는 말로 쓰일 때도 있고 그저 상대에 대한 존경을 나타내는 말로 쓰일 때도 있다.

우리가 궁금히 여기지 않을 수 없는 것은, 성경 기자들이 어떤 뜻으로 이 호칭을 예수님께 적용시켰는가 하는 것이다. '주'라는 말을 원래 사용한 이들은 '아도나이'의 의미에서 사용한 것일까? 아니면 *YHWH*의 의미에서 사용한 것일까? 그들은 언제부터 후자의 의미로 예수님께 이 호칭을 사용하기 시작했는가? 다시 말해, 예수님의 제자들은 어느 시점에서 그분을 하나님으로 인식하기 시작했는가?

"네가 만일 네 입으로 예수를 주Lord로 시인하며 또 하나님께서 그를 죽은 자 가운데서 살리신 것을 네 마음에 믿으면 구원을 받으리라"(롬 10:9)는 사도 바울의 말을 들으면 처음엔 그가 '아도나이'의 의미에서 '주'라는 호칭을 사용한 것으로 생각할 수도 있다. 하지만 몇 구절 뒤에서 그는 "누구든지 여호와의 이름을 부르는 자는 구원을 얻으리니"라는 요엘 2:32 말씀을 예수님께 적용하면서 예수님의 신성을 분명히 한다.

바울은 또한 예수 그리스도의 주 되심은 하나님의 백성들을 연합시킨다는 사실도 강조한다. 고린도전서 1:2에서 그는 "고린도에 있는 하나님의 교회 곧 그리스도 예수 안에서 거룩하여지고 성도라 부르심을 받은 자들과 또 각처에서 우리의 주 곧 그들과 우리의 주 되신 예수 그리스도의 이름을 부르는 모든 자들에게" 편지를 쓴다. '주'라는 놀라운 이름을 거부하는 이들은 다른 모든 그리스도인들과 연합하기를 원하지 않는가? 그들에게는 이 호칭에 필적할 만한 다른 뭔가가 있다는 말인가?

바울도 그렇고 사도행전도 그렇고 모두 예수님이 우리 주님이 되셨다고 말한다. 그리스도께서 당하신 수욕을 찬미하는 위대한 찬가인 빌립보서 2:5-11은 다음과 같은 환호로 절정을 이룬다. "이러므로 하나님이 그를 지극히 높여 모든 이름 위에 뛰어난 이름을 주사 하늘에 있는 자들과 땅에 있는 자들과 땅 아래에 있는 자들로 모든 무릎을 예수의 이름에 꿇게 하시고 모든 입으로 예수 그리스도를 주라 시인하여 하나님 아버지께 영광을 돌리게 하셨느니라."

비슷한 예로 누가도 베드로의 오순절 설교를 다음과 같이 핵심을 찌르는 말로 결론짓는다. "그런즉 이스라엘 온 집은 확실히 알지니 너희가 십자가에 못 박은 이 예수를 하나님이 주와 그리스도가 되게 하셨느니라"(행 2:36). 예수님을 '주'라 부를 수 있다는 것은 얼마나 큰 특권인가?

'주'라는 이 이름에 따르는 모든 선물을 거절할 이유가 대체 무엇이겠는가? 이 이름은 예수님이 언약에 신실하신 성경의 하나님이심을 확인해 준다. 이 이름으로 우리는 그분의 신성과 또 그분이 하나로 연합된 교회의 머리되심headship을 증거한다.

예수님이 주님이라고 해서 나에게 어떤 억압을 가하신 일이 한 번도 없다. 비록 내가 그분의 권위를 부인하거나 그 권위에 반항한 적이 많았음에도 불구하고 말이다. 그래서 나는 그분이 나의 주님이심을 고백함으로써 내 삶의 변화를 위해 그분께 기쁘게 복종한다. '주'라는 그분의 이름을 거부하는 이들은 이 특권과 이 책임을, 그리고 다음과 같은 도전을 원하지 않는 게 아닐까? "그러므로 너희가 그리스도 예수를 주로 받았으니 그 안에서 행하되 그 안에 뿌리를 박으며 세움을 받아 교훈을 받은 대로 믿음에 굳게 서서 감사함을 넘치게 하라"(골 2:6-7).

우리 주 예수 그리스도

이 이름은 그 풀 네임은 물론 이 중 두세 단어가 조합된 이름들까지 온갖 방식으로 잘못 다뤄지고 있다. 예수님의 주되심을 거부한다든지, 나사렛 시절의 예수와 믿음의 대상 그리스도를 구분한다든지, 혹은 '그리스도'라는 말을 예수님의 성으로 여긴다든지, '우리 주 예수 그리스도'라는 말의 온전한 의미를 하찮게 취급한다든지, 힘들 때는 이 이름이 지칭하는 분을 찾으면서도 정작 진정으로 그분께 절하기는 거부한다든지 하는 게 다 그 예들이다. 내 경우는 특히 맨 뒷부분에서 떳떳치 못하다. 최근에 나는 장애가 있는 한쪽 발에 심한 화상을 입었는데, 나는 지금도 자기 연민에 빠짐으로써 반항을 하고 있으며, 누구든 제 밥값을 하는 주님이 있다면 자기가 다스리는 세상에서 이런 일이 일어나게 하지는 않을 것이라며 불평하고 있다.

위의 호칭을 따로 떼어 살펴본 후에도 나는 그 각각의 부분을 '우리 주 예수 그리스도'라는 호칭에 포함시킬 수밖에 없었는데, 그것은 신약성경의 처음부터 끝까지 초대 교회가 이 풀 네임을 얼마나 소중히 여겼는지 주목하지 않을 수가 없었기 때문이다. '예수',

'그리스도', 그리고 '주'의 조합은 신약성경에서 최소한 네 가지의 일련의 정황에서 52차례 등장하며, 맨 처음 데살로니가전서에 네 번 나오는 것으로 시작하여 훨씬 뒷 부분인 베드로후서와 유다서에서 일곱 번에 이르기까지 신약성경 전체에 걸쳐 등장한다.

복음서 전체에서 우리는 사람들의 생각이 진전을 보이는 것을 볼 수 있다. 그리고 제자들이 과연 이 예수님이 그리스도일 수 있는지, 만일 그렇다면 그게 무엇을 의미하는지 하는 문제와 씨름하는 소리가 거의 귀에 들릴 듯하다. 예를 들어 최근 리젠트 신학교에서 열린 목회자 협의회에서 리크 와츠Rikk Watts가 가르쳤듯이, 예수님이 폭풍우를 잠잠케 하시고 귀신을 돼지 떼에게 들여보내사 바다에 뛰어들게 하신 일에 대해 생각해 보자(막 4:37-5:13). 그때 제자들이 느꼈을 공포에 주목해 보라. 선량한 유대인이었던 그들은 출애굽기 14장에 근거하여 과연 누구만이 바다에게 명령을 내릴 수 있으며 자신의 대적들을 바다에 던져 넣을 수 있는지 잘 알고 있었다. 결론적으로, 예수님을 따라다니고 함께 살면서 그들은 아주 특별하신 분이 자신들과 함께 있다는 것을 점차 알아차리고 예수님이 하나님의 그리스도이시라는 사실을 아마 조금씩 확신하기 시작했을 것이다. 비록 성령이라는 은사를 받기 전이라 자신들과 그분의 삶에 일어난 결말을 감당할 준비가 안 되어 있었긴 하지만 말이다. 결국 그들은 그분을 주님이라고 부르지 않을 수 없었다.

우리도 마찬가지이다. 예수님과 함께 살면 살수록, 특히 패배와 죽음을 통해 부활에 이르도록 수고하는 동안 우리는 메시아가 단순히 하나님이 보내신 사자가 아니라는 근본적 확신에 동의하지 않을 수 없게 된다. 그리스도는 주님 자체라고 말이다.

윌리엄 플래처가 말하듯 예수 스토리는 언제나 두 개의 '무엇'whats이라는 날실이 하나의 '누구'who라는 씨실과 엮여가는 스토리이다. 즉, "예수 그리스도가 무엇what이냐고 묻는다면 거기엔 두 가지 답변이 있다. 그분은 하나님이시라는 것, 그리고 그분은 인간이시라는 것이다."[9] 죄를 용서하시고, 죽은 자를 살리시고, 우리의 구속을 이루시는 그분의 말씀과 행위는 오직 하나님만이 하실 수 있는 말씀이요 하나님만이 하실 수 있는 행동이었다. 또한 그분은 식사를 하시고 잠을 주무시는 등 아주 인간적인 방식으로(철저히 인간으로) 사셨다. 하지만 그런 행동들을 하신 분who은 언제나 한 분, 예수 그리스도이셨다.[10]

성경은 인지를 초월한 이 연합이 어떻게 성취되는지 결코 명확히 밝히지 않는다. 그보다 성경은 해설을 통해 이 사실을 우리에게 펼쳐 보인다. "그리스도께서는 한 눈 먼 사람을 고쳐 주시되 자기 침을 발라주심으로써 고쳐 주신다. 이렇게 그분은 아주 인간적인 방식으로 신적인 일을 행하신다. 그분은 십자가에서 죽으셨지만 우리의 구원을 획득하는 방식으로 죽으시고, 그렇게 해서 신적인 방식으로 가장 인간적인 일을 행하신다."[11]

어느 누구도 이것을 설명할 수 없다. 사도 바울이 또 한 가지 당황스러운 일과 관련하여 탄식했듯, "깊도다 하나님의 지혜와 지식의 풍성함이여 … 그의 길은 찾지 못할 것이"(롬 11:33)다. 우리가 할 수 있는 일이란, 지극한 놀라움으로 한 걸음 물러서서 그런 불가능한 신비를 이루시는 하나님을 찬미하며 그분을 주님으로 인정하고 순복하는 것 말고 무엇이 있겠는가?

451년 칼케돈 공의회는 우리의 연약함에 호소했다. 우리는 그리스도 예수의 위격을 설명할 수 없기에 오직 그분을 찬양할 수 있을 뿐이고 우리 주님에 대해 생각할 때 피해야 할 오류들이 있음을 인정해야 한다는 것이었다.

> 그러므로 거룩한 교부들과 뜻을 같이하여 우리 모두 만장일치로 가르치는 것은, 우리 주 예수 그리스도는 하나이자 동일한 아들이시요 신격에 있어 동일하게 완전하시고 인간됨에 있어서도 동일하게 완전하신 참 하나님이자 참 사람이심을 … 하나이자 동일한 그리스도, 아들, 주님, 독생자로서 혼동도 없고 변화도 없고 나뉨도 없고 구별도 없이 두 본질로 알려지신 주 예수 그리스도이심을 고백해야 한다는 것이다.[12]

이보다 일찍 나지안주스의 그레고리우스Gregory of Nazianzus는 그리스도 예수의 주되심에 대한 경이와 감사를 다음과 같이 표현했다.

> 그분은 주리셨지만, 수천 명을 먹이셨다. … 그분은 지치셨지만, 곤하고 무거운 짐진 사람들의 안식이 되신다. … 그분은 기도하셨지만 기

도를 들으신다. … 그분은 고작 은 삼십 냥이라는 아주 싼 값에 팔리셨지만, 세상을 구원하신다. 그것도 자신의 보혈이라는 큰 값을 치르시고 … 양으로서 죽임을 당하셨지만 그분은 이스라엘의 목자이시며, 지금은 온 세상의 목자이시기도 하다. 어린 양으로서 그분은 잠잠하셨지만, 그러면서도 그분은 말씀Word이시요, 광야에서 외치는 한 소리에 의해 선포되신다. 그분은 짓밟히고 상하셨지만 모든 질병과 모든 허물을 고치신다. … 그분은 죽으셨지만 생명을 주시고 자신의 죽음으로써 죽음을 멸하신다.[13]

과학적 설명으로 모든 것을 통제하려 하는 모던 시대의 요구와 온갖 도그마를 해체하려고 하는 포스트모던 시대의 요구는, 더욱 큰 두려움으로 신인 the God-Man이신 우리 주 예수 그리스도를 바라보는 시선, 그분께 대한 더욱 겸손한 부복, 그리고 우리의 모든 것을 그분 앞에 더욱 열렬하고 찬란하게 직조해 드리는 삶으로 바뀌어야 할 것이다.

보라!

나는 '(주목하여) 보라!' Behold는 말을 좋아한다. 이 단어는 "셔츠 깃을 잡고 당신을 조금 흔드는" 느낌의 단어이다. 흠정역이나 그 외 좀 오래된 역본들에 이 단어가 등장하는 경우 이는 히브리어나 헬라어 원전에서 하나님에 관해 뭔가 놀라운 일이 드러났을 때 흔히 이어지는 감탄사를 번역한 말이다.

안타깝게도 일부 새 역본들의 경우 느낌표를 아예 생략하거나 그저 '보라'See와 같은 맥빠지는 동사로 어감을 죽여버리고 아니면 다른 무난한 단어를 사용하기도 한다. 시각적으로 과부하가 걸려 있고 바삐 서두르기를 좋아하는 이 시대의 문화에서 우리는 온갖 종류의 일들을 보기는 하되 굳이 그것에 주목을 하는 일은 절대 없다. 무엇을 보거나 응시하기는 해도 아주 작은 관심조차 기울이지 않는 것이다.

하나님을 일컫는 이름들을 논하는 부분에서 느닷없이 우리가 '(주목하여) 보라!'는 단어를 사용하지 않아서 그 이름들이 오염되었다고 한탄하는 이유는 무엇인가? 내가 이 단어에 대해 이야기를 해야겠다고 생각한 것은 변화산상에서의 예수님의 모습을 그린 고대 동방 정교의 성상에 관한 글을 읽던 중이었다. 그 성상을 보면 제자들은 마치 자신들이 산 아래로 멀리 내팽개쳐지기라도 한 것처럼 모두들 비스듬한 자세다. 이에 대해서 캔터베리 대주교인 로완 윌리엄스Rowan Williams는 성자 곧 말씀을 통해 영원히 흐르는 하나님의 생명의 물결이 그들을 엄습한 것이라고 설명한다.[14] 이와 마찬가지로, 하나님의 그 어떤 이름과 만나게 되든 그 이름은 돌연 우리의 발걸음을 멈추게 만들고, 우리를 불안정하게 만들며, 그 이름에는 우리가 상상하거나 바라는 것 이상의 무한한 의미가 담겨 있음을 기억하게 만들어야 한다는 것이다.

'(주목하여) 보라!' Behold라는 말을 굳이 다른 단어로 대체하고자 할진대, '보라' See보다 더 극적인 초청의 말을 찾을 수는 없을까? 예를 들어 영국 사람들처럼 "주의!" Mind your head라고 해야 할까? 아니면 군인들처럼 "주목!" Listen up이라고 해야 할까? 아니면 정교회의 사제들이 성경이 주는 교훈의 말씀을 읽기 전에 하는 것처럼 "들으시오!" Attend라고 해야 할까?

문제는, 우리 스스로 찾아내는 말들은 대부분 충분히 우아하지도, 고상하지도, 깜짝 놀랄 만하지도 않다는 것이다. 우리가 찾아내는 말들에는 그다지 활기가 없고, 우리가 방금 변화산상에서 내팽개쳐졌다는 사실을 깨닫게 해주지도 못한다.

그런데도 사람들은 불평한다. "(주목하여) 보라!"는 우리 사회에서 관례적으로 쓰이는 단어가 아니라고. 하지만 이 표현이 그토록 훌륭한 것은 바로 그 이유 때문이다.

왕

어떤 이들은 왕이라는 단어가 결정적으로 남성을 나타낸다는 이유로(따라서 억압을 뜻한다는 이유로) 예수님이나 성삼위 하나님을 '왕'이라 부르는 것을 반대한다. 게다가 또 어떤 이들은 말하기를, 지금은 왕이 다스리는 시대가 아니므로 이제 왕의 이미지는 우리에게 어떤 의미도 전달해 주지 않는다고 한다. 성경에 등장하는 단어가 이렇게 퇴짜를 당하고 명예를 잃고 있다.

하지만 어린아이들은 여전히 왕과 왕비가 등장하는 동화를 좋아한다. 어른들도 여전히 스포츠 영웅을 일컬어 농구의 제왕이니 테니스의 여왕이니 한다. 우리는 아직도 '킹핀' kingpin (볼링의 5번 핀)이라는 표현을 쓰고, 어린아이들은 아직도 '산 위의 왕' king on the mountain 놀이를 한다.

우리에게 왕으로서의 그리스도/하나님 이미지가 필요한 것은, 세상 사람들이 리더십에 대해 얼마나 잘못된 생각을 갖고 있는지 기억하기 위해서이다. 예수님의 왕되심이, 즉 '왕'이라는 호칭이 내포할 수 있는 그 모든 의미의 완벽한 성취가 겸손함 가운데 이루어졌고 다른 이들에게 힘을 부어 주기도 한다는 점에서 왜 그토록 놀라운지 기억할 수만 있다면 이것이 남성을 뜻하는 단어라는 사실은 문제가 되지 않는다.

세상의 왕들은 그 잔혹성과 공격성, 그의 군대가 전쟁에서 거둔 승리, 전세계에 걸쳐 행사한 권력, 여성을 유린한 행위, 불의한 세정(稅政), 적들을 노예로 삼은 것 등으로 유명하다. 예수님이 오신 것은 이러한 상황을 바로잡고 (그분이 남성이라는 사실로 인해 우리가 지녔던 모든 예상과 달리) 종의 마음과 삶을 보여 주시기 위해서이다. 그분은 여성을 존중하시고 그들에게 참 사명을 주신다. 그분은 자신의 은사를 값없이 나눠 주시며 갇힌 자를 풀어 주신다. 그분의 권세는 자신의 약점을 드러내보이는 권세이다. 그분의 승리는 기꺼이 패배하고자 하시는 데에서 비롯된다. 그분의 다스림은 공평과 정의의 다스림이며, 그분의 나라는 모든 악의 권세에 대항하는 나라이다.

그러므로 "크게 기뻐할지어다"와 "즐거이 부를지어다"와 같은 말씀에 응하는 것 말고 우리에게 달리 반응하는 방법이 있는가? (주목하여) 보라! 한 분이신 우리의 참 왕께서는 "공의로우며 구원을 베풀며 겸손하여서" 평화의 상징인 "나귀를 타"고 오신다. 그분은 병거와 군마와 전쟁하는 활을 끊으시고 그 대신 "이방 사람에게 화평을 전할 것이요 그의 통치는 바다에서 바다까지 이르"리니 이는 "(우리와 맺으신) 언약의 피로 말미암아서"(슥 9:9-11)이다.

어찌 붉은 카페트와 겉옷을 깔고 환호하며 몸을 던져 이 왕을 맞아들이지 않을 수 있겠는가? 어찌 그분이 우리 모든 삶을 다스려 주시길 바라지 않을 수 있겠는가? 온 우주에 편만한 그분의 다스림이 드러나기를 기다릴 때에는 특히 더 그렇지 않겠는가?

선한 목자

'선한 목자'라는 아름다운 이름이 어떻게 오염될 수 있었을까? 선한 목자 하면 즉각 사랑스러움과 포근함을 연상하는 이들이 많다는 사실이 아마 이 말이 왜곡되었다는 하나의 징후일 것이다.

단단한 회초리로 매를 맞아야 당연할 텐데 오히려 든든한 목자의 품 안에 어린양처럼 안겨 있는 내 모습을 상상하면서, 나 자신을 버릇없는 사람으로 만든다면 그것이 바로 이 이름을 오염시키는 방식이다. 어린양이 목자의 품에 안겨 있는 이 안락한 이미지는 어릴 때 내가 살던 지역 성당의 스테인드 글라스를 보면서 갖게 되었다. 이 그림은 그다지 유대인 같아 보이지 않는 소박한 모습의 예수님께서 온순하고 새하얀 양들에게 둘러싸여 계신 모습을 묘사하고 있다. 그 스테인드 글라스는 목자 일이 얼마나 힘든 일인지 혹은 양들이 얼마나 아둔하고 미련한 짐승인지에 대해서는 아무런 암시도 없었다.

그 그림 속에서 목자에게 안겨 있던 어린양은 귀엽고 깨끗했으며, 누구라도 당장 구해내고 싶은 마음이 들게 만드는 그런 동물이었다. 길을 잃은 양이 실제로 어떤 모습인지를 그 그림은 보여 주지 않았다. 즉, 털은 뒤엉키고 진흙투성이에다 어쩌면 피를 흘리고 있을지도 모르고 악취까지 나는, 정말로 길을 잃은 양의 모습은 보여 주지 않은 것이다.

그런 감상에 대한 반발로 어떤 이들은 성경에 등장하는 선한 목자라는 이름과 비유 자체를 아예 내던져 버리려고 한다. 목자가 뭔지 알지 못하는 사람들이 많다고 주장하는 이들도 있다. 기술적으로 시대에 어울리는 비유를 사용해야 한다고 말이다.

그런데 바로 그것이 문제이다. 과학적 진보 덕분에 원하는 것은 버튼 하나로 쉽게 구할 수 있는 편리한 세상을 살아가는 우리는 우리 양식과 물의 근원이요 하나님이 인간을 빚으실 때 쓰신 흙의 출처인 땅으로부터 너무 멀리 떨어져 있는 까닭에 우리의 생존을 위해 다른 누군가의 삶이 통째로 필요하다는 것을 잘 인식하지 못한다. 게다가 기술 문명은 대개 빠르고 쉬운 해결책만을 제시한다. 그러나 우리의 삶은 최첨단 기술보다는 땅에 의지해 살아가는 것과 훨씬 닮았다. 우리 삶에서 쉬운 해결책은 없다. 우리가 우리 자신을 구원하기에 얼마나 무능한 존재이며 따라서 누군가가 평생 따라다니며 우리를 돌봐주어야 한다는 것을 잊지 말아야 한다.

예수님이 이 선한 목자 이미지를 사용하신 것은 자신이 얼마나 우리 편이 되어 주실 수 있는지 보여 주시기 위해서였다. 그분은 낮은 자 중에서도 가장 낮은 자로 우리 가운데 들어오실 것이다. 그분은 양떼를 위해 자기 생명을 내놓으실 것이다(요 10:11-18은 이 사실을 한 번 이상 기록하고 있다).

호주에 사는 내 친구 존은 직업이 목자이다. 그는 자기 양들을 사랑하며 열정적으로 양떼를 돌본다. 며칠 전 우리 친구 일행이 그를 찾아갔을 때 우리는 그가 어느 곳으로 이동해야 양떼를 먹일 수 있는지 참으로 세심하게 계획을 세우는 모습을 볼 수 있었다. 우리는 그가 길 잃은 양을 쫓아가서 그 녀석과 씨름을 벌인 후 간신히 붙잡아 트럭에 태운 후 다시 제자리로 데려오는 것을 지켜보았다. 우리는 양이 정말로 자기 주인의 음성을 알아듣는다는 사실을 목격했다. 양들은 존의 말은 잘 들었지만 우리 일행이나 다른 낯선 사람의 말에는 따르지 않았다. 호주에 몇 년째 극심한 가뭄이 들고 있는지라 식수로 쓰고 있는 댐이 말라가면서 양들에 대한 존의 염려도 커져갔다. 그의(그리고 가족의) 삶은 온통 양들에게 바쳐진 상태였다. 농장 일이 요즘엔 돈을 잘 벌 수 있는 일이 아니지만, 양떼 이야기를 할 때는 물론이고 내가 "질 좋은 양모"라고 하자 호주 사람들은 그걸 어떻게 표현하는지 가르쳐 주려고 애쓰는 그의 모습에서는 양들에 대한 사랑이 그대로 묻어났다.

그의 농장에서 양떼들이 원을 그리며 무작정 뱅뱅 돌거나 비좁은 틈 사이로 억지로 밀고 들어가려 하는 모습을 보고 양들이 얼마나 미련한 동물인가 하는 것도 알았다. 녀석들은 절대 존이 없이는 살 수 없는 동물이었다.

즐거운 일과 새로운 유행만 좇으려 하고, 사람들과 깊은 유대 관계를 맺는 일에는 시간과 에너지를 투자하지 않는다면 그것이 얼마나 어리석은 짓이겠는지 곰곰이 생각해 보라. 쳇바퀴 돌듯 촌각을 다투며 서두르지만 아무 의미도 없는 피상적인 일들로 시간을 채우고, 사납게 다른 이들을 밀치며 명성을 추구하지만 곧 그게 얼마나 허망한 것인가를 깨닫곤 하는 우리 모습을 생각해 보라. 우리가 파고들어가려 하는 틈바구니가 어떤 곳인지 생각해 보라. 이기심과 냉대, 문화적 오만함과 부도덕함, 국가의 호전성과 명백한 낭비 등으로 인해 이웃과 세상에서 소외된 우리 모습을 말이다.

선한 목자 없이도 살아갈 수 있다는 듯 행동할 때가 많은 우리는 정말 얼마나 바보 같은 존재인가?

인자

예수님은 자기가 누구인지 알고 계셨을까? 그분은 '인자' Son of Mam 라는 말을 하나의 호칭으로 자신에게 적용시키셨을까? 만일 그렇다면 왜 그러셨을까? 그게 아니라면 나중에 초대 교회가 그분에게 그 호칭을 붙인 것일까? 예수님은 자신이 전적으로 인간이고 전적으로 신이라는 사실을 자각하고 계셨을까? 아니면 후대 사람들이 그분에게 이런 속성을 덧붙인 것일까? 후대 사람들이 창안해낸 개념은 아닐까?

  이는 다양한 논쟁을 불러일으키는 흥미로운 질문들로서, 예수님이 자기 자신에 대해 무엇을 알고 계셨는지 그분 마음속으로 숨어들어가 확인할 수 있지 않는 한 결코 해결할 수 없는 문제이다. 내가 이것을 화제에 올리는 까닭은 이러한 논쟁들이 성경 해석과 관련해 해결하기 어려운 오류를 남겼기 때문이다. 하지만 그 문제에 대해서는 나중에 따로 살펴보기로 하자. 먼저 위의 미스테리를 제대로 한번 살펴보자(안타깝게도 예수님 당시에는 녹음기가 없었으므로 역사적으로 정확한 답변을 얻을 수가 없다!).

  문제가 생기는 것은 '아담의 아들' son of adam 이라고 해야 최적의 번역이 되는 히브리어 문구 때문인데(adam은 '아다마', 즉 땅과 연관된 단어이다), 보통 이는 '인간' human being 또는 '인류' humanity 를 의미하며, 혹은 NRSV에서처럼 '필멸의 존재' mortal 라고도 옮길 수 있다. 에스겔서에는 이 단어기 93차례 등장하는데, 대부분은 에스겔 선지자의 피조성을, 이 선지자에게 그리고 이 선지자를 통해 말씀하시는 주님의 무한한 주권과 대조시키는 표현으로 등장한다.

하지만 다니엘 7:13-18은 "인자 같은" 이가 옛적부터 항상 계신 분에게서 거룩한 권세와 영광과 나라를 받는다고 선언한다. '인자'라는 말의 모호성은 소위 에녹의 비유(에녹1서 37-71) 때문에 더욱 심화된다. 이 비유들은 이 표현을 하나의 호칭으로 채용하고 있으며 '인자'를 하나님 말씀의 선재, 이사야서의 고난당하는 종의 이미지, 다니엘의 환상, 그리고 메시아를 가리키는 그 외 다른 용어와 단호히 연관을 시킨다.

문제는 에녹서가 언제 기록되었는지, 그리고 그것이 그리스도인에 의해 기록되었는지의 여부를 알 수 없다는 것이다. 계란이 먼저인가 닭이 먼저인가의 문제가 돼버렸다. 즉, '인자'를 메시아를 일컫는 용어로 사용하는 전통이 있었던 것일까, 아니면 예수님이 단순히 자신의 인성을 강조하기 위해 그 표현을 사용하신 것일까?(예수님은 자기 자신에 대해 '인자'라는 표현을 쓰신 적이 없으며 후대의 교회가 이런 표현을 덧붙인 것이라 주장하는 사람들로 인해 그나마 닭과 계란도 다 뒤섞이고 말았다)

NRSV가 다니엘 7:13을 번역하는 방식이 이미 이 문제에 편견을 갖게 만들지만 않았다면, 나는 이 표현의 모호성을 인정하면서 거기에 담긴 모든 함축적 의미를 그냥 받아들일 수 있었을 것이다. NRSV의 이 부분 번역은 우선 '아들'Son과 '남자'man라는 표현을 포기하는 정책에 의해 오염되었다. 비슷한 예로 성경에서 '아들들'sons이라는 표현이 자녀children라는 말로 대체된 경우가 많은데, 이는 아들됨sonship이라는 개념에 담긴 것과 같은 책임, 특권 그리고 성숙함 등의 함축적 의미를 다 전달해 주지 못한다.

NRSV가 또 다른 차원에서 다니엘 7:13의 오염을 가중시키는 것은 "내가 사람human being 같은 이가 하늘의 구름과 함께 오는 것을 보았다. 그는 옛적부터 계신 이에게 와서 그의 앞에 모습을 드러냈다"는 번역이다. 그런데 NRSV는 신약성경이 (*ho hios tou anthropou*라는) 헬라어 어귀와 상응하여 사용하는 '인자'라는 호칭을 그대로 존속시키고 있다. 그래서 이 호칭이 메시아와 관련하여 사용되기 시작한 다니엘서에서만 유독 이 호칭을 없애는 것은 지나치게 전략적으로 보인다.

다니엘서를 읽는 평범한 신자들이 신약성경에서 예수님이 사용하셨던, 그리고 예수님을 지칭하는 말로 사용되었던 이 호칭과 더욱 더 친밀감을 느낄 수 있게 할 작정이라면, 그럼으로써 이 선지자의 환상 속에서 "권세와 영광과 나라"를 받는 예수님에 대한 정말로 예언자적인 묘사에 주목할 수 있게 할 작정이라면 오히려 '인자'라는 호칭을 그대로 사용하는 것이 더 낫지 않았을까?

참으로 교회는 그리스도만이 "소멸되지 아니하는 영원한" 권세와 "멸망하지 아니할"(단 7:14) 나라를 계시하신다는 것을 알고 있다. 성경 번역이 예수님이 이 구절을 자기 자신에게 적용하사 자신의 권세가 다시 돌아오시는 심판자의 권세일 뿐만 아니라 현세에서도 죄를 사할 권리가 있으신 분, 그리고 육신을 가진 모든 이들처럼 죽기 위하여 육신을 가진 인간이 되신 하나님의 특별한 행위 가운데 우리에게 구원을 확보해주신 분의 권세이기도 함을 보여주셨을 가능성을 없애버려서야 쓰겠는가?

복음서의 화자들은 예수님이 자기 자신을 '인자'라 일컫는 상황을 과도하다 싶을 만큼 자주 기록하고 있는데(지극히 다양한 여러 정황에서 77차례나 등장한다) 이런 사실 역시 예수님이 이 호칭을 자기 자신에게 적용하셨다는 내 확신을 더욱 굳게 해준다. 예수님이 이 호칭을 메시아라는 함축적 의미를 담아 사용하셨을 가능성은 그분께서 다니엘의 경우와는 전혀 다른 정경을 드러내는 선언과 연관지어 이 호칭을 사용하셨다는 사실로 인해 더욱 확고해진다.

예를 들어 마태복음에서 이 호칭은 30번 등장하는데 그 중 3분의 1 이상의 사례에 주목해 보라. 예수님은 인자는 머리 둘 곳이 없다고(8:20), 인자는 죄인들과 함께 먹는다 비난당한다고(11:19), 인자는 요나가 물고기 뱃속에 있었던 것처럼 땅 속에 있을 것이라고(12:40), 인자가 고난받을 것이라고(17:12), 인자는 배신당할 것이며(17:22, 20:18, 26:2, 24, 45) 많은 사람들의 대속물로(20:28) 십자가에 못 박혀 죽을 것이라고(17:22-23) 말씀하신다.

마태복음의 또 다른 본문을 보면 인자에게는 죄를 사할 권세가 있고(9:6), 인자는 안식일의 주인이며(12:8), (성령과 달리) 인자에게는 말로 거역하고도 사하심을 받을 수 있고(12:32), 인자는 그의 비유에서 씨 뿌리는 자(13:37, 41)라는 등의 다양한 진술이 등장한다.

마태복음에서 이 호칭이 영광중에 오실 인자를 구체적으로 가리키는 예는 전체의 3분의 1에 불과하다. 그 중에는 그분의 오심을 번개에 비유하는 것도 있고(24:27), 예기치 못하던 때에 임한다는 면에서 노아 시대에 비유하는 것도 있다(24:37, 39, 44). 또 다른 두 가지 사례는 예수님의 변용(16:28, 17:9)과 관계 있다. 누가는(예상할 수 있듯) 대부분 마태와 동일한 사례들을 기록하고 있지만, 마가는 예수님이 다니엘의 환상과 대조되게 자기 자신을 '인자'라 부르는 사례들을 훨씬 더 많이 인용하고 있다.

하지만 예수님은 다니엘의 환상을 언급할 생각으로 이 표현을 사용하셨는가? 그분은 자기 자신에 대해 얼마나 알고 계셨으며 언제 알게 되셨는가?

예수님의 성장 과정이 어떠했을지 상상을 해보면 도움이 될 것이다. 사람은 자기 자신이 누구인가에 대해 자기 부모에게 들어서 알게 된다. 예수님의 어머니 마리아라는 인물에 대해 생각해 보라. 하나님은 처녀로서 예수님을 잉태하고 키울 사람으로 왜 마리아를 선택하셨을까? 누가(많은 학자들은 누가가 마리아와 개인적으로 친분이 있었을 것으로 생각한다)는 마리아가 독실한 유대인 젊은 여성이었음을 보여 준다. 마리아는 자신의 마음에 새겨 생각했던 것들(눅 2:19)을 그 아들에게 이야기해 주었을 것이 확실하다. 실제로 마리아는 아들이 회당에 가면 히브리 선지자들의 가르침, 역사, 문헌들에 깊이 침잠할 기회가 있을 것임을 확신했을 것이다. 또한 마리아는 아들의 잉태와 출생이 특이한 상황에서 이뤄진 것에 대해서도 그에게 이야기해 주지 않았을까?[15]

예수님의 제자들은 사실을 깨닫기까지 힘든 시간을 보내긴 했지만, 예수님 자신은 자신이 누구인지 알고 계셨다고 생각하는 게 이치에 맞지 않겠는가?

이 모든 것들이 나에게 중요한 의미를 지니는 이유는 무엇인가? 개인적으로 나는 다니엘이 본 것과 같은 하나님의 "영원한 권세와 영광과 나라"가 어떤 것이며 또 어떤 것일지 우리에게 보여 주시기 위해 하나님이 진정한 필멸의 존재, 정말로 인간이 되시기까지 자신을 낮추셨다는 사실에 대한 감사함으로 몸둘 바를 모르겠다. 내가 그 사실을 말로 다 설명할 수 있어야 하는 것은 아니다. 나는 그저 감탄하여 외칠 수 있을 뿐이다. 우리와 함께 계신 하나님, 육체로 계신 인자께서 우주를 다스리신다고!

하나님의 아들

앞서 '인자'라는 단어가 우리를 고민에 빠뜨렸는데 이제 또 '하나님의 아들'이라는 말을 거론하다니. 성경을 믿을 만한 증거의 말로 신뢰하는 이들과 예수님이 어떤 분인지에 대한 증거의 정확성에 의구심을 가진 이들을 싸움붙이는 또 하나의 이슈를 제기하는 게 될지도 모르겠다. 공관복음에서 예수님은 단 한 번도 자기 자신을 일컬어 '하나님의 아들'이라고 한 적이 없는데 우리가 그분께 이 이름을 붙이는 게 과연 옳은 일일까?

예수님이 제자들에게 너희는 나를 누구라 하느냐 물으시는 장면에서는 이것이 더욱 민감한 이슈가 된다. 마태복음 16:16에서 베드로가 "주는 그리스도시요 살아계신 하나님의 아들"이시라고 대답하자 그 고백에 이어 예수님은 '인자'를 설명하시기를, 배반당하고 고통당하고 십자가에 못 박힐 분으로 묘사한다(마 16:21-26. 참조 막 8:31-37, 눅 9:21-25).

더 나아가 세 복음서 모두에서 예수님은 인자가 영광중에 임할 것이라는 말씀과 죽음을 맛보기 전에 (변화된 모습으로 계신) 그 영광을 볼 사람들도 있을 것이라는 약속으로 끝을 맺으신다(마 16:27-28, 막 8:38-9:1, 눅 9:26-27). 예수님은 이렇게 하심으로써 '하나님의 아들'을 '인자'와 동일한 것으로 다루시는 한편 이 두 이름을 대조시키는 데서 빚어지는 긴장감을 이용해 두 이름의 중요성을 상술하시는 것이 아닐까?

신약성경 처음부터 끝까지 각 책들은 한결같이 예수님은 '하나님의 아들'이라고 증거한다. 바울은 로마서 1:4, 고린도후서 1:19, 갈라디아서 2:20에서 예수님께 이 이름을 붙인다(사도행전 9:20은 바울이 회심 직후 예수님께 이 호칭을 붙이기 시작했음을 시사한다). 그 뒤로 그는 에베소서에서 한 번, 히브리서에서 네 번 이 이름을 사용한다.

복음서에는 예수님을 일컫는 이 이름이 다양한 정황 가운데 등장한다. 마태를 제외한 복음서의 각 해설자들은 예수님을 '하나님의 아들'로 부른다. 마가는 자신의 복음서를 그 이름으로 시작하고(1:1) 요한은 그 이름으로 자신의 복음서를 끝맺으며(20:31), 누가는(아래를 보라) 그가 작성한 계보에서 예수님이 하나님의 아들임을 밝힌다(3:38).

마태는 사탄(4:3, 6 참조 눅 4:3, 9), 귀신들린 자(8:39), 무리들(27:40), 그리고 대제사장들(26:63)의 입을 통해 이 이름이 부정적으로 사용되었던 예를 보여주었고, 물에 빠져가던 베드로가 건짐받고 폭풍우가 잔잔해지는 것(14:33)을 목격한 제자들의 반응과 예수님이 죽으실 때 일어난 사건들을 보고 백부장이 보이는 반응(27:54, 참조 막 15:39)에서 이 이름이 긍정적으로 언급되는 것을 기록한다. 마가(3:11)와 누가(4:41)는 더러운 영들이 이 이름을 부르짖는 것을 기록하고 있으며, 누가는 여기에 무리들과 종교 지도자들(22:70) 그리고 천사 가브리엘이 이 이름을 사용했음(1:35)도 덧붙인다.

요한은 '하나님의 아들'이라는 이름을 대단히 광범위하게 기록하고 있다. 이 호칭이 그 권위를 잃고 내동댕이쳐지는 것은 단 한 번, 무리들이 예수님을 고소할 때(19:7)뿐이고, 세례 요한과 나다나엘 그리고 마르다는 모두 찬양과 함께 이 이름을 사용한다(1:34, 1:49, 11:27). 예수님은 오직 요한의 문서에서만 자기 자신에게 이 이름을 사용하셨다(요 3:18, 5:25, 10:36, 계 2:18).

이 사실들을 하나하나 언급해야 할 이유가 무엇인가? 이 이름이 왜 중요한가?

오늘날 '하나님이 아들'이라는 이름은 두 가지로 오염되고 있다. (여호와의 증인 외에도) 어떤 이들은 이 이름이 그 의미상 '하나님'이라는 말과 동등하지는 않고 다만 우리 모두가 다 하나님의 자녀라는(누가 누가복음의 계보에서 이 호칭을 사용했을 때처럼) 그런 의미에 상응하는 것이라 말한다. 또 한 가지 문제가 되는 것은 이 이름을 나사렛 예수라는 역사적 인물로부터 떼어내서는, 훨씬 후대에 교회가 그분에게 이 이름을 붙인 것이라 주장하는 사람들이 있다는 것이다.

첫 번째 경우에 대해서는 신약성경 전체에서 얼마나 다양한 인물들이 이 이름을 입에 올렸는지 지적하고 싶다. 마귀는 하나님이 세상 속에서 역사하시는 방식에 대해 예수님의 생각을 바꾸려고 시도하다가 이 이름을 사용한 것으로 기록되어 있다. 더러운 영들과 귀신들린 자들은 이 이름 앞에 공포로 몸을 움츠리는데, 생각건대 이는 자신들이 다름아닌 하나님의 권세에 직면했음을 자각했기 때문일 것이다. 일부 학자들의 말처럼 누가가 정말 마리아를 만나서 이야기를 들은 게 사실일진대 마리아는 하늘의 천사의 입에서 그 이름을 들은 것이었다(그리고 그 천사는 하나님의 자녀라는 의미에서 마리아에게 그 이야기를 한 것이 아니었다!). 가장 중요한 사실은, 찬양 가운데 이 이름을 사용하는 이들은 기적 가운데(3부를 보라), 회심 사건을 통해, 혹은 성령의 감동하심 가운데(요 1:32-34 참조) 나타나는 하나님의 행위에 화답하고 있는 것이라는 점이다.

두 번째로, 이 이름이 훨씬 후대에 기독교회가 덧붙인 것이라는 견해에 의혹의 시선을 보내지 않을 수 없는 것은, 이 이름이 등장하는 신약성경 각 책들은 신약성경이 기록되던 시기 전체를 아우르는 책들이라는 사실 때문이다. 또한 예수님이 자칭 하나님의 아들이라는 고소는 그분께서 십자가 달리시던 때에(마 27:43, 요 19:7) 이미 쏟아졌다. 이들 복음서와 서신서들은 예수님이 하나님이셨다는 사실을 입증하거나 혹은 그 사실을 밝히기 위해 기록된 것이 아니다. 오히려 예수님의 제자들은 이미 그분을 하나님으로 믿고 있었으며, 바로 그것이 애당초 이 본문들이 기록되고 보존된 이유이다. 존 요더가 다음과 같이 상기시키는 말을 들어보라.

> 우리만이 최고의 텍스트를 보유한 것은 엄숙한 기독론Christology 때문이다. 바로 그 기독론이 있었기에 여타의 신약성경 대부분이 기록된 후에도 사람들은 이미 그들이 부활하신 주님으로 찬양하고 있었던 분의 지상 이력과 관계된 그 모든 사실들(교정할 수도 있었을)을 계속 굳게 견지하는 데 깊은 관심을 갖게 되었다.[16]

요즘 신학자들 중에는 소위 '의심의 해석학'hermeneutics of suspicion으로 성경 본문에 접근하려고 하는 이들이 상당히 많다. 이들은 손쉬운 수긍보다는 회의주의가 성경 해석의 방향이 되어야 한다고 주장한다. 우리는 하나님을 어떤 분으로 생각하는가? 하나님은 우리가 성삼위 하나님이 이 세상에 역사하고 계심을 신실하게 증거하기를 원하시며 또한 그 증거가 기록되는 과정을 지켜보고 계시지 않을까?

 예수님의 절친한 친구요 사랑하는 제자였던 요한은 자신이 예수님의 신성을 확신하게 되었던 과정을 기억해 내고 그 깨달음을 신실하게 증거하고자 했던 것이 아닐까?(요 20:31, 21:24) 오늘날 우리가 성령의 능력으로 우리 가운데 역사하시는 하나님의 임재를 체험하는 것처럼, "사랑하는 아들"의 인격으로 하나님이 그들과 함께 행하고 계시다는 것을 알았기에 처음부터 죽음을 겪기까지 믿음이 전수되었던 것은 아닐까?[17]

말씀

 '말씀' Word이라 일컬음 받는 분에게 중심을 둔 종교가 그 말씀words에 있어 지극히 허술한 종교가 되어가고 있다는 게 참 재미있지 않은가? 단순히 교리적 용어들에 대한 거부감만을 말하는 게 아니다. 무분별한 혹은 과도하게 감상적인 노래, 말씀이신 주님에 대해 증거하는 성경 말씀에 대한 무지, 말씀에 대한 우리 믿음을 주변 세상에 전하고자 할 때 시각적인 수단에 더 많이 의지하는 현실, 그리고 우리 사회의 가치관과 이념에 상반되는 음성으로 말씀하시는 하나님께 귀 기울일 능력을 잃어가고 있는 우리의 모습을 말하고 있는 것이다.

정말 예수님이 하나님의 말씀이자 하나님이신 동시에 하나님과 더불어 우리를 위하시는 분이라 믿는다면, 말씀을 듣는 데 더 많은 시간을 들여야 할 것이다. 뿐만 아니라 그 말씀대로 살아가기 위해 더 주의를 기울이고 말씀에 대해 무슨 말을 어떻게 전해야 할지 더 많은 관심을 가져야 할 것이다.

성부, 성자, 성령

오늘날 성삼위의 이 세 위격에 대해 '창조의 주 Creator, 구속의 주 Redeemer, 성결의 주 Sanctifier' 등의 용어로 대체하기를 좋아하는 사람들이 많다. 삼위일체라는 명칭을 이런 식으로 오염시키는 사람들이 흔히 주장하는 말은 성부 Father, 성자 Son 같은 용어들이 귀에 거슬려 이렇게 이름을 바꿨다고 한다. 이 단어들은 배타적이고, 남성적이고, 여성 억압적이고, 시대에 뒤떨어졌다는 것이다.

문제는 그 '창조의 주', '구속의 주', '성결의 주'라는 말은 이름이 아니라 단지 기능을 나타내는 말들이라는 사실이다. 게다가 이는 신성 Godhead 안의 세 위격 모두가 수행하시는 기능들이다. 그러므로 이 단어들은 사실상 이 위격들을 가리키지도 못할 뿐만 아니라 각 위격들을 구별해 주지도 못한다.

예를 들어, 창조 사역은 성부 하나님께만 한정된 일이 아니다.

요한복음 1:3, 10, 3:6, 누가복음 1:35, 고린도후서 3:5-6, 갈라디아서 5:22, 골로새서 1:16-17 등과 같은 본문들은 세 위격 모두가 창조의 일에 관여하셨음을 시사하고 있다. 각 위격의 기능을 나타내는 다른 모든 단어들에 대해서도 동일한 증거를 제시할 수 있다. 사실 구속 사역이 일부 가부장적 사역으로 오해된 것은 그 사역의 과정에 성삼위 하나님 전체가 임재하신다는 사실을 사람들이 무시했기 때문이다.

게다가 위의 세 가지 기능은 대다수 종교에 다 있는 기능들이다. 예를 들어 거의 모든 종교가 일종의 창조 스토리를 갖고 있는데 그렇다면 이 창조주는 그 중 누구를 말하는 것인가? 우리는 지금 삼위일체의 창조주, 곧 우리가 성부, 성자, 성령이라 부르는 분, 그리고 다른 종교의 그것과는 전혀 다른 방식으로 이해되는 그런 창조를 이루신 분에 대해 이야기하고 있는 것 아닌가?

기능을 일컫는 단어들이 신성의 세 위격을 구별해 줄 수 있다고 생각하는 것은, 이 세 위격을 필요 이상으로 분리시킴으로써 삼위일체의 위엄을 변증법적으로 엄청나게 감소시키는 결과를 낳기도 한다. 한 위격이 다른 한 위격의 기능에 전혀 개입하지 않기라도 하는 것처럼 말이다. 더욱이 이름을 기능으로 대체하는 것은 하나님이 하시는 일을 단 세 가지에 국한시킴으로써 하나님의 권위를 전적으로 손상시킨다. 더 나아가 세 위격 간의 관계가 생략되고, 하나님은 고유한 개별성과 친밀한 상호성이라는 삼위일체 내부적 파트너십을 지니신 분으로 높임 받지 못하고 단순히 하나의 직능을 수행하시는 분으로 가치가 폄훼된다.

놀라운 사실은, 이것이 오늘날 새로 생긴 문제가 아니라는 것이다! (330-395년 어간에 생존했던) 닛사의 그레고리우스$^{Gregory\ of\ Nyssa}$와 동시대의 감독이었던 아리우스주의자 유노미우스^{Eunomius}는 '성부', '성자', '성령'이라는 성경의 용어가 철학적으로 좀더 정확한 용어들로 대체되어야 한다고 생각했다. 하지만 그레고리우스는 이에 대해 대답하기를, 성경의 용어들은 "전달 수단이 무엇이든 그 용어가 지칭하는 본질이 달라지지 않기라도 하는 것처럼 마구잡이로 교체될 수 없다"[18]고 했다.

이 같은 설명이 특히 일리가 있는 것은 '성부'와 '성자'가 하나의 관계를 나타내는 말들이기 때문이다. 이 이름들을 버린다는 것은 "단순히 성경의 용어를 버리는 것이 아니"[19]라 그 말과 함께 우리 귀에 들어오는 관계의 개념을 삭제하는 것이다. 성삼위 간의 관계를 폐기하는 것은 하나님의 성품의 중심이 되는 것을 명시적으로 없애 버리는 것이다.

내가 그렇게 믿고 있듯, 예수님께서 세 가지 이름을 우리에게 주시고 그것을 사용하기를 권고하셨을진대, 성삼위의 이름을 버린다는 것은 결국 영적 교만의 문제요 우리가 하나님과 적절한 관계를 맺기를 거부한다는 것 아니겠는가?

삼위일체

올해도 또 그 일이 벌어졌다! 한 목사가 성삼위에 대해 설명하기 위해 또 다시 세 가지 신발, 즉 하이킹용 신발, 업무용 신발, 일상용 신발의 예를 든 것이다. 작년에도 목사는 똑같은 예를 사용했는데(다만 신발이 다섯 가지였다는 것만 다를 뿐!), 양태론의 문제점은 일곱 살짜리 아이도 알고 있었다. 물론 양태론이라는 용어를 쓰지는 않았을지라도 말이다. 대신 그 아이는 이렇게 소리쳤다. "그치만 신발 다섯 켤레를 한꺼번에 신을 수는 없잖아요!"

'삼위일체'라는 이름이 오염되는 방식은 수없이 많다. 교회사 전체를 통해 하나님의 삼위일체성은 격렬한 논쟁의 주제요, 일부 성도들에게 '이단'이라는 딱지를 붙이는 이유요, 다른 유일신 종교 신봉자들과 반목하는 근거이며, 심각한 오류가 있는 이미지들로 지나치게 과소평가되거나 과장되는 논제가 되어 왔다.

어떤 이들은 성경에 '삼위일체'라는 말 자체가 등장하지 않으므로 이 개념은 그다지 중요한 게 아니라고, 혹은 믿을 만한 게 아니라고 생각하기도 한다.[20] 하지만 다양한 성경 구절들이 성삼위의 세 위격 모두를 인용하고 있다. 비록 어떤 본문도 이 세 위격 모두가 한 하나님으로 여겨지는 게 어떻게 가능한지 교리적으로 설명해 주지는 못하지만 말이다.[21] 교리 역사학자인 켈리 J. N. D. Kelly가 주장하는 것처럼, 신약성경에서 삼위일체를 일컫는 용어의 존재가 "더욱 두드러져 보이는 것은 정황상 그 용어가 꼭 필요하지 않은

경우가 많기 때문이다."²²

우리가 한 하나님을 예배한다는 것(유일신론)과 예수 그리스도는 신으로 인식된다는 것 — 이들 중요한 성경적 진리를 어떻게 조화시킬 수 있을까? 일찍이 서기 300년대에 푸아티에의 힐라리우스 Hilary of Poitier는 하나님의 구원의 '경륜' economy ("창조 사역과 이스라엘 역사 그리고 특히 그리스도의 삶과 죽음과 부활에 현저하게 드러난 바 하나님이 정하신 자기 계시를 지칭하는"²³ 말)은 하나님에 대한 통상적인 개념을 재고하게 만든다는 사실을 인식했다.

힐라리우스가 생각하기에, 도마가 부활하신 예수님을 만나 "나의 주님이시요 나의 하나님"(요 20:28-29)이라고 화답했을 때 "그리스도의 부활과 함께 모든 것이 변화했으며, 도마는 그 변화의 본질을 맨 처음 간파한 사람이었다". 『데 트리니타테 7.3 De Trinitate 7.3』에서 힐라리우스는 하나님에 관해 생각할 때를 위해 이런 지침을 준다. "하나님은 한 분이시지만 혼자이지 않다."

우리는 힐라리우스의 말에 귀를 기울여야 한다. 너무도 많은 교회들이 신격의 어느 하나, 혹은 둘에게만 치중하거나 세 위격 모두가 긴밀한 관계 가운데 존재하며 일하신다는 것을 망각하고 있다는 것이 오늘날 삼위일체 개념이 오염되는 주요 양상이기 때문이다. 가톨릭 신학자 칼 라너 Karl Rahner는 "삼위일체 교리가 그릇된 것으로 치부되어 버려진다 하더라도 신앙 문서의 상당 부분이 사실상 아무 변화 없이 존속될지도 모른다"²⁴고 언급했다.

작년 한 해 동안 나는 예배 의전과 문서들을 살펴보고 각종 컨퍼런스 참석자들에게 질문을 던지면서 라너의 말이 맞는지 실험해 보았다. 대다수 교회 지도자들은 자신들이 섬기는 교회가 (그리고 그들 자신도) 어느 한 위격만을 강조하고, 삼위일체에 충분히 주의를 기울이는 데 어려움을 겪고 있다고 시인했다. "하지만 기독교 언어는 단호하게 세 부분으로 구분돼 있다."[25]

일부 오순절 교회들은 성령을 강조하고 성부와 성자는 배제시키는 경우가 많다. 복음주의자들은 흔히 예수님에 대해서만 찬양하거나, 기도를 시작할 때마다 성부만을 그 대상으로 하며, 세 위격 모두에 대해 이야기하는 것은 어쩌다 한 번 정도이다. 심지어 컨퍼런스 참석자들은 내가 삼위일체를 언급하는 말로 기도를 하거나 "살아 계셔서 성부, 성령과 함께 다스리시는 성자 예수 그리스도 우리 주로 말미암아 영원히 계신 한 분 하나님께 기도합니다"라고 고전적 어구로 끝맺는 것을 보고 얼마나 기이하게 여겨졌는지 모른다는 말까지 했다.

삼위일체에 대해 언급하지 않거나 하나님에 관해 삼위일체론적으로 생각하지 않을진대 어떻게 삼위일체적인 삶을 살 수 있겠는가? 오늘날 또 하나의 주요 오염 현상은 '삼위일체'라는 개념 전체가 전문적으로 교리를 만들어내는 사람들의 영역에만 속한 일이라 생각하는 것 때문에 생겨난다. 사실 교회 역사를 보면 신성의 위격들이 어떻게 서로 상관관계를 맺는지 철학적으로 상세히 설명하고자 하는 많은 노력들이 있어 왔다('내재하는 성삼위' immanent Trinity라는 딱지가 붙은 논제가 바로 그것인데, 여기서 '내재한다'는 형용사는 우리 인간이 아니라 각 위격들의 서로에 대한 밀접성에 국한되는 것이다). 그래서 삼위일체에 대한 대화는 추상적인 것이 되었고 실용성이 배제되었으며 삶을 변화시키는 결과를 낳지 못했다. 하지만 캐서린 라쿠나 Catherine LaCugna(여성 가톨릭 신학자. 삼위일체 교리를 현대인들의 일상생활에 의미 있는 것으로 만들려 열정적으로 노력했다 — 역자 주)가 보여 주듯, '삼위일체'는 성경·신조·예배 의전하고만 관계가 있는 것이 아니라 교회의 일원이 된다는 것(교회론)이 무슨 의미인지에 대한 우리의 이해·성례·은혜와 윤리와 영성, 그리고 인간으로서의 우리 자신에 대한 이해(인류학)하고도 관련이 있다. 그리스도인으로서의 우리 삶과 우리가 속한 교회에서 그러한 삼위일체 개념이 구현되기 위해서는 구원의 '경륜'(오이코노미아 oikonomia), 즉 그리스도라는 인격과 성령의 역사 가운데 드러나는 하나님의 자기 계시 속에 있는 삼위일체적 본질이 모든 생각의 출발점이 되어야 한다.[26]

물론 삼위일체를 오직 하나님이 하시는 일의 관점에서만 파악하는 것만으로는 충분하지 않다. 하나님은 성삼위께서 하시는 일 이상의 분이기 때문이다. 하지만 하나님의 자아 안에 있는 성삼위가 누구인가 하는 것은 불가해하고 숭고한 수수께끼요, 우리의 이해 능력을 무한히 벗어난 진리이며, 우리에게 큰 능력을 부여해 주는 지극히 포용력 있는 사랑이므로 우리는 그것을 애써 설명하려고 하기보다는 그대로 존중하는 것이 더 좋다. 내 경우엔, 분석하기보다는 찬미한다. 교부인 아우구스티누스가 언급했듯 "누구든 삼위일체를 부인하는 사람은 구원을 상실할 위험이 있고, 누구든

삼위일체를 이해하려고 애쓰는 사람은 실성할 위험이 있다."[27]

성경을 읽으면 읽을수록 나는 라쿠나가 말했던 "하나님의 황홀한 역사"에 더욱 주목하게 된다. "그러한 역사를 통해 만물은 성령의 능력 안에서 그리스도로 말미암아 하나님께로부터 나와 하나님과 연합되며 결국 하나님께 돌아가게 된다." 하나님은 세 위격이 서로 얽혀 있기 때문에 여러분과 나는 거룩하신 그분의 품 안에 안길 수 있다. 헨리 나우웬의 말을 빌리자면, 우리에게 삼위일체가 필요한 것은 "친밀감을 향한 하나님의 갈망이 점점 더 커지는 것"을 깨닫기 위해서이다. "처음에 하나님은 우리를 위한 하나님이셨고, 즉 우리의 보호자요 우리의 방패이셨다. 그러다가 예수님이 오시자 하나님은 우리와 함께 계신 하나님, 즉 우리의 동반자요 친구가 되셨다. 마지막으로, 예수님이 당신의 영을 보내셨을 때 하나님은 우리 안에 계신 하나님, 즉 우리의 호흡이요 심장 박동으로 우리에게 계시되셨다."[28] 하나이되 3단계로 이뤄진, 사랑이라는 그 폭포수에 우리 몸을 적시고 빠져들어 하나님의 마음속으로 점점 더 가까이 다가가자!

삼위일체라는 이 단어는 이 책의 다른 단어에 비해 내용이 두 배나 길지만, 일단 이 삼위일체라는 신비를 깊이 탐사하기 시작하면 우리는 그저 그 신비에 압도당할 뿐이다. 단테처럼 다음과 같은 노래로 크게 기뻐하며 글을 마치는 것보다 더 나은 선택이 어디 있겠는가?

나는 시작했다, "당신은 내가 여기서

내 믿음의 본질을 증명해 주기를 바라며

그 믿음의 원인에 대해 묻는다.

하여 나는 대답한다, 나는 영원하신 한 분 하나님을,

요동치 않으시되 사랑과 소망으로 모든 하늘들을 옮기시는

하나님을 믿노라고 …

또한 나는 영원한 세 위격을 믿으며

이 세 위격은 하나의 본질로서, 지극히 견고히 연합되었고

셋으로 존재하기도 하시며

'여럿' are인 동시에 '하나' is라는 데

세 분 모두 생각이 일치할 정도임을 믿노라고.

내가 지금 이야기하는 심오하고도

거룩한 존재 상태에 복음주의 교리는 여러 번 인을 친다.

이것이 나중에 살아있는 불꽃으로 커져가는

불씨요 불똥으로

그 불꽃은 내 안에서 마치 하늘의 별처럼 빛난다."[29]

성부

성삼위의 첫 번째 위격을 일컫는 적절한 이름으로 성부, 즉 아버지 Father라는 호칭이 자주 배격을 당하는 이유는 이 호칭이 가부장적인 의미로 받아들여지기 때문이다. 자기 아버지에게서 특히 성적으로 학대를 당한 여성들이 많기 때문에 어떤 이들은 하나님에게 이 이름을 사용하는 것은 나쁜 기억, 두려움, 증오심을 불러일으키고 고통을 더할 뿐이라고 주장한다.

하지만 나와 동역했던 많은 여성들은 자기를 학대한 부모에게 '아버지'라는 이름을 붙이기를 포기하는 대신, 무한한 긍휼로 자신들을 돌보아 주시고 존엄과 명예를 지킬 수 있도록 은혜로 붙잡아 주시는 완전한 아버지를 기쁘게 받아들였다. 성경이 말하고 있는 거룩하신 참 아버지의 완전하심을 더 많이 깨달으면 깨달을수록 우리는 육신의 아버지들이 저지른 배신과 기만으로 인해 그 이름의 오염된 의미를 더욱 잘 중화시킬 수 있다.

구약성경에서 '아버지'라는 용어는 하나님에 대해 겨우 열한 번밖에 사용되지 않는데, 가장 잘 알려진 예는 이사야 63-64장으로서 여기서 이 호칭은 '여호와'와 '옛적부터 우리의 구속자'라는 이름과 관련하여 세 번 등장한다. 이스라엘은 하나님을 그런 친밀한 이름으로 알고 있는 경우가 드물었다.

예수님이 신약성경에서 그런 상황을 변화시키셨으니, 그분은 하나님에 대해 말할 때나 하나님을 향해 기도할 때 '아버지'라는 호칭을 170여 차례나 사용하셨기 때문이며,[30] 마태복음과 요한복음이 그 예로 가장 잘 알려져 있다. 마태복음에서 예수님은 "내 아버지"에 대해 약 열다섯 번 말씀하시지만, "너희 아버지"라는 표현도 여러 번 사용하심으로써 청중에게까지 그 관계의 폭을 넓히신다.

요한복음에서는 "내 아버지"라는 호칭을 스무 차례 정도 사용하셨고 "아버지" the Father는 거의 70번 정도 사용하시는데, 이를테면 "나와 아버지는 하나" 등과 같은 표현에서 많이 사용하셨다. "너희 아버지"는 요한복음에 딱 한 번 등장하지만 이는 부활하신 예수님이 빈 무덤에서 막달라 마리아에게 "내가 내 아버지 곧 너희 아버지, 내 하나님 곧 너희 하나님께로 올라간다"(20:17)고 하셨을 때와 같이 아주 깊은 친밀감이 느껴지는 정황에서였다. 구약성경과는 대조적으로 이런 예들은 우리가 거룩하신 아버지와 관계를 맺을 수 있는 것은 예수님이 그 아들이시기 때문이라는 사실을 암시한다.

콘스탄티노플의 감독이었던 나지안주스의 그레고리우스(329-390년)는 "아버지는 어떤 한 본질 혹은 행위에 속한 이름이 아니다.… 이는 아버지께서 아들과 맺으시는, 그리고 아들이 아버지와 맺으시는 관계의 이름이다"라고 역설함으로써 이 사실을 강조하고 있다. 이 두 이름은 아버지와 아들이 본질에 있어 공통의 정체성을 갖고 계시다는 사실을 알 수 있게 해준다. 이 두 위격은 공통의 본질을 갖고 계시되 관계에 있어서는 영원히 구별되신다는 것이다.[31]

마지막 사항이 중요한데, 남성에게 학대당하는 여성에 대한 섬세한 배려와 크신 온유함을 아들이신 예수님에게서 볼 수 있었기에(예를 들어 요 8:1-11을 보라) 아버지의 성품 또한 그와 동일하리라고 믿을 수 있기 때문이다. 아들은 그 아버지의 형상이기 때문이다(골 1:15). 더 나아가 히브리서에서 힘 있게 설명하고 있듯, 아들은 우리의 대제사장이시며, 그 대제사장의 자격으로 예배를 통해 우리를 인도하사 성령의 능력으로 당신이 아버지와 맺고 계신 친밀한 관계 속으로 우리를 이끄신다.

우리의 참 하늘 아버지께서는 나쁜 기억과 두려움과 증오와 고통 대신 달콤한 소망과 확신과 사랑 그리고 복락을 선물로 주신다. 더욱이, 아들께서는 제사장으로서의 사역을 통해 성삼위의 첫 번째 위격을 "우리 아버지"로 알게 해주시고, 그럼으로써 성부와 성자의 거룩한 관계의 상호성 안으로 우리를 기쁘게 맞아주시며 그 관계는 우리와 하나님의 다른 모든 자녀와의 관계로까지 확대되어 함께 서로 믿고 의지하며 기뻐할 수 있게 해준다. '아버지'라는 이름을 '창조주'와 같은 기능적 명칭으로 바꾸고 싶어 하는 이들은 아들과 아버지 사이의, 각 개인으로서의 우리와 우리 아버지 사이의, 그리고 하늘 아버지의 모든 자녀들 사이의 이 특별한 친밀함을 상실하는 것이다.

답변하기 불가능한 문제들은 아직도 남아 있다. 성부께서 어떻게 성자에게 아버지 되시는가 하는 것 등이다. 하지만 예수님이 친히 우리에게 아버지라는 이름을 주시고 또한 그 이름을 사용할 수 있게 해주셨다. 나는 그분이 아버지와의 친밀한 관계 속으로 우리를 기쁘게 맞아들여 주실 것을 굳게 믿으며, 나 또한 하나님을 나의 아버지라 부를 수 있다는 사실을 기쁘게 여긴다(복음서 기자들이 예수님의 말씀이라 기록하는 많은 이야기들의 진정성을 배격하는 것으로 악명 높은 〈예수 세미나〉가 '우리 아버지'라는 부분이 주기도문에서 예수님이 실제로 말씀하신 유일한 말일 것으로 여긴다는 것은 참 아이러니하다).

어떤 이들은 삼위일체의 제1위격을 일컫는 말을 성모, 즉 '어머니' Mother로 대체하고 싶어 한다. 이 역시 성경의 증거(와 결과적으로 신앙의 교리)에서 철저하게 일탈된 표현인데, 왜냐하면 '아버지'는 본질이 아니라 관계를 나타내는 말이기 때문이다. 아주 단순하게 말해 예수님의 어머니는 마리아이다.

성경에 하나님을 여성적 이미지로 나타낸 것이 많기는 하지만 하나님을 어머니라고 칭한 예는 전혀 없다. YHWH는 거룩한 긍휼이 충만하다는 점에서 어머니 같은 느낌을 주고(사 49:14-15), 구약성경에서는 '라캄' racham이라는 히브리어 명사나 '태에서 난 자녀에 대한 사랑' womb love이라는 표현이 어머니와 같은 염려를 표현하는 말로 광범위하게 사용된다. 예수님은 자기 자신을 어미 닭과 비교하기도 하셨고(마 23:37, 눅 13:34), 한 여인을 예로 들어 하나님이 잃어버린 바 된 우리를 찾으시는 것을 설명하기도 하신다(눅 15:8-10). 하지만 예수님이 하나님을 자신의 어머니라고 칭한 적은 한 번도 없으며, 이는 마리아를 어머니라고 부르셨기 때문이다.

하지만 하나님을 '아버지'라 칭하는 것은 하나님 아버지가 동정녀 잉태의 형식으로 마리아를 임신시켰다는 의미에서의 성별을 나타내는 표현이 아니다. 오히려 가브리엘은 마리아에게 말하기를 성령께서 그녀에게 임하실 것이고 지극히 높으신 이의 능력이 그녀를 덮을 것(눅 1:35)이라고 했다. 이 수태 기적 가운데 성삼위 하나님은 성별에 구애를 받는 우리의 생각을 초월하는 전적으로 새로운 일을 성취하셨다.

우리로서는 아마도 이런 사실을 있는 그대로 놔두는 것이 최선일 것이다. 거룩한 탄생의 이해할 수 없는 신비, 아버지와 아들의 정의내리기 힘든 관계, 성령의 격려를 받아 우리가 들어가게 되는 삼위일체의 오묘한 상호 관계 말이다. 아들께서 자신의 아버지를 우리 아버지라 칭할 수 있게 해주신다니 이 얼마나 말로 표현할 수 없이 큰 선물인가!

이 사실을 통해 우리의 기도 생활은 엄청나게 달라진다. 하나님에 대해 생각할 때 우리는 '전능자, 영원하신 분, 창조주, 세상을 지탱하시는 분, 언약을 지키시는 분, 여호와, 우주를 다스리시는 분, 혹은 모든 신 중의 신' 등과 같은 이름을 사용할 것이다. 그리고 그런 이름들을 사용할 때 우리는 우리를 사랑하시는 하나님을 단순한 추상적 존재로 변모시킬 위험이 상존한다. 이런 추상적인 이름 대신 "어린아이와 같은 겸손함과 솔직함과 단순함으로"[32] 우리에게 허락된 친밀함을 한껏 누리며 "아버지"라는 호칭으로 기도하지 않겠는가?

○ 성부

성령

성령이 과도하게 강조되든지 아니면 아예 무시되는 현상이 기이하지 않은가?

어떤 교파는 성령에게만 주로 초점을 맞추고 성령이 자신을 증언하고 나타내리라는 그리스도의 말씀(요 15:26, 16:14)은 아예 잊어버린다. 그리스도는 언제나 우리를 당신의 아버지에게로 인도하시는 분인데 말이다. 또 어떤 이들은 자기가 성령의 인도를 받고 있다고 주장하면서도 그러한 확신을 교회 공동체의 지도 및 판단 아래 맡기려 하지 않는다. 어떤 교회는 성령의 은사를 특정한 능력의 현시에만 국한시키고 그 특정한 행위, 이를 테면 방언 같은 것을 하지 않는 사람에 대해서는 과연 믿음이 있는지 의구심을 드러낸다. 이런 교회는 해석하는 사람이 있지 않은 한 공중 집회에서 방언을 해서는 안 된다는 바울의 권고(고전 14:26-32)에 대개 순종하지 못한다.

이런 현상의 반대편 진영에는 다양한 방식으로 성령을 아예 무시하는 성도와 교회가 있다. 나 자신이 성령을 거부하는 흔한 예는, 그 보혜사께서 내 마음에 역사하시고, 나를 이끄시며, 내 죄를 깨우치시고, 나를 위로하시고, 나를 안심시키시고(그리하여 믿고 의지하는 법을 가르치시며), 나를 지탱시키시고, 나를 위해 기도해주시고, 말을 하거나 글을 쓸 수 있는 적당한 말씀을 주실 수 있도록 시간을 충분히 드리지 않는다는 것이다.

교회에서 우리는 교회 공동체에 속한 모든 이들, 특히 가난한 사람이나 어린아이나 젊은 사람, 나이든 사람, 장애인 그리고 일부 교회의 경우 여성과 같은 주변인들의 목소리에 귀 기울이지 않음으로써 성령을 소멸한다(살전 5:19-20). 우리는 만사를 우리 자신이 통제하려고, 아니 적어도 조종하려고 함으로써, 먼저 하나님 나라를 구하면 성령의 능력으로 다른 모든 것이 뒤따를 것이라 믿지 않음으로써 성령을 억압한다. 우리는 은사를 나누어주시는 분인 성령이 교회에 얼마나 다양한 선물을 주시는지에 대해 열린 마음을 갖지 못함으로써 성령을 훼방한다.

때로 우리는 다수결이라는 손쉬운 제도에 의지함으로써 성령을 내몰기도 한다. 이런저런 방향으로 일을 진행하는 것이 우리뿐 아니라 성령께도 유익하다고 한마음으로 말할 수 있을 때까지(행 15:25, 28) 온 공동체가 머리를 맞대고 논의하려 하지 않는다. 대신 성급하게 일을 마무리짓고 서로 소원해지고 성령을 부인하고 우리가 원하는 것을 얻기 위해 위력을 행사한다.

우리는 성령이 정말로 예수님이 말씀하신 보혜사Paraclete이시고 보혜사이셨고 앞으로도 그러하시리라는 사실을 믿지 못하는 것 같다(오늘날 '대언자' Advocate라고 번역되는 이 헬라어는 성령께서 우리와 아주 가까운 동반자가 되어 주신다는 사실—나란히 길을 가주신다는 사실—을 강조한다). 성경과 관련하여 볼 때, 우리는 보혜사께서 성경 기자들에게 영감을 주셨고, 교회가 권위 있는 본문들을 모아 성경을 구성할 때 교회와 함께하셨고, 우리가 그 말씀들을 듣고 읽을 때 지금도 여전히 교훈을 주고 계시다는 사실을 믿지 않음으로써 성령을 부인한다.

영감을 주시는 분께서 성경 본문 속 말씀을 통해 우리 언어와 삶을 형성하도록 맡겨드리지 못할 때, 성령께 주파수를 맞춰 그 거룩한 인도자께서 우리 태도와 언행을 지도하도록 맡겨드리지 못할 때 우리는 성령을 거절하는 것이다. 우리는 성령 충만해 보이는 사람들에게 찬탄을 하면서도 성령의 내주하심이 누구나 충만히 누릴 수 있는 선물임은 깨닫지 못한다.

또한 우리는 우리 자신이 아닌 하나님의 능력을 알 수 있도록 우리에게 힘을 부어 주시는 그분의 은사를 순순히 받아들이지 않음으로써 성령을 거부한다. 성령이 우리의 온 삶과 행동을 지배하시게 하기보다 우리 자신의 실력과 경험과 지식에 의존할 때가 얼마나 많은지. 또 이와 반대로 우리 자신이나 공동체의 유익을 위해 성령의 은사가 우리를 통해 발현되도록 하지 않고 그것을 감춰 둘 때도 있다.

우리는 성령의 역사가 얼마나 경이로운지, 보혜사의 내주하심이 얼마나 대단한지, 우리뿐 아니라 다른 이들의 유익을 위해 대언자께서 우리 안에서 우리를 통해 역사하기를 얼마나 간절히 바라시는지 알지 못하고 있다. 우리는 가이사랴의 감독이었던 성 바실리우스 Basil the Great의 말에 귀 기울일 필요가 있다. 그는 〈성령론〉On the Holy Spirit이라는 저서(325-381년에 있었던 성삼위의 세 번째 위격에 대한 중요 논쟁에 대한 답변으로)에서 성령의 "역사는 그 엄위로움을 말로 다 표현할 수 없고 그 양은 헤아릴 수 없다"³³고 선언했다.

우리는 성경이 성령의 활동에 관해 하나님의 역사로 계시하고 있는 것을 보다 진지하게 돌아볼 필요가 있으며 그런 다음 간절히 오랫동안 "오소서, 성령이여, 오소서!"라고 부르짖어야 한다.

경이로운

신학 용어들의 의미와 용법을 바로잡고자 하는 책에서 이 표제어awesome는 좀 생뚱맞아 보이기도 할 테지만, 지금처럼 오염되지만 않았다면 이 단어는 하나님의 성품을 일컫는 이름으로 사용될 수도 있었을 것이다. 더욱이 이 단어는 예배 때 사용되는 일부 현대적contemporary 음악 속에서 사용되기 때문에³⁴ 이 표현이 삼위일체 하나님을 가리키는 말로 적절한지 여기서 반드시 고찰해 보아야 한다.

고등학교 1학년 때 'awful'이라는 단어를 두고 영어 선생님과 열띤 토론을 벌였던 기억이 있다. 나는 경외심을 불러일으킬 정도로 숭고한 어떤 것을 묘사하기 위해서는 awe-full이라고 써야 한다고 주장한 반면, 선생님은 무언가 무서운 것을 지칭하는 말로서는 이 단어의 철자와 용법을 우리가 흔히 사용하는 그대로 쓰는 게 더 낫다고 하셨다. (영어에서 'awe'는 경외심을 뜻한다. 'aweful'은 "경외심을 불러 일으키는"이라는 뜻도 있으나 오늘날에는 흔히 "지독한, 무서운"이라는 뜻으로 사용한다.—편집자 주). 그때 선생님과 나는 사전을 찾아봄으로써 이 논쟁을 쉽게 해결할 수 있었다. 당시 내가 사용하던 낡은 『웹스터 뉴월드 사전』(제2판)은 'awful'이라는 단어를 가장 먼저 풀이하기를, "경외심을 불러일으키는, 아주 인상적인"이라고 정의했다. 이 사전은 네 번째 항목에 가서야 우리가 요즘 흔히 사용하는 이 단어의 관용적 표현을 정의해 놓았는데, 그것은 "아주 나쁜, 추한, 불쾌한"이라는 것이었다.

그날 논쟁에서는 내가 졌다. 선생님이 최종 승자였다. 하지만 내 기억에 그날 분명 나는 마음이 몹시 심란했다. 열네 살의 내가 생각하기에 정말 중요한 어떤 인식을 상실한 것 같았다. 우리보다 더 높은 무언가, 혹은 누군가가 있다고 하는 그런 인식 말이다.

나는 십대 청소년들이 'awesome'이라는 단어를 옷이나 음식, 음악, 혹은 드라마틱한 장면 등에 갖다 붙이거나 또는 "으음"이나 "저기" 등과 같이 대화가 끊길 때 의미없이 하는 말처럼 사용하는 것을 볼 때마다 내가 오래전 영어 선생님과 말씨름을 벌이던 그때를 자주 떠올리곤 한다. 이 단어가 하도 아무 데서나 남발되는 탓에, 사람들이 "우리 하나님은 경이로운 awesome 분"이라고 노래할 때에도 마치 우리의 경외심을 충만케 만드는 분을 그 노래를 부르면서 하찮은 존재로 격하시키고 성삼위 하나님을 치약이나 의복과 똑같은 수준으로 취급하는 것 같은 느낌이 든다.

"언어가 굴욕을 당하는 것"[35]이 특징인 사회, '멋지다' extraordinary 혹은 '엄청나다'stupendous 같은 단어가 세탁 비누를 설명하는 말로 사용되는 사회에서 정말로 숨이 멎을 만큼 장엄한 것을 표현하는 말로 어떤 것이 남아 있을까? 우리 시대의 문화는 사람들 사이에서 어떤 식으로든 기계적 평등을 맞추려 하기에 어쩔 수 없이 하나님까지도 그런 추세 속에 집어 넣게 되고, 그래서 논의할 때마다 우리가 경외하는 그 하나님이라는 인식이 점점 약해지고 있다.

    확신컨대 이것은 피할 수 없는 진자 운동과 같다. 우리 선조들은 하나님을 향한 인류의 내재하는 본능적 질주는 불가피한 필연이라 생각할 만큼 초월적 하나님에 대한 경외심과 두려움을 강조했다. 그런데 어쩐 일인지 우리는 하나님은 높으신 분이기도 하고 겸손한 분이기도 하며, 성삼위 하나님은 우리가 범접할 수 없는 분이기도 한 반면 없어서는 안 될 유착 관계를 이루며 우리와 가까이 계시기도 한 분이라는 이 변증법적 긴장을 유지하지 못하는 것 같다.

    그런데 "굉장하다!"awesome는 이 표현이 아무렇게나 광범위하게 사용된다는 것은 무언가 초월적인 것에 대한 숨겨진 갈망을 시사하는 것 아닐까?[36] 어쩌면 우리는 우리 아이들과 우리 사회에 다음과 같은 분에 대한 이미지를 전혀 제시하지 못하고 있는 것은 아닐까?

우리 눈에 감춰진, 다가갈 수 없는 빛 속에 계신
불멸하시고, 보이지 않으시고, 유일하게 지혜로우신 분

가장 은혜로우시고, 가장 영광스러우시며,
옛적부터 항상 계신 분
전능하시고, 승리하시는 분

당신의 크신 이름.
과연 우리는 이 이름을 어떻게 찬양하고 있는가?

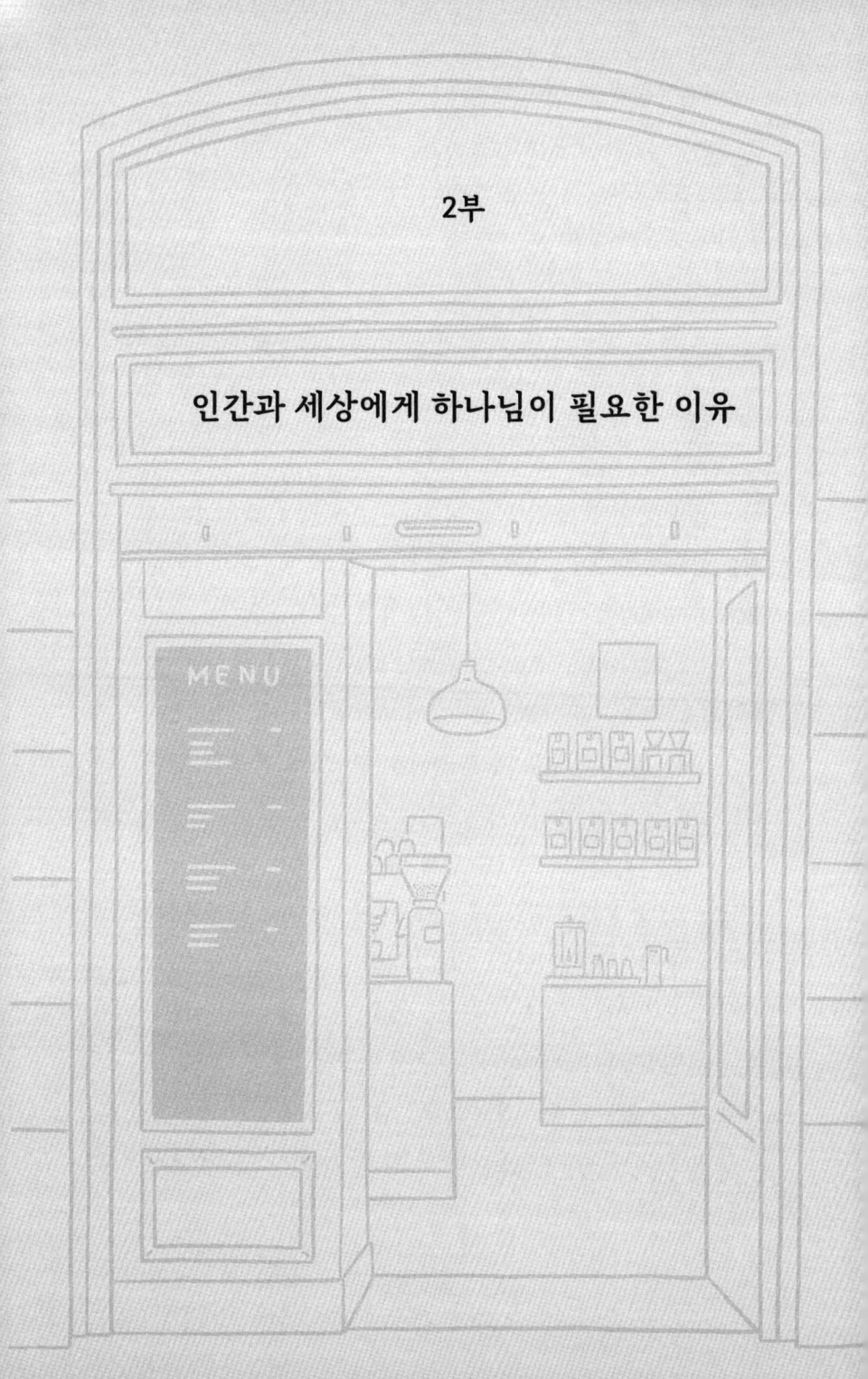

2부

인간과 세상에게 하나님이 필요한 이유

깨어짐

이런 일이 또 일어나다니, 이젠 별로 놀랍지도 않다. 원고 집필 계획을 인쇄하려는 순간, 프린터에 뭔가 문제가 생겼다. 프린터는 한 줄에 한 단어밖에 찍히지 않은 인쇄용지를 내뱉기 시작했다. 작동을 멈추려고 이렇게도 해보고 저렇게도 해보았지만 어떤 명령어도 먹히질 않았다. 그런 상황은 용지함이 바닥날 때까지 계속되었다. 약 100페이지 가량의 원고가 한 줄에 한 단어밖에 인쇄되지 않은 종이들이 되어 줄지어 나왔다.

그러다가 내 컴퓨터가 나를 향해 비명을 지르기 시작했다. 그 길고 날카로운 비명은 컴퓨터를 종료시키고서야 비로소 멈추었다. 결코 끝날 것 같지 않았던 그 기나긴 비명 소리는 놀랍게도 "도와주세요, 도와주세요!"라는 하나님을 향한 나의 절망적인 외침과 짝을 이루었다. 나는 컴맹에다 기계치이고 뭔가 고치는 데에는 젬병인 데다가 눈도 안 좋고 게다가 집안에는 나 혼자뿐이었다.

몇 번을 더 그렇게 비명을 지르고, 차 한 잔 마시고, 기운 없는 소리로 기도하고, 곰곰이 생각해본 후 나는 문서 파일을 이리저리 고쳐 다시 한 번 인쇄를 시도했다. 이번에는 두 페이지만 인쇄하도록 명령어를 넣었다. 두 페이지는 잘 나왔다. 하지만 그 다음 열다섯 장을 인쇄하려 하자 인쇄용지가 용지함에서 뒤엉켜버렸고, 제대로 간추리기 위해 빼내려고 힘을 쓰자 종이는 찢어졌고, 찢긴 부분은 프린터 어둡고 깊숙한 곳 어딘가에 걸려 나오질 않았다.

프린터에 끼여 옴짝달싹도 않는 종이처럼 나 역시 이러지도 저러지도 못하고 있었다. 남편이 돌아오면 걸려 있는 종이를 빼내줄 수 있을지 모르겠다(남편도 컴맹이긴 마찬가지지만 적어도 기계는 다룰 줄 아니까).

하지만 나는 더욱 심각하게 끼여 있다. 나는 제대로 돌아가지 않는 세상, 사람들이 상처받고 삶은 너덜너덜해지고 땅과 물과 공기가 손상된 세상에 끼인 채 살아간다.

나는 나 자신에게는 더더욱 깊이 끼여 있다. 침착하고 싶고, 오래 참고 싶고, 배우고자 하는 모든 것에 대해 지혜롭고 싶지만, 현실의 나는 늘 초조해하고 까탈스럽고 화를 잘 내고 중요한 것을 숙달하는 데 무능하고 짜증나는 장애인이다.

사람들과 같이 있을 때에는 증상이 더욱 심해진다. 말할 수 있으면 좋겠다 싶은 것은 말하지 않고, 말한 것은 나중에 후회한다. 사람들과 함께 있을 때의 내 모습은 무언가에 약이 올라 있고, 비판적이고 편협하고, 무엇보다 심각한 것은 다른 사람에게 무관심히다는 것이다.

하나님을 사랑하는 것에 대해서는 어떠냐고? 현재로서는 그다지 좋지 않다. 그런 혼돈 속에서 시간을 낭비하지 않도록 하나님이 개입해 주실 수 있을까? 성령께서 내게 능력을 주사 상황을 바로잡을 수 있게 해주실 수 있을까? 엉망이 되어버린 모든 삶의 방식에 치료제를 주실 수 있을까?

요즘 어떤 이들은 내가 이 두 페이지에 걸쳐 설명한 모든 것들을 요약하는 말로 '깨어진 마음' 또는 '상한 마음'brokenness이라는 단어를 사용하기를 좋아한다. 하지만 이 단어는 그보다 더 심각한 문제, 즉 예전에는 '죄'라고 불리던 문제들에 대한 책임을 회피하는 하나의 방법으로 사용되면서 끔찍하게 오염되었다. 때로 '상함'이라는 말은 세상에 악이 존재한다는 개념을 배격하거나, 예를 들어 과학 기술 같은 것이 단순히 제 기능을 못하는 것도 문제지만 그것보다는 과학 기술 자체의 잘못된 점이 더 중요한 문제인데 그것을 무시해 버리거나, 혹은 세상에 인간 말고 다른 영들이 있다는 개념을 내버리기 위해 사용된다.

잘못되고 있는 그 모든 것들이 단순히 '깨어진 마음' 때문이라면 왜 우리는 그것을 고치지 못하는가? 인간이 선하다는 개념을 내놓은 사람이 누구인가? 세상이 현재 제대로 돌아가고 있다고 생각할 사람이 누구인가? 우주 안에 깊은 소외가 존재한다는 것을 깨닫지 못하는 사람이 누구인가? 과연 누가 '깨어짐'이라는 빈약한 단어가 우리가 처해 있는 혼돈 상태를 칭하기에 충분한 이름이라고 생각하는가?

우리는 이 단어를 본디의 자리로 되돌려 놔야 한다. 이를테면 찻잔 같은 것이 깨졌을 때를 일컫는 말로 말이다.

데카당스

레스토랑에서는 왜 디저트에다 '초콜릿 데카당스' Chocolate Decadence 같은 이름을 붙이는 것일까? 왜 우리는 무언가 몸에 좋지 않은 것을 아무렇지도 않게 먹어치우는 것을 조롱하거나 혹은 다이어트 규칙을 어기면서도 왠지 기분 좋게 해주는 말로 이 '데카당스'라는 단어를 사용함으로써 이 단어를 오염시킬까? 우리는 '유혹' temptation이라는 말도 이와 비슷하게 오염시키고 있다. 시험에 빠지는 게 무슨 자랑거리라도 되다시피하고 있다!

요즘 등장하는 거의 모든 광고들을 보면 무언가에 탐닉하는 것에 대해 쾌감을 느끼게 만들려는 것 같다. 그 광고들은 우리를 어떤 부류의 사람들로 만들어가고 있는 것일까?

'데카당스'라는 말은 원래 도덕적 타락이나 행실의 퇴보를 나타내는 말이었다. 우리가 이 단어를 특정한 초콜릿 과자의 이름으로 사용하는 것은 이 과자를 먹는 것이 우리 몸에 해로울 것이라는 인식을 완전히 덮어 가릴 수 없기 때문인가? 그렇다면 몸에 좋지 않은 게 분명한 바로 그 음식에 빠져들도록 우리를 꾀는 그런 이름은 (만약 그 유혹에 굴복한다면) 우리 죄를 증폭시키지 않는가? 건강에 나쁜 줄 뻔히 알면서도 그런 음식을 먹어대니 말이다.

왜 우리는 그토록 자기 자신을 해치고 싶어 하는 걸까?

죄

요즘에는 '죄'라는 단어를 배격하거나 적어도 무시하는 것이 인기이다. 우리는 왜 '죄'에 대해 이제 더 이상 이야기하지 않는 것일까? 앞에서도 말했듯, '죄'는 이제 뉴스에서나 쉽게 볼 수 있는 '전직' 신학 교리일 뿐이다.

요즘 사람들이 죄의 존재를 인정하는 데 과묵한 것은 죄란 것이 단지 옳지 못한 행동이요, 바람직하지 못한 선택이 낳은 사소한 결과이며, 흔히 저지를 수 있는 실수 혹은 부모가 잘못 키운 결과일 뿐이지 결코 뿌리 깊은 문제는 아니라고 생각하는 데에서도 이유를 찾을 수 있다.

요즘 사람들이 '죄'의 존재를 (그다지 바람직하지 않게) 무시함으로써 '죄'라는 단어를 오염시키는 또 한 가지 이유는, 우리 시대의 최고 가치가 '관용'tolerance이기 때문이다. 우리는 결정적인 죄인 '비판제일주의'judgmentalism라는 죄책을 지게 될까 봐 어떤 것에 '죄'라는 이름 붙이기를 두려워한다.

관용의 전제 조건은 — 가치관, 신념, 언행 등을 포함해 — 모든 것이 다 '동등'equal하다는 타락한 개념이다. 얼핏 생각하기에 그 전제는 맞는 말 같다. 하지만 내가 만약 당신을 여러 차례 사정없이 쳐서 때려눕혔다고 해보자. 필경 당신은 내 행동이 그다지 바람직하지 않다고 (적어도 문제가 되는 행동임에 분명하다고) 생각할 것이다. 그런데 과연 그 행동을 '죄'라고 칭하기까지 하겠는가?

어떤 것을 '죄'라고 칭할 수 있기 위해서는 범해서는 안 될 규칙이나 기본적인 도덕법이 있어야 한다. 또는 (생각으로나 말로나 행동으로) 거스려 반항할 어떤 명령이 주어져야 한다. 또는 어떤 공인된 악이 존재해서 그것에 협력할 때에도 죄가 성립된다. 혹은 그것을 범하는 사람을 범죄자로 만드는 특정한 법률이 있어야 한다. 혹은 누구에겐가 피해를 끼쳐서 가해자가 되어야 한다. 또는 어떤 깨어진 관계가 존재해야 한다(불화가 극심하지도 않은데 '깨어졌다'는 표현을 써서 그 단어의 의미를 오염시켜서는 안 된다).

이런 형태의 죄의 기저에는 더욱 심층적인 문제, 즉 애초에 우리를 그런 선택과 처신 쪽으로 기울어지게 만드는 근원적 문제가 있다. 그건 바로 우리가 본성상 죄인인가 하는 것이다. 우리는 태어날 때부터 죄인인가?

대부분의 사전들은 실제적인 불순종이나 위반 행위 그리고 그런 위법 행위를 일으키는 본성 두 가지 모두를 '죄'라는 말의 기본적 의미로 제시하고 있다. 내가 생각하기에는 그 두 가지를 '죄' sin 와 '죄성' sinfulness 으로 구별하는 게 더 유익할 것 같다. 왜냐하면 우리의 죄악 된 본성이 처한 끔찍한 곤경에서 건짐 받은 후에라야 죄를 짓는 구체적인 행위를 이해할 수 있기 때문이다.

'죄'와 '죄성' 두 가지 단어 모두를 우리가 돌아보아야 할 항목에 포함시키도록 하자. 그래서 이 이중적 문제를 좀 더 정면으로 직시하자. 우리 각 사람은 우리가 걸핏하면 죄로 기우는 성향이 있다는 것을, 그리고 우리 자신이 인정하는 것보다 더 많은 죄를 짓고 있다는 것을 고백해야 한다.

고백

기독교 교파의 스펙트럼 한쪽 끝에서 "우리는 이웃을 사랑할 수 없습니다"라든가 "우리는 이웃(혹은 우리 자신)을 잘 대접하지 못합니다"라는 말을 고백이랍시고 하면서 '고백'이라는 말의 의미를 오염시키는 현실과 만난다. 앞의 예는 우리가 이웃에게 잘못하는 것은 이웃에게 좀더 잘 할 수 있게끔 창조되지 않았기 때문이므로 우리 창조주의 잘못이라는 말처럼 들리기 쉽다. 후자의 경우는 남에게 죄를 짓는 게 심각한 악을 자행하는 것임에도 그 의미를 축소시켜버리는 말이다.

코넬리우스 플랜팅가Cornelius Plantinga는 죄에 대한 우리의 인식 및 죄라는 용어의 의미 회복을 도모하는 자신의 저서에서 다음과 같은 예를 들어 오늘날 성도들의 고백을 패러디했다. "인간관계, 특히 그중에서도 네트워크 형성에 취약한 우리가 안고 있는 문제들을 '고백'해봅시다." "우리는 성숙이라는 차원에서 '거룩성'을 추구해야 한다는 점을 강조하고 싶습니다."[1]

반면에 스펙트럼의 반대편 끝에서 나타나는 오염 현상은 우리를 깊은 절망에 빠뜨리는 고백들인데, 이 경우에는 어떤 구체적이고 직접적인 용서의 말도 전혀 들을 수 없기 때문이다. 죄를 인식하는 데 있어 가장 중요한 지점은 죄를 끔찍한 것으로 여기게 만드는 것이 아니라, 무겁게 따라붙는 그 죄책에서 사함받아 자유롭게 되는 데 있다. 우리 시대의 많은 사람들이 심각한 양심의 가책을 안고 살아가는 까닭은, 자신의 죄를 완곡하게 돌려 말하는 데 너무 분주한 나머지 실제로 자신의 죄를 직시하거나 이에 따른 책임을 인정하지 못하고 자기 죄성의 정체를 온전히 파악하지 못함으로써, 은혜로부터 건짐 받는 자유를 얻는 데 방해가 되는 것들을 제거하지 못하기 때문이다.

우리가 고백을 하는 이유는 그렇게 하도록 부르심을 받았기 때문이다. 고백에 앞서 은혜가 있고, 은혜가 고백을 가능케 하며, 은혜는 우리가 시인한 죄를 용서한다. 우리가 죄에서 해방되었기에, 은혜는 우리 안에서 더욱 철저하게 역사하여 똑같은 악행, 범죄, 위반 행위, 반역, 악덕을 다시 저지르지 않도록 해준다.

교회에서 예배 드릴 때에는 다음과 같은 고백들이 필요하다.

전능하신 하나님, 우리는 죄에 속박되어 있고 그래서 우리 스스로의 힘으로는 자유를 얻을 수 없음을 고백합니다. 우리는 생각으로, 말로, 행동으로, 그리고 하지 말아야 할 일은 하고 해야 할 일은 하지 않음으로써 주님께 죄를 지었습니다. 우리는 온 마음을 다해 주님을 사랑하지 않았습니다. 우리는 이웃을 우리 자신처럼 사랑하지 않았습니다. 주님의 아들 예수 그리스도의 공로를 의지하여 간구하오니 우리에게 자비를 베푸소서. 우리를 사하여 주시고, 우리를 새롭게 하여 주시고, 우리를 인도하여 주소서. 그리하여 주님의 뜻 안에서 기뻐할 수 있게 해주시고 주님의 거룩하신 이름의 영광을 위해 주님의 길로 행할 수 있게 하소서, 아멘.[2]

얼마나 위대한 고백인가! 이런 고백은 매번 내 시선을 사로잡을 수 있을 만큼 철저하고, 내가 얼마나 깊이 범죄했는지 깨닫게 할 만큼 강력하며, 어느 누구도 이 고백의 위력을 피해갈 수 없을 만큼 보편적이다. 이 죄의 문제는 끔찍한 속박이다. 거기서 벗어나는 유일한 길은 구원과 해방과 죄사함뿐이다!

희생자

우리 시대 인간의 죄성을 드러내는 가장 강력한 증거는 아마도 많은 사람들이 편견과 잔혹성과 불의와 폭력의 희생자가 되고 있다는 사실일 것이다. 예를 들어 어린아이들은 신체적·정신적·정서적·성적 학대의 희생자가 되고 있으며, 이 같은 현상은 날이 갈수록 점점 더 노골적이고 가증스런 양상을 보일 뿐만 아니라 사람들은 그것이 아동 학대인지 인식조차 못하며 이로 말미암아 영구적이고 파괴적인 결과로 이어지고 있다. 이를 테면 사람은 배워야 한다는 말을 아이들에게 전혀 해주지 않는다거나 정규 학교에 보내지 않는 것, 텔레비전을 베이비시터로 삼는 것(그 베이비시터조차 없는 아이들도 있다), 자연스러운 호기심을 억제시키거나 창의성과 명랑성을 짓누르는 '활동들'을 과도하게 강요하는 것, 적절한 음식물로 영양을 공급해 주지 않거나 건강관리를 해주지 않는 것 등이 바로 그것이다.

세상 어느 곳을 막론하고 사람이 사람에게 자행하는 잔혹 행위는 부지기수다. 여자들은 강간당하고, 가난한 사람들은 먹을 것조차 없고 도대체 어떤 시스템이 자신들을 가난의 굴레에 가둬 두는지조차 알지 못한다. 온 세계의 3분의 2에 달하는 나라들이 강대국의 희생양이 되고 있다. 약소국에 불과한 그들은 자원을 착취당하고 대중매체와 대량공급의 시스템 아래 자신들 고유의 풍습과 문화를 말살당하고 있다. 기술 '진보'라는 명목으로 행해지는 폭력은 사회 인프라를 파괴해 무고한 사람들에게 직간접적으로 해를 끼친다. 이스라엘이 팔레스타인 지역을 점령하고 밀어붙이고 포격하고 통행금지를 비롯한 여러 가지 제한을 가하고 장벽을 구축하는 행위 속에서는 미래를 위한 아무런 희망도 찾을 수 없다.[3] 시장은 부유층 사람들에게 휘둘리고 있어, 배운 것 없이 물건 만들어 낼 줄만 아는 노동자들에게는 아무 선택권도 남지 않는다. 건강한 사람들은 에이즈의 위기가 얼마나 가공할 만한 수준에 이르렀는지 무시한다. 국가적으로는 물론이요 지구 전체적으로도 빈부 격차가 엄청나다는 것을 각종 통계들이 보여 주고 있지만, 그 통계에 조차 포함되지 못한 사람들은 우리 교회의 안락한 회중석에서도 쫓겨나고 우리가 애호하는 기독교적 마인드도 갖추지 못한 것으로 치부된다. 지금 이 책을 읽을 만한 식견을 갖춘 그리스도인들이 타인에게 과연 어떤 식으로 무거운 짐을 지우고 있는지 그것을 다 열거하자면 한이 없다. 비록 그 억압이 고의가 아니고 무의식적인 것이라 할지라도 말이다.

이에 대한 반응으로 일부 현대 신학자들은 고난당하고 십자가에 달려 죽으신 그리스도에 대한 기독교의 메시지는 이런 시대 상황에 절망적일 정도로 부적절한, 혹은 잔인할 정도로 무신경한 것으로 여겨지기에 포기해야 한다고까지 말한다. 하지만 여기서 희생자로 거론된 사람들도 죄인들이기는 마찬가지라는 것을 모른다면 그것 또한 우리의 생각이 오염된 것이다. 비록 애초에 그들에게 주어진 복음의 주요 메시지는 예수님이 그들의 고난을 다 아시고 그 고난 가운데서 그들과 함께 계신다고 하는, 좀더 적절한 메시지이기는 하지만 말이다.

좀더 폭넓게 퍼져 있는 오염 현상은, 피해자들도 죄인인 만큼 그들의 악행에 대해 책임을 지게 해야 하건만(설령 그들의 잘못이란 것이 그들에게 자행된 악에 비해서는 그 치명성이 덜하다 할지라도), 그들이 놓여 있는 어려운 처지에 대한 일종의 보상으로 그들의 죄를 너그러이 봐준다는 것이다. 하지만 마르틴 루터가 가르쳤듯이, 불신앙은 가장 큰 죄이며, 바로 그것 때문에 우리 모두는 죄 사함이 절실하다.

우리가 살고 있는 세상에서 피해자로서의 입장이 오염되는 한 가지 현상은, 과거에 피해자였던 사람이 또 다른 사람을 압제함으로써 새로운 피해자를 만들어낸다는 것이다(이스라엘이 과거에 겪었던 끔찍한 대학살 경험에 대한 대응으로, 팔레스타인은 물론 이웃 아랍권 국가들에게 강력한 무력을 행사함으로써 자신들의 '안전'을 확보하려고 하는 모습에서 이 같은 양상을 쉽게 확인할 수 있다). 물론 자신에게 잔인한 고통을 준 상대를 용서하고 사랑으로 대응하는 것은 인간적으로 거의 불가능에 가깝지만, 하나님의 은혜와 자비라는 선물은 예수님이 그러셨던 것처럼 피해자에게 폭력보다 더 큰 힘을 구비시켜 줄 만큼 도량이 넓다.

부자 나라에서 아주 흔히 찾아볼 수 있는 오염 현상은, 그다지 심하지 않은 불편을 겪거나 가벼운 모욕 혹은 사소한 피해를 입고서도 균형 감각을 잃고 심각한 '피해자'를 자처한다는 것이다. 어떤 사람이 한 여성에게 (성희롱의 의도가 전혀 없이) 친절의 표시로 윙크를 했을 때, 그 여성은 자신을 적군 병사에게 야만적으로 강간당한 여성과 동일한 범주에 넣어서는 안 된다. 또한 실제 있었던 일인데, 패스트푸드 점에서 주문한 커피가 너무 뜨겁다는 이유로 회사를 상대로 엄청난 금액의 손해 배상 소송을 걸 수 있는 권리를 조작해 내서도 안 된다. 별것 아닌 사소한 문제에 대해 서슴없이 법적 조치를 취하는 여러 사례들은 순수한 의미에서 정의 실현을 방해하는 행동이며, 요즘에는 이런 사례들이 부당한 행위를 바로잡기 위한 진실한 (하지만 오히려 무시되는 경우가 많은) 외침과 거의 비슷한 수준으로 빠르게 증가하고 있는 것 같다.

고통이 오염되는 모든 현상을 막기 위해서는 표현의 미묘한 차이에 세심한 주의를 기울여야 한다. 우리는 성삼위 하나님의 속성(1부)과 행위(3부)라는 복된 소식으로부터 모든 필요를 충족시켜 줄 광대한 이야기를 시작하려 한다.

사소한 피해를 당한 사람이 자기 연민에 빠져 자신의 고통을 과장하고, 자신에게 그런 별것 아닌 괴로움을 끼친 사람은 물론 무관심과 착취와 고문과 핍박의 진짜 피해자들을 향해서까지 완악한 마음을 품어서는 안 된다.

정말로 남에게 피해를 당한 사람은 자신이 또 다른 사람을 상대로 그런 행동을 하지 않도록 해야 한다. 그런 행동에 빠져들고 싶어 하는 성향에 저항해야 한다. 복음은 압제받는 상황에서 자유를 누릴 수 있는, 또 때로는 그런 상황으로부터 벗어날 수 있는 적절한 힘을 그들에게 줄 수 있다.

 타인의 고통을 목격하는 이들은 "희생자들을 돌보는 것은 하나님이 하실 일"이라고 말하면서 발뺌해서는 안 된다. 이런 저런 피해자들을 만들어내는 이 세상의 다양한 폭압적 현실을 극복하기 위해 한 걸음 한 걸음 내딛는 길에 누구라도 동참할 수 있다. 최선의 수단이 무엇이든 말이다.

 크든 작든 피해를 당하는 사람들, 그리고 크든 작은 남에게 피해를 입히는 사람들, 그 어느 쪽도 각자의 악행에 대해 감히 변명하지 못하는 것은, 인간은 모두 죄를 저질렀고 그래서 하나님의 영광에 미치지 못하기 때문이다. 억압의 피해자와 가해자가 서로에게 복음을 적절히 이야기하는 법을 배울 경우, 어쩌면 악행이 일부나마 줄어들 수도 있을 것이다.

자존감

죄에 대해 말하거나 죄를 고백하면 기분이 나빠지므로 그렇게 하지 않는 것이 현명한 행동이라고(너무도 인간적인 현명함!) 우리 시대 사람들은 너도나도 말한다. 죄를 언급하게 되면 자존감이 낮아진다는 것이다. 이런 그릇된 판단이 교회 안으로 침투해 들어오면, 교회의 참된 정체성이라는 영광의 면류관을 위해 교회가 그 구성

원과 이웃에게 줄 수 있는 가장 귀한 보배, 죄 사함이라는 보배를 제공해 줄 능력이 손상된다.

남편이 초등학교에서 '자존감 형성' Building of Self Esteem이라는 과목을 가르쳐 달라는 요청을 받았는데, 내가 보기에 그 과목은 학교 당국이 목적했던 것과 정반대의 효과를 낳을 것 같았다. 현실을 깊이 들여다보면, 아이들은 자기들이 굉장히 사랑스럽고 착하다고 생각하지 않았다(자기 자신에 대해 그렇게 생각하라고 교육받긴 하지만). 아이들은 자기들이 놀이터에서 놀다 싸우고, 선생님 말을 안 듣고, 수업 시간에 떠들고, 숙제를 하지 않는다는 걸 잘 알고 있었다. 사실은 내가 그다지 나쁜 사람이 아니라고 스스로에게 말한다는 것은 사실상 자기 존중감이나 자기 확신을 심어 주는 행동이 아니다. 그것은 우리의 유죄 의식에 스스로의 위선에 대한 부끄러움을 더해줄 뿐이다.

교회가 소유한 가장 큰 선물 중 하나는 죄 사함이다. 죄 사함은 자신의 달라지는 모습, 자신이 생각하고 말하고 처신하는 방식에 대해 얼마나 흡족해하고 있는가에 따라 우리 자신을 사랑하려고 하는 헛된 시도로부터 우리를 자유롭게 해준다. 우리의 자존감이라는 것이 그러한 자질들에 근거할진대 우리는 곧 실망하게 될 것이다. 왜냐하면 우리가 정작 하고자 하는 선은 행할 수 없고 행치 않고자 하는 악은 행하고 있는 우리 모습을 보게 될 것이기 때문이다. 로마서 7장의 말씀은 우리 모두가 다 체험하는 바이다.

하지만 죄 사함은 우리를 자유롭게 해주어 로마서 8장의 종말론적 기쁨Joy⁴, 그리스도 예수 안에서 우리에게는 정죄함이 없다는 현재와 미래의 확신을 누리게 해주니, 이는 진정한 자존감을 느낄 수 있게 해주는 아주 훌륭한 근거이다.

자존감은 자신의 죄를 무시함으로써 형성되는 게 아니다. 자존감은 죄로부터의 진정성 있는 탈피에 의해서만 얻을 수 있다.

타락

언젠가 한 소그룹 토론 모임에서 논의의 진행 방향을 잡기 위해 모임에 참석한 한 목회자에게 질문을 던졌다. 잠시 뒤 나는 그의 말에 아연실색하여 할 말을 잃고 말았다. 그는 세상과 우리의 본질에 관한 나의 생각이 너무 염세적이라고 몰아붙였다. 내 입장에 대한 그의 반박은 '타락'이 진보였다는 주장에서 절정을 이루었다.

예로부터 많은 이들이 창세기 3장 기사를 사실로 인정하기를 거부해 왔지만, 그 사람의 주장은 이것을 한층 새롭게 곡해한 것이었다. 대다수 사람들은 창세기 3장 스토리를 그저 하나의 우화로 치부하거나 아니면 그 이야기의 '역사성'에 의문을 던진다. 어떤 이들은 창세기 3장의 역사성에 대해서는 별 이의를 제기하지 않지만 정작 '타락'이 신학자들이 오랫동안 주장해 온 만큼 광범위했는가에 대해서는 고개를 갸웃한다. 하지만 '타락'이 진보였다는 주장을 듣게 된 건 그때가 처음이었다.

만유를 지으신 분이로되 그러면서도 피조물인 우리와 친밀한 대화를 잇고 싶어 하셨던 하나님께 정면으로 불순종하고 그분과의 관계를 깨뜨렸으면서 그것을 정말 '진보'라고 칭할 수 있을까? 어쩌다 우리는 아담과 하와처럼, 신비한 것을 용인할 수 없다는 이유로 그렇게 불순종 쪽으로 마음이 기울어지는가?[5]

타락 교리가 오염되는 또 한 가지 양상은 타락의 책임을 오로지 하나님의 원수인 사탄에게만, 혹은 여자에게만 돌린다는 것이다(여성에 대한 가부장적 억압이라는 가증스런 죄와 직접적으로 관련된 책임론이다). 때로는 하나님이야말로 애초에 "선악을 알게 하는 나무"를 창조한 장본인이라고, 혹은 창조주께서 (로봇 같은 존재가 아닌) 인간에게 선과 악에 대해 자유를 주셨다는 이유로 간접적으로 비난을 당하기도 한다.

그러나 이런 주장들 중 어느 것도 창세기 3장을 아주 세심하게 읽은 것으로 볼 수 없다!

오래전에 나는 디트리히 본회퍼에게서 위 본문을 좀더 신실하게 해석하는 법을 배웠다.[6] 본회퍼는 문제의 뿌리가 인간이 자신에게 주어진 자유를 그릇 사용한 데 있다는 것을 인지했다. 우리는 그 자유를 하나님(혹은 우리의 보잘것없는 세상이라는 신)처럼 되려고 하는 데 사용한다. 우리는 하나님께 철저히 의지하지 않는 쪽을 시종일관 선택한다.[7] 우리는 피조물보다 더 높은 자리로 우리의 신분을 격상시켜 주는 선택들을 계속하고, 그렇게 하여 하나님

이 은혜로 우리에게 부과해주신 한계들을 범하는 것이다.[8]

　하나님이 진심으로 우리에게 특정한 명령을 내리셨을까 의문을 갖는 바로 그 순간마다 우리는 이와 같은 잘못을 저지른다. 선하신 하나님이라면 과연 그런 명령을 내리실까 하고 우리는 의아해한다. 우리는 하나님의 말씀을 열심히 듣고 행하기보다는 일단 그 말씀을 비판하기부터 한다. 우리는 우리 나름대로 '더 나은' 삶을 이뤄가려 애를 쓴다. 그러나 최종적으로 우리에게 부족한 것이 있으니 그것은 우리 삶에는 창조주가 필요하다는 확신이다.

악

세상에 악이 존재한다는 사실을 회피하기 위해 사람들이 사용하는 방법들을 보면 참 흥미롭다! 스토아학파 유형은 자신의 내면에서 여러 자원을 동원해 우리를 성가시게 하는 것들은 무엇이든 다 삼갈 수 있다고 믿는다. 그들에게 있어 악이란 우리의 상상력이 꾸며낸 허구로서, 그런 허구는 억제시키는 게 좋다는 것이다.

　또 어떤 이들은 악이 존재할 가능성을 인정하기는 하되 그 존재를 역설하는 이들을 극단주의자나 비관주의자라고 비난한다. 또 어떤 이들은 악의 편만함에 두 손을 들어버리고 그 치명성에 그냥 몸을 맡겨 버린다. 우리의 허약한 시도로 큰 변화를 이루기에는 이 세상 구석구석에 스며들어 있는 악의 세력이 너무 크기 때문에 이런 현실과 관련해 우리가 할 수 있는 일이란 사실상 아무것도 없다고 하면서 말이다.

하지만 가장 심각한 오염 현상은 악의 존재를 하나님을 비판하는 이유로 삼는 것이다. 우리가 과연 하나님을 비판할 만한 자격이 있단 말인가?

우리는 이런 말들을 한다. "선하신 하나님이 어떻게 세상에 (혹은 내 인생에) 그런 고통을 허락하실 수 있단 말인가?" 그러면 또 이런 의문이 생겨난다. "애초에 세상에 왜 그렇게 많은 악이 존재했던 것일까?" 그리고 여기에는 이런 불평이 동반된다. "세상에 악의 존재를 허용하시다니 하나님은 그다지 선한 분이 아닌 것이 분명해" 혹은 "하나님은 악을 저지하실 수 있을 만큼 능력 있는 분이 아닌 것이 틀림없어."

이 모든 비난들은 우리 인간 편에서의 책임을 회피하기 위한 방편에 불과하다. 디트리히 본회퍼는 위와 같은 의문과 불평이 나올 수 있는 것은, 우리가 죄인으로서 우리 실존의 "진상을 알" 수 있고 (죄악 된 착각과 억측에 의해) 하나님의 답변을 알 수 있다고 제멋대로 추정하기 때문이라고 보았다. 하지만 우리는 고질적인 (그리고 고집스러운) 죄인들이요 보편적인 죄의 결과라는 그물에 걸려 있는 세상의 일부일 뿐이다. 우리가 제기하는 의문들은 사실 뭔가 트집을 잡고 싶다는, 혹은 다른 누구에겐가 책임을 떠넘기고 싶다는 것을 암시한다.⁹

우리는 하나님이 아니다! 우리가 하나님처럼 될 수 있다면, '완전한 타자'Wholly Other가 되어 우리의 얼룩진 인간적 실존을 속속들이 꿰뚫어 볼 수 있다면, 확신컨대 우리는 우리가 알게 될 답변들에 전적으로 만족하게 될 것이다. 그러면 악에 대해 더 무슨 설명이 필요하겠는가?

원죄

'원죄' 교리가 오염되는 것은 대개의 경우 우리가 일상의 삶에서 원죄가 어떻게 발현되는지 인식하기보다는 원죄가 왜 존재하는지 알려고 하기 때문이다. 우리는 사람이 근본적으로는 참으로 선하다고 애써 믿으려 한다. (인간이 창조되었을 때 하나님이 그렇게 선언하지 않으셨는가?) 하지만 어떤 설명할 수 없는 이유로 인해 웬일인지 우리는 선한 일을 행할 수 있을 것이라는 우리의 기대대로 행동하지 못한다는 것을 인정하지 않을 수 없다. 너무나 쉽게, 그리고 너무도 반복적으로 우리는 우리 자신에게 실망하고 만다. 무엇이 잘못된 것일까?

내가 보기에 우리는 원죄를 원인의 관점에서가 아니라 궁극적 결과의 관점에서 생각하려고 무진 애를 쓰는 것 같다. 로마서 5:12에서는 이것을 이렇게 설명했다. "그러므로 한 사람으로 말미암아 죄가 세상에 들어오고 죄로 말미암아 사망이 들어왔나니 이와 같이 모든 사람이 죄를 지었으므로 사망이 모든 사람에게 이르렀느니라." 그래서 그리스도 예수 안에 있는 엄청난 은혜의 선물로 우리가 그 사망에서 자유롭게 되지 않는 한 사망은 우리 모두를 지배한다.

아담과 하와가 진짜로 존재했는지, 그리고 그 두 사람 때문에 모든 사람이 죄책을 지게 되었는지에 대해 이러쿵저러쿵하기보다는 우리가 한 점 흠 없이 깨끗한 상태로 세상에 태어나는 게 아니라는 사실을 인지해야 할 것이다. 우리는 조상들의 죄의 흔적을 지니고 있는 것이다.

예를 들어, 뭐든 안 된다고 하는 엄격한 부모 밑에서 자란 사람들이 자기 자녀를 키울 때 기본적으로 항상 아이를 긍정해 주고 수용해 주는 태도를 가지기란 어려울 것이다. 설령 그렇게 하려고 간절히 바란다고 할지라도 말이다. 다시 말해, 사람에게는 '과거'가 있기 마련인 것이다.

게리 윌스 Garry Wills는 이렇게 말한다.

우리는 지독히도 밀접한 상호 관계성 안에 서로 볼모로 잡혀 있다. 자기 조상의 낙서가 없는 '깨끗한 과거'를 지닌 사람이란 없다. … 한때 도덕적으로 불미스러운 일을 경험한 여성을 일컬어 '과거가 있는' 여자라고 우회적이지만 잔인하게 표현하기도 한다. 원죄 교리는 바로 그런 의미에서 모든 인간에게는 "과거가 있다"고 언명한다.¹⁰

원죄를 강조하는 것은 비관주의자가 되자는 것이 아니다(이 용어를 비롯하여 '현실'Reality이라는 개념의 오염 현상에 대해서도 언젠가 이야기할 기회가 있기를 바란다). 인간은 시작부터 심각하게 복합골절상을 입은 상태였으며 아무리 열심히 애쓴다 해도 결코 온전해질 수 없다는 사실을 확실한 의식을 갖고 인정하자는 것이다. 우리 인간은 스스로 하나님이 되고자 하는 본성을 지니고 있다. 그래서 사람이라면 누구나 다 이 "원래의"original의 죄성을 공유하고 있으며 그 결과인 죽음 또한 어느 누구도 피할 수 없다. 우리는 자기 기만에 아주 능해서(렘 17:9 참조), 우리 자신을 안전하게 지켜 줄 수 있는 여러 가지 방어기제를 갖추고 있다. 심리학자이자 신앙 교사인 데이비드 베너David Benner가 책망하듯 말했듯, 우리 현실의 실제 상태와 관련하여 우리 자신을 기만하는 것이 우리의 '디폴트 옵션'default option(옵션이 지정되지 않았을 때 자동적으로 선택되는 옵션을 뜻하는 컴퓨터 용어—역자 주)이다.[11] 우리는 우리 자신과 하나님과 이웃으로부터 소원한 상태에 있다는 이 진실과 대면할 의지나 능력이 전혀 없다.

물론 우리는 이 죄성에 완전히 압도당하지는 않는다. 결국 하나님이 조치를 취해 주시기 때문이다. 이 사실에 대해서는 이 책 3부에서 살펴볼 것이다. 하지만 우리에게 은혜가 얼마나 절실히 필요한지 깨닫지 못한다면 하나님의 그 조치를 너무 가볍게 여기는 과오를 범하게 될 것이다.

이는 참으로 난감한 변증적 긴장이다. 죄에 압도당한 나머지 하나님의 은혜로우신 사랑이라는 넓은 품에 안길 필요가 있는 사람들이 있는 반면, 죄에 대해 너무 태평스러워 죄가 우리의 삶 속에 얼마나 편만하게 스며들어 있는지 좀더 강하게 교훈을 받아야 할 사람들도 있다. 우리 세대는 후자의 경우가 지배적인 것 같다.

우리는 인간의 죄된 본성과 관련하여 우리가 지금 어떤 전투를 벌이고 있는지 기억해야 한다. 교회 역사 초기, 이레나이우스 Irenaeus는 물질은 악하며 저급한 신이 실수로 만들어낸 것이라고 주장했던 영지주의자들과 맞서 싸웠다. 싸움의 결과 이레나이우스가 창조 세계의 선함에 관심을 집중하게 되었다. 반면 수 세기 후 아우구스티누스는 주로 펠라기우스주의자들을 상대했는데, 이들은 하나님은 우리가 할 수 없는 어떤 일을 명하시는 분이 아니기 때문에 우리 인간에게는 인간의 문제를 해결할 능력이 있다고 지나치게 낙관적인 태도를 지닌 사람들이었다.[12]

우리가 살고 있는 현재의 세상은 (아우구스티누스를 전후로 한 로마 사회가 그랬듯) 도덕적으로 불구 상태인가, 아니면 우리 선조들 중 많은 이들이 그랬던 것처럼 죄책감에 짓눌려 있는가? 서점에서 볼 수 있는 책들이 이 질문에 대한 답변을 줄 수 있을지도 모른다. 혹은 신문을 보고 알 수 있을지도 모르고, 미성년자 관람불가 영화가 전체 영화의 몇 퍼센트나 되는지 보고도 답변을 구할 수 있을지 모른다.

우리의 과거와 주변 환경, 두 가지 모두 치명적이다. 하나님의 자비로우심을 당연한 것으로 여기면 안 되기에 우리는 우리의 과거 그리고 현재의 환경이 어느 정도나 파괴적인지 깨달아 알아야 한다(3부를 보라).

우리가 얼마나 죽은 것 같은 상태인지 알지 못하는 한 우리는 삶의 충만성을 깨닫지 못한다(그리고 생명이 얼마나 귀한 선물인지도!). 원죄 교리는 태어나기 전부터 우리가 죽어 있었음을 일깨워 준다. 우리에게 어떻게든 우리 손으로 상황을 바로잡을 방도가 있을 것이라 생각하지 못하도록 말이다.[13]

계층

오늘 이 '계층' class이라는 단어가 내 영혼을 망치로 두드리듯 한다. 북미 사람들은 여간해서는 계층이라는 말을 입에 올리지 않는다. 우리는 인종 차별 문제를 비난하지만 그 문제는 사실상 계층 간의 격차에서 비롯된다. 그런데 우리는 계층 간 격차의 주된 원인이 사람을 인종에 따라 불평등하게 대하는 이 세대에서 찾을 수 있다는 사실을 인식하지 못한다.[14]

일반적으로 이 단어는 무시되어 오염되는 양상을 보인다. 나의 경우, '계층'에 관한 통찰들을 지적으로는 받아들이지만, 이 문제를 도덕적으로 대하기 위해서는 노력이 좀 필요하다.

이랬을 때는 계층이란 것이 나하고는 그다지 관계가 없어 보였다. 우리 부모님 역시 마찬가지였다. (내가 생각하기에는!) 우리 집은 경제적인 면에서 가난한 축에 속했다. 적어도 내 초등학교 친구들 대다수와 비교해볼 때는 그랬다.

하지만 대학 합창단의 일원으로 전세계 대학 순회공연을 하면서 인도에 도착해 극한의 빈곤을 접하게 되었을 때, 나는 거기서 내 고향에서는 상상도 할 수 없었던 궁핍과 절망을 보았다. 그것은 마치 흙을 잘 북돋아 준 농지 한 가운데 깊이 뿌리내리고 있는 작물처럼 그들의 삶 깊숙이 자리 잡고 있었다. 그 전에 나는 내가 부자라고 생각해본 적이 없었다. 그 순회공연만 해도 강의를 듣고 합창 연습을 하는 와중에 서너 가지 아르바이트를 병행하면서 여행 비용을 벌어야 하지 않았는가? (공연을 통해 나오는 수익금은 모두 지역 교회를 후원하는 데 사용되었기 때문이다.) 기아의 현장을 눈으로 확인하자 내 안에는 배고픈 이들을 먹이는 일에 헌신해야겠다는 새로운 각오가 불타올랐다.

그때 이후로 나는 풍요롭게 살지 않으려고 노력해 왔다. 나는 의도적으로 돈을 많이 벌지 않았다. 남편과 나는 될 수 있는 한 많이 베풀며 살려고 애를 썼다. 우리는 검소하게 살려고 했다.

하지만 맨 마지막 말이 나를 배신한다. '검소한 생활'은 부자들만의 선택 사항이 아니다.

그래서 나는 해답 없는 질문을 수없이 반복해대기 시작했다. 만약 이렇게 글을 쓸 수 있게 해주는 이런 도구들과 이런 장소를 소유할 수 있을 만한 여유가 나에게 없었더라면 과연 어떻게 이 책을 써서 가난한 사람들을 섬기는 단체에 인세를 기부할 수 있을까? 나의 부(富)를 구성하는 이 모든 요소들(그리고 물질)을 다 포기한다면 계층 간의 격차 문제에 변화를 이끌어내기 위해 과연 내가 다른 어떤 일을 더 할 수 있을까?[15]

하지만 만약 내가 이곳이 아닌 다른 3세계 지역에 살았더라면 나는 지금 이 세상 사람이 아닐지도 모른다. 장애인으로서의 내 삶이 지탱되는 데에는 발달한 의료 기술과 충분한 위생 시설의 지원이 필수이기 때문이다. 가난한 사람들과 더욱 밀접하게 일체감을 느끼기 위해 내가 누리고 있는 그런 여유들을 포기해야 하는 것일까? 하나님은 나에게서 무엇을 기대하실까? 하나님은 나에게서 무엇을 바라실까?

언젠가 주일마다 한 번씩 모이는 성경공부 모임을 인도한 적이 있는데 그때 한 참석자가 이런 불평을 했다. "선생님은 늘 가난한 사람들에게 베풀라는 말씀만 하시는데요, 대체 우리가 얼마만큼이나 베풀어야 하는 거지요?" 그때 나는 태연스레 대답했다. "더 많이요. 대답은 늘 똑같아요, 더 많이요." 그런데 아름다움을 창조하신 하나님이 내핍을 바라실까? 우리는 미술이나 음악이나 예쁜 물건 등 아름다운 것을 향유함으로써 하나님께 영광을 돌려야 하지 않을까?

아니다. 아름다움은 풍성할 것을 요구하지 않는다. 아름다운 것은 의외로 단순할 수도 있다. 하지만 그 경계를 어떻게 정해야 할까? 하나님의 선물을 향유하는 것과, 향유함으로써 부지중 가난한 사람들을 억압하는 것을 어떻게 구별해야 할까?

끊임없이 그런 의문들에 사로잡혀 있거나 혹은 몇 가지 해답들을 행동으로 옮기는 것만으로는 충분하지 않다. 우리에게 혹시 가난한 사람들을 향해 공평치 못한 부분은 없는지(계층 의식에 사로잡혀 있지 않은지) 알고 고백해야 하며 "보지 못하는 자들은 보게 하"(요 9:39)기 위해 오신 분을 무조건 좇아야 한다.

명성

요즘에는 유명해지고 싶다는 것이 교회나 설교자들 혹은 음악인들에게 (사실상 어느 누구에게나) 커다란 유혹거리이다. 제법 그럴 듯한 동기도 있다. 즉, 복음을 널리 전할 수 있기 위해 세상에서 영향력 있는 존재가 되고 싶어 한다는 것이다.

(기술 문명이 기독교와 문화에 끼치는 영향에 관심을 가진 사람들의 모임에서) 철학자 알버트 보그만Albert Borgmann이 이렇게 말했다. "명성이란 초콜릿 무스와 같습니다. 맛이 너무 좋아서 한 접시 가득 게걸스럽게 먹어치우지만, 결국 깨닫게 되는 것은 그건 한낱 지나가는 바람과 같은 거라는 사실뿐이죠."

명성의 덧없음에 대한 실망보다 더 나쁜 것은, 그것이 우리의 경건 생활을 파괴시킨다는 것이다. 다음과 같이 쓴 것으로 보아 시편 기자는 명성을 바라는 게 어리석은 생각임을 알고 있던 것이 분명하다.

> 광야에서 욕심을 크게 내며
> 사막에서 하나님을 시험하였도다.
> 그러므로 여호와께서는 그들이 요구한 것을 그들에게 주셨을지라도
> 그들의 영혼은 쇠약하게 하셨도다.[16]

내가 존경하는 신앙의 멘토가 언젠가 충고했듯 "내면의 일에 충실하지 않으면 외부의 일로 그 결과를 겪기 마련이다." 주님, 바람이 우리를 숨막히게 하여 우리 영혼을 쇠약하게 만들지 않도록 명성에 대한 유혹에서 우리를 건져 주시옵소서.

죄책

'죄책' guilt이란 말은 여러 면에서 오염되었으며 우리 시대의 사회 풍조에 의해 그 오염 현상이 확산되었다.

때로 우리는 정말 죄를 지었으면서도 그것을 인정하기를 거부한다. 가령, 무언가 잘못을 저질러서 비난이나 벌을 받아 마땅한 경우가 있다. 그런데 우리는 재판에서 이겨 그 죄책의 고리에서 우리

를 자유롭게 해줄 수 있는 비싸고 유능한 변호사를 고용한다!

때로 우리는 생각과 달리 사실은 잘못한 게 없는데도 불구하고 죄책감을 느끼며 자학을 함으로써 죄책감이란 말을 오염시킨다. 저지르지도 않은 특정한 죄를 상정해 놓고 그에 대해 비난받을 이유가 전혀 없는데도 불구하고 스스로를 벌하는 것이다.

우리 사회는 진짜 죄책감과 허위의 죄책감을 구별하지 않음으로써, 그리고 결과적으로 죄책감은 다 떨쳐 버려야 한다고 주장함으로써 위의 두 가지 오염 현상을 확대시킨다. 자기 자신을 기분 나쁜 존재로 여겨서는 안 된다고 우리 시대 문화는 말한다. 그런 식으로 '자존감'을 손상시켜서는 안 된다는 것이다.

물론 자신의 죄에 대해 죄의식을 갖는 것은 사실 바람직한 일이다. 죄의식은 후회와 회개와 고백으로 이어진다. 이는 진정한 죄 사함을 가능하게 하고, 관계가 회복되며, 행동을 개선할 수 있는 가능성을 열어 준다.

교회가 하나님에게서 받은 크나큰 은사 중 하나는 정말로 죄를 저지른 사람들이 자기 죄가 얼마나 큰지 깨닫고 죄 사함과 새롭게 됨을 경험하도록 돕는 것이다. 또한 허위의 죄의식을 느끼는 사람들이 착각으로 짊어지고 있는 양심의 부담에서 자유로워지도록 돕는 따뜻한 돌봄의 공동체가 되는 것이다.

자기 자신을 나쁜 사람으로 여기지 말라고 나에게 말하지 말라. 그보다는 잘못을 고백하라고 권고해 주고, 잘못을 사함 받았다고 안심시켜 주고, 하나님의 충만한 사랑과 인정으로 나를 품어 주라.

의견

우리 사회에서 '의견'opinion의 가치는 죄스러운 수준이라 할 만큼 오염되었다. 의견은 우리의 개인적인 신(神)이 되었다. 아니 더 정확히 말해 우리가 우리의 신이라는 증거가 되었다. 의견은 우리 인간의 자율성을 상징한다. 의견은 모든 신념들이 대량으로 평준화되었으며 모든 기준들이 유기되었고 진리가 제거되었음을 상징한다.

이 때문에 나는 참 괴롭다! 역사적 신앙에 관해, 교회가 수세기 동안 동의해온 교리들에 관해 몇몇 목회자들과 이야기를 나눠보려 하면 그때마다 이런 반응이 돌아온다. "글쎄요, 그건 목사님의 의견이지요. 우리에겐 우리 나름의 의견이 있고 우리 의견 또한 존중받아 마땅합니다."

역사적 신앙, 교회가 오랫동안 견지해온 교리 등은 개인의 의견을 초월한 진리이다. 사랑 넘치는 결혼이 증오와 불신보다 더 좋다는 데에는 모두들 동의하지 않는가? 인색한 것보다는 너그러운 것이 더 바람직하다고 모두들 생각하지 않는가? 세상은 폭력과 압제보다는 화평과 정의를 더 필요로 하지 않는가?

몇 년 전, 한 청년 집회에서 있었던 일이다. 사랑스럽게 생긴 한 자매가 나를 찾아와 진지하게 이야기를 나누고 싶어 했다. 그 자매는 성 윤리와 관련된 몇 가지 문제에 대해 내 생각을 물었다. 나는 성경에서 읽은 것에 근거해 아주 조심스럽게, 그리고 다년간 교육을 받으면서 습득한 윤리적 견지에서 답변했다.

그 자매는 내 대답을 듣고 이렇게 말했다. "그런데요, 전 그저 선생님의 의견을 듣고 싶을 뿐인데요."

"그건 내 의견이 아니에요." 내가 다시 말했다. "내 의견을 말한다면 그건 지금 내가 답변한 것과 정반대일 거예요. 성경의 진리에서 벗어나 모든 사람이 마음에 들어 할 그런 대답을 하고 싶으니까요. 저는 제가 지금까지 공부해온 모든 내용에 근거해 하나님이 이렇게 말씀하고 계신다고 생각하는 것을 제 능력 한도에서 가장 충실하게 이야기해드리려고 노력했습니다. 그게 제 빈약한 의견보다 훨씬 더 건전하고, 더 믿을 만하고, 영원한 진실하기 때문이지요."

그 자매는 놀란 듯 멍하니 나를 바라보았다. 개인적 의견의 중요성에 대해 어떻게 이의를 제기할 수 있을까? 어떻게 자신의 사적인 감정과는 다른 대답을 할 수 있을까? 공공연한 진리 같은 게 정말 존재할까?

그렇다, 그런 게 존재한다. 그 진리의 이름은 바로 하나님이다.

교만

우리 대부분은 끔찍할 정도로 비열한 죄나 가증스러울 정도로 혐오스러운 잔혹 행위 등에는 사실 별 관심이 없다. 그런 것들을 항시 경계해야 하기는 하지만 말이다. 모두가 알듯 "교만은 패망의 선봉이요 거만한 마음은 넘어짐의 앞잡이"(잠 16:18)이며 대부분의 극악한 죄는 그러한 교만에서 비롯되기 때문이다. 적당한 자부심(pride, 즉 우리가 하나님의 자녀라는 것을 기억하는 것)은 이러한(또는 이보다 좀 덜하다고 여겨지는) 죄들을 멀리할 수 있게 해주는 반면, 오히려 우리 자신이 선하다고 생각하는 교만은 경계심을 느슨하게 만들어 죄의 방아쇠를 당길 수도 있다.

교만이 빚는 가장 심각한 문제는, 우리 각 사람의 입장에서 가장 파괴적인 죄, 곧 하나님과 관계없는 존재로 살려는 의지로 드러난다는 것이다. 교만은 독립적 존재가 되고자 하는 우리 인간의 욕망, 자아를 무릎꿇게 하고 싶지 않은 지극히 '정상적인' 야망과 관련되어 있기 때문이다. 교만에 쉽게 매혹되는 우리는 정말 '자아'를 버리고 철저히 성령께 의지하는 법을 배워 우리 삶을 인도받을 수 있을까? 우리가 우리 자신을 원상회복 시키기엔 비참할 정도로 무능한 존재임을 깨닫기 위해서라도 가끔은 환멸이라는 날카로운 충격이 필요하다.

오스왈드 챔버스 Oswald Chambers는 자신의 베스트셀러 저서 『주님은 나의 최고봉 My Utmost for His Highest』에서 "자신의 독립성을 장사 지내는 곳에 가고 싶어 하지 않는 태도를 경계하라"[17]고 말했다. 마찬가지로 칼 바르트 Karl Barth도 "하나님의 뜻을 가장 중요히 여기는 사람들을 위해 하나님은 다른 모든 것은 다 벗겨내 없애신다"[18]고 말했다.

교만을 벗어 버리고 철저히 하나님의 소유가 되기 위해서는 결코 만만치 않은 대가를 치러야 한다. 그것은 우리의 모든 것이라 할 수 있는 '자아'를 희생해야 하는 일일 것이다. 예수님이 다음과 같이 말씀하신 것처럼 말이다. "누구든지 나를 따라오려거든 자기를 부인하고 자기 십자가를 지고 나를 따를 것이니라"(마 16:24).

자꾸만 '자아'에 집착하게 만드는 것이 바로 교만이며, 하나님을 의지하지 못하게 만드는 것이 바로 우리 자신을 신봉하는 마음이다. 우리가 십자가를 지는 유일한 이유는 바로 십자가에서 죽기 위해서라는 사실을 어떻게 해야 날마다 새롭게 깨달을 수 있을까?

심판

우리 사회는 이전 시대의 가혹한 판단주의 judgmentalism에 대한 염증 때문에 '심판' judgment이라는 말을 왜곡시켰다. 더 나아가, 웬일인지 사람들은 죄와 심판에 대해 이야기하는 것은 곧 현재 우리의 문화나 개개인이 이룬 정당한 업적을 부정하는 것이라는 생각을 갖게 되었다.

예수님이 "비판하지 말라"(마 7:1)고 말씀하셨는데, 우리 주님께서 이 말씀을 하신 것은 우리 자신의 죄성에 대한 무지와 남을 비판하게 만드는 위선을 꾸짖기 위함이지만 그런 전체적 맥락을 고려하지 않고 무조건 그 말씀을 취하는 이들이 많다. 비슷한 예로 누가복음 6:37의 "비판하지 말라"는 말씀은 하늘에 계신 아버지의 자비하심과 대조적으로 정죄하기 좋아하고 도무지 용서하려 들지 않는 사람들의 태도에 초점을 맞추고 있는 구절에서 등장한다. 요한이 예수님의 가장 가까운 친구이자 제자였다는 사실은 우리가 다 인정하는 바이다. 그럼에도 불구하고 사람들은 막무가내의 비판을 삼가야 할 이유를 언급하는 요한복음 7:24 말씀을 까맣게 잊고 지낸다. 가령 이 말씀에서는 겉모습으로 판단하는 것은 금하고, 공의롭게 판단할 것을 권면한다.

이 단어의 더욱 심각한 오염 현상은, 하나님은 공의롭게 심판하신다는 사실을 사람들이 믿지 않는다는 것이다. 현대 사회는 "하나님은 당신을 사랑하십니다"라고 말하기는 좋아하지만, 하나님이 우리의 죄성에도 불구하고 우리를 사랑하시는 것이지 우리가 사랑할 만한 존재들이기 때문에 사랑하는 게 아니라는 사실에 대한 고려는 전혀 없다. 더욱이, "하나님은 당신을 사랑하십니다"라는 개념은 우리를 사랑하시기 위해 하나님이 얼마나 큰 대가를 치르시는가에 대한 아무런 인식 없이 우리 입에 오르내리는 게 보통이다. 마지막으로, 이 단어의 이런 오염 현상을 오히려 신성시하는 이들은 하나님의 사랑에 심판이 포함된다는 사실을 잊고 있다. 즉, 하나님은 거룩한 심판을 통해 우리에 대한 삼위일체적 사랑을 드러내 보이시는 데 우리의 인생을 들어 사용하시는 것이다. 무엇보다도 하나님은 "우리의 유익을 위하여 그의 거룩하심에 참여하게"(히 12:10하) 하신다는 것을 기억하라. 설교학 교수인 토마스 롱 Thomas Long 은 이렇게 역설한다. "나는 하나님이 우리를 너무도 사랑하사 우리를 심판하실 것이라 믿는다."¹⁹

만약, 참된 사랑을 위해 어쩔 수 없이, 수고로울 만큼의 세심한 사랑과 긍휼로 다른 사람을 비판해야 할진대, 하나님이 그 사람과 우리 모두를 심판하신다고 믿고 그 확신을 표현하는 경우에만 우리의 비판은 공의로운 비판이 될 것이다.

사탄(또는 마귀)

19세기의 탁월한 시인 요한 볼프강 폰 괴테가 어떤 종교적 믿음을 가졌었는지에 대해서는 알려져 있지 않지만, 그런 그도 교활하고 영리하고 기만적이면서도 자신을 위엄 있는 존재로 인식하는 사탄, 곧 '항상 부정하는 영' the power that negate 의 실존을 언급했다. 『파우스트 Faust』에서 괴테는 메피스토펠레스라는 음험한 인물로 사탄(혹은 그의 수하)을 묘사했다(이런! '그의[his]'라니, 사탄에게 지금 무슨 대명사를 사용하고 있는 것인가? 사탄은 '그'ʰᵉ도 아니고 '그녀'ˢʰᵉ도 아니고 '그것'ⁱᵗ도 아니건만, 어쩔 수 없이 습관적으로 반복해 오던 표현법을 사용할 수밖에 없다. 어쨌든 나는 가능하면 성경에서 사탄을 일컫는 이름을 많이 사용하겠다).

재미있는 것은, 엄청난 인기몰이를 한 소설 해리 포터 시리즈가 궁극적인 악의 세력 볼드모트를 묘사할 때, 누가 보아도 성경의 용어가 분명한 이름을 사용하고 있다는 것이다. 어떤 장면을 보면, 해리가 '그 사람'You-Know-Who(두려움 때문에 해리와 친구들은 그 존재를 이렇게 칭한다)을 만난 것을 두고 반 친구들이 믿을 수 없다고 하자 해리가 화를 낸다. 이에 절친한 친구인 헤르미온느와 론이 해리를 진정시키면서 자기들은 해리의 말을 믿는다고 안심을 시킨다. 화를 낸 것에 대해 해리가 사과를 하자 헤르미온느는 덤블도어 교장이 사악한 자의 술책에 대해 경고했던 말을 두 소년에게 상기시킨다. 지난 번 학기 말에 교장 선생은 이렇게 말했다. "그는 불화와 반목을 일으키는 재주가 아주 비상하단다. 우리는 우정과 신의로 뭉쳐 강력하게 연대해야만 거기 맞서 싸울 수 있어."[20]

문학에서 찾아볼 수 있는 이 두 가지 예와 대조적으로, 오늘날에는 마귀나 사탄의 실존 개념이 정반대의 측면에서 이상할 정도로 오염되었다. 어떤 이들은 마귀 혹은 사탄이라는 이름과 그 실체는 아주 오래된 우주론의 산물로서 이제 어느 누구도 그걸 믿지 않는다고 간단히 무시해 버린다. 반대로 또 어떤 이들은 사탄이라는 존재를 최첨단 시대에 더 이상 어울리지 않는 덜떨어진 우주론의 산물로 몰아간다.

그러나 성경은 그 어느 쪽도 아니다. 성경은 마귀의 존재를 진지하게 받아들이되 — 사실 예수님도 사탄과 싸우지 않으셨는가 — 루시퍼를 딱히 뭐라고 규정하려 하지는 않는다. 우리를 고소하는 자가 하늘과 땅과 지옥, 세 층으로 이뤄진 우주의 어느 층에 존재한다고도 말하지 않으며, 악마적 존재를 설명하려고 하지도 않는다. 그저 악의 권세를 거론하면서 거짓의 왕이 어떤 역할을 하는지 해설하듯 설명할 뿐이다.

사탄의 존재에 대해 혼란이 일어나는 것은, 구약성경 어디를 보아도 사탄의 역사적 배경에 대한 이야기가 없다는 데에서 그 부분적인 이유를 찾을 수 있다. 당시 히브리인 성경 기자들은 악의 존재를 폭로하기는 했으나 그들이 철저하게 신봉하는 유일신론을 희생시키지 않고서는 사실상 그 악의 근원을 언급할 수 없었다. 그들의 유일신론은 궁극적으로 하나님이 만유의 근원이심을 강조했기 때문이다.

바벨론 포로 시대가 지나고 유대인들이 조로아스터교 및 그들의 이원론, 즉 선과 악이 똑같이 강력한 작인이라고 하는 이론을 접하고 난 후에야 비로소 우리는 '사탄'이라는 말이 제대로 된 하나의 이름으로 사용되는 것을 보게 되는데 그것도 역대상 21:1(삼하 24:1과 비교해 보라)과 스가랴 3:1-2이 고작이다. 그 외 다른 모든 시대에서는 이 이름은 '고소하는 자' the accuser라는 뜻으로 사용되며, '하 사탄' ha-satan과 같이 히브리어 관사와 함께 쓰인다. (고유명사가 아니라는 뜻이다). 히브리어 본문에는 '마귀' devil를 뜻하는 단어가 단 한 번도 사용되지 않는다.

신약성경에서는 '마귀'와 '사탄'이라는 이름이 번갈아 사용되며, 요한계시록 12:9과 20:2 모두 고유명사로 쓰이고 있다. 성경은 시종일관 단 한 번도 사탄을 하나님과 대등한 존재로 여기지 않는다. C. S. 루이스는 하나님의 맞상대란 있을 수 없다는 사실을 인식했다. 사탄은 하나님의 상대라기보다는 천사장 미가엘의 맞수 정도로 여겨진다.

이 모든 사실들이 중요한 이유는 무엇인가? 내가 생각하기에 우리가 만약 사탄의 존재와 그 파괴적인 힘을 무시한다면 그것은 심각한 실수이다. C. S. 루이스를 포함하여 많은 이들이 지혜롭게 주목했듯, 마귀의 존재와 관련하여 우리가 저지르는 실수에는 두 가지가 있다. 하나는 마귀를 너무 심각하게 받아들이는 것이고, 다른 하나는 필요한 만큼 충분히 심각하게 받아들이지 않는 것이다.[21] 믿음 안에서는 마귀를 두려워할 필요가 없고, 또한 마귀의 지배(그리고 그의 추종자들의 세력)가 우리의 이 혼란스러운 세상에서 위세를 떨치고 있음을 깨닫기 위해 반드시 그의 정체를 속속들이 설명할 수 있어야 하는 것은 아니다. 영국인 저술가 스티브 터너 Steve Turner는 사탄을 일컬어 "뒤틀기의 왕" the King of Twists이라고 하는데, 말과 이야기가 어떻게 뒤틀릴 수 있는지, 그리고 악의 다양한 힘들이 사람의 마음과 생각을 어떻게 뒤틀어 놓는지 그 예를 들자면 수도 없이 많다.[22]

나는 지금보다 더 '원시적'으로 여겨지던 시대의 문화에 비해 우리 시대의 문화가 그다지 세련되었다고 생각하지 않는다. 예를 들어, 마다가스카르에서 내가 만난 기독교 공동체들은 사탄의 존재와 그 외 다른 악의 세력들이 복음의 역사를 대적하고 있음을 확실히 인식하고 있었다. 그곳에서 기독교가 융성하고 있는 것은 예수님을 따르는 이들이 악한 영들과 그 세력들을 몰아낼 능력이 있다는 데에서 부분적인 이유를 찾을 수 있다. 미국에서도 나는 일종의 악한 영들 혹은 악의 세력들과의 물리적 싸움을 경험했다. 예를 들자면 악한 영이 우리 대학의 학생 한 사람을 괴롭히다가 내가 "예수 그리스도의 이름으로 사탄아 물러가라"라고 소리치자 비로소 그 학생을 떠나갔다.

한편, 요즘 일부 종파 중에는 중세적 개념의 사탄론으로 돌아가기를 원해 결과적으로 현대 천문학에 의해 광범위하게 논박당한 전근대적 우주론을 전개시키는 이들도 있다. 이런 사람들은 악의 실제와 그 하수인들에 대해 자신들이 성경보다 더 많이 알고 있다고 생각하는 것 같다.

세계적으로 존경받았던 20세기의 신학자 아서 칼 핍콘 Arthur Carl Piepkorn은 오염된 사탄론을 바로잡을 수 있는 건전한 제안을 한 바 있다. 핍콘은 마르틴 루터의 아침 기도문 중 "주님의 거룩한 천사로 하여금 나와 함께 있게 하사 사악한 대적이 나에 대해 아무런 힘도 쓰지 못하게 하소서"라는 문구를 인용하면서 자신이 다음과 같은 사실을 깨달았다고 말한다.

우리의 우주에는 하나님과 인간과 무생물 외에 또 존재하는 게 있다. 보이는 피조물과 보이지 않는 피조물 사이의 문간에 서 있는 내 신비로운 이중적 본질은 내 주변의 수성(獸性)과 내 안에 잠복해 있는 수성의 지시에 따라 움직일 뿐만 아니라 문지방 저쪽에 있는, 내가 그저 모호하게만 알고 있을 뿐인 영적 세력이 하라는 대로 해야 하기도 한다. 우리 시대에서는 사탄과 그 부하들이나 빛의 천사들 모두 성경의 데이터로도 그리고 내 인간적 경험으로도 완전히 제어할 수 없을 만큼 과도하게 의인화되어 있고 과도하게 객관화되어 있다. 마귀가 무엇이고 누구이든 간에, 그리고 정사와 하늘에 있는 악한 영들의 권세가 무엇이고 누구이든 간에, 나는 그들의 악의의 잠재적 희생자이고, 그래서 나에게는 그들의 질서에 속한 자의 도움이 필요하다. 마찬가지로, 천사가 무엇이고 누구이든 간에 나는 그들을 구원을 얻은 사람들을 섬기라고 하나님께서 보내신 섬기는 영들로서 믿고 의지한다(히 1:14). 궁극적으로 이는 나에게 큰 위로요 격려가 된다. 사탄조차 하나님이나 신이 아니다. 그는 천사의 한 부류일 뿐이고, 가장 힘센 자가 아니다. 미가엘이라고 하는 천사가 그를 패퇴시킨 것을 보면 알 수 있다(계 12:7-9).[23]

예수님이 그러셨듯 우리도 마귀의 존재를 진지하게 받아들여야 하지 않겠는가? 그리고 예수님이 마귀는 물론 모든 악의 세력과 싸워 승리하셨다는 사실을 믿고 안심해야 하지 않겠는가?

통치자들과 권세들

이 주제는 두 가지 방향에서 훼손되었다. 통치자들과 권세들을 '시대에 뒤떨어진 우주론'이라는 쓰레기통에 보내버리는 이들이 있고, 다른 한편 통치자들과 권세들을 (성경에서 사실상 전적으로 개별적인 언어 범주를 형성하고 있는) 영들이나 천사들과 동일시하는 (그럼으로써 혼동하는) 이들이 있다. 이 중 후자에 속하는 사람들은 중세적 이미지로 치장한 군대가 하늘을 날아 공격해 온다는 섬뜩한 소설을 써서 이 단어의 오염 상태를 자랑한다.

성경에서 통치자들과 권세들에 대해 언급하는, 몇 안 되지만 다양한 구절들을 찾아보면 이에 대해 좀더 성경적으로 생각해 볼 수 있다. 가장 중요한 것은, 통치자들은 선한 일을 위해 하나님이 창조하셨다는 점이다(골 1:16).

하지만 통치자들과 권세들은 세상과 함께 타락했다. 참으로 아이러니한 것은, 인간이 죄된 본성을 지니고 있음은 시인하면서도, 권세들이 비록 하나님에 의해 그리고 선한 일을 위해 창조되긴 했지만 세상과 함께 타락했고, 하나님 나라가 완성될 때 온 우주가 구속될 것을 탄식하며 기다리고 있다(롬 8:19-23)는 사실은 인정하지 않는 사람들이 많다는 것이다. 통치자들을 ─ 법으로나, 하나님의 전신갑주를 입고 벌이는 씨름으로나(엡 6:10-20), 사회적 관례로나 혹은 다른 권세로 감시하지 않고 ─ 그냥 내버려두면 그들은 주어진 본분을 넘어 우리 삶에서 신(神)이 돼버리는 경향이 있다(고전

8:4-5).

예수님의 십자가 죽음은 놀랍게도 통치자들과 권세들의 일면을 폭로한 사건이었다(골 2:15). 종교 지도자들이 자신들의 권력을 이용해 정치인들을 주무른 장면에서, 우리는 그들의 리더십이 타락했음을 목도할 수 있다. 재판은 공정하게 이뤄져야 한다는 율법이 위반된 사건은, 정치 제도가 압제하는 권력으로 변질되었음을 보여주었다. 예수님과 동행하며 언제까지든 순종할 것 같던 제자가 미혹되어 배신을 저지르게 된 것은 돈이 마몬 신으로 작용했기 때문이다. 이 세 가지 사례만 보아도 종교 지도자들, 정치 제도, 제자보다 더 큰 집단과 세력이 거기 연루되어 있음을 알 수 있다.[24]

상세한 설명이 없는 이런 사실들 — 그리고 권세들에 대한 명확한 설명도 없고 심지어 그게 무엇인가에 대한 정의조차 전혀 내려져 있지 않다는 점 — 은 우리로 하여금 권세의 존재나 본질에 관해서가 아니라 인간이 연루된 이 세력, 과도한(초자연적) 위력을 지닌 이 힘의 역할에 관해 질문하게 만든다. 예를 들면, 돈(마몬)은 어떻게 해서 우리를 그토록 좌우지하는가?

돈과 관련된 문제를 단순히 개인적 죄로 생각하는 일이 없도록 하기 위해 돈이 왜 그렇게 인간관계와 국가의 공익과 지구촌의 정의와 순전한 세계 평화에 피해를 끼칠 만큼 온 나라와 국내 정치와 경제 전반과 국제 정치를 좌우하는지 묻기로 하자.

이런 저런 권세들은 대개 서로 긴밀하게 연관되어 있다. 전 세계적으로 전쟁에, 그리고 전쟁 물자를 조달하는 일에 그렇게 많은 돈이 쓰이는 이유는 무엇인가? 이와 연계된 다른 사실을 지적하자면, 우리의 경제는 왜 시민들이 새롭게 업데이트된 기술 도구들을 점점 더 많이 구매하는 데만 치중하는가? 왜 사람들은 늘어만 가는 패스트푸드 소비량을 상쇄시키기 위해 건강 증진 식품이나 살 빼는 약 등에 점점 더 많은 돈을 쏟아 붓는가? 왜 기업의 마케팅 비용이 전체 예산의 상당 부분을 잠식하는가?

120여 명의 감리교인들이 조지 부시 전 대통령에게 다음과 같은 편지를 보낸 것은 잘못된 일인가?

> 우리가 세례 받을 때에 함께했던 서약을 신실하게 삶으로 구현할 것을 아픈 마음으로 대통령께 촉구합니다. 정부가 시행한 일련의 정책들에 오늘날 우리 세상에 존재하는 악한 영적 권세들의 흔적이 있다는 것이 우리의 판단입니다.
>
> 대통령께서는 이라크라는 주권 국가를 상대로 무력을 동원한 선제 공격이 평화를 지키기 위해서라고 말씀하셨습니다. 구속을 위한 폭력이라는 이 개념은 그리스도와 그분의 가르침과 조화를 이루지 않습니다. 평강의 왕을 따른다는 것은 결코 쉬운 일이 아닙니다. 여기에는 정의를 추구하는 용기, 인자를 베풀기 좋아하는 깊은 긍휼, 그리고 겸손하게 하나님과 동행하고자 하는 끈기 있는 결단이 요구됩니다.[25]

상황이 마땅히 이러이러하게 되어야 하는데 왜 그렇게 되지 않을까 하고 의문이 들 때에는, 세상의 유익을 위해 창조된 통치자들과 권세들이 세상의 타락에 동참해 그 본분에서 벗어나게 행동하고 있다는 성경의 통찰을 믿는 게 더 지혜로운 일일 것이다. 우리의 싸움은 "혈과 육에 대한 것이 아니요 통치자들과 권세들"(엡 6:12)에 대한 것임을 기억한다면 대통령의 정책 결정과 그에 따른 무력 행사가 조금은 덜 폭력적이 되지 않을까?

세상

현재 우리 세상의 형세를 비판하는 이들을 향해 사람들은 너무 부정적이다, 비관주의자다, 냉소적이다, 보수적이다, 결벽주의자다 라고 하며 곧잘 비난한다. 그런데 사실 우리는 현실주의자들이다. 게다가 그 중에서도 나는 미래에 대해 아주 희망적 전망을 품고 있는 사람이다. 하지만 현재 우리의 세상이 문제라고 하는 개념은 현대인들이 이 말의 뉘앙스를 이해할 능력이 없다는 사실로 인해 오염되어 왔다. 세상을 이루고 있는 여러 요소들을 비판한다는 것은 우리가 세상이라는 존재 전부나 세상이 주는 선물을 거부한다는 뜻이 아니다.

성경은 세상의 좋고 나쁨에 대해 훨씬 더 열린 태도를 취하고 있다. '세상' world 이라는 말은 상황에 따라 긍정적인 뜻을 함축할 수도 있고 부정적인 뜻을 함축할 수도 있으며 중립적인 뜻을 지닐 수도 있는 단어들 가운데 하나이다. 예를 들어 요한복음은 이 우주를 위해 하나님이 베푸신 사랑(3:16), 구원(3:17, 4:42), 생명(6:33, 51), 빛(3:19, 8:12, 9:5, 11:9) 등의 선물을 강조하기 위해 이 단어를 사용하고 있다. 바리새인들은 예수님이 나사로를 살리신 이로 인해 온 '세상'이 자신들의 말에 귀기울이기보다 예수님을 따르게 됐다며 불평했다(요 12:19). 그런 한편 요한복음은 '세상'이 예수님을 몰랐고, 세상의 죄가 치워 없어져야 하며(1:29), 세상은 그분을 거부하는 사람들의 장소(8:23)라는 사실 또한 폭로한다.

마르틴 루터는 악의 근원에 "마귀, 세상, 그리고 나의 죄스런 육신"이라는 이름을 붙여 주었는데 이로 보아서 루터 역시 위와 같은 입장에서 그리 멀리 떨어져 있지 않음을 알 수 있다.

우리가 만약 하나님이 그러셨던 것만큼 철저히 세상을 사랑한다면, 그리고 세상을 어둠의 지배에서 해방시켜 궁극적으로 회복시키는 일에 하나님만큼 몰두한다면, 그러면서도 '타락'의 결과에 대해서는 여전히 경계를 늦추지 않고, 타락의 잔재가 남아 있는 동안 세상을 지배하려 드는 '통치자들과 권세들'에 대해서도 방심하지 않는다면, 우리 그리스도인들은 아마 온 세상과 좀더 나은 관계를 맺으며 살 수 있을 것이다.

지옥

네덜란드와 러시아 주재 미 공사를 지냈고 상원의원과 국무장관을 거쳐 대통령이 되었으며 후에 다시 하원의원을 지낸 존 애덤스는 '지옥'이란 말의 참 의미를 알았던 것이 분명하다. 1841년 3월 29일, 노예제도를 반대하여 자신의 일기에 다음과 같이 기록한 것을 보면 말이다.

> 세상, 육신, 그리고 지옥의 모든 마귀들이 정렬했다. 북미 연합에서 전능하신 하나님의 뜻에 용기 있게 동참해 아프리카인 노예 교역을 억제시키는 일에 나서는 모든 이들을 대적하려는 것이다. 이제 일흔 네 번째 생일을 앞두고 있는 내가 무엇을 할 수 있을까? … 하나님과 인간을 위해 내가 무엇을 할 수 있을까? … 하지만 양심은 나에게 자꾸 재촉을 한다.[26]

오늘날 지옥의 세력과 싸우기 위해서는 이러한 용기와 끈기가 필요하다.

그런데 오히려 요즘 사람들 중에는 '지옥'의 존재를 무시함으로써 음부에 관한 성경의 진리를 오염시키는 이들이 많다. 그리고 신학적 스펙트럼 반대편에는 마치 영화에서나 볼 법한 상세한 묘사들로 지옥의 공포를 그릇 강조하기를 좋아하는 이들이 많다. 그런 이들은 사람들을 지옥에 치넣기 위해 열심인 것처럼 보인다. 그런 식으로 복수할 권리라도 있는 것처럼 말이다.

'지옥'이라는 말이 오염되는 또 한 가지 방식은 이 말을 너무 경솔하게 사용하는 것이다. 걸핏하면 "지옥에나 가라"는 말을 하는 사람들이 과연 그 말의 결과에 대해 진지하게 생각이나 해보는지 나는 궁금하다. 내 몸이 지닌 여러 장애들이 떼를 지어 점점 더 통증을 일으킬 때 "정말 지옥 같은 아픔이야"라는 말을 내뱉는 나 역시 이 단어를 하찮은 것으로 만들고 있음을 잘 알고 있다. 사실인즉, 진짜 지옥 말고는 지옥 같은 고통은 없다!

오늘날 지옥이라는 말이 이런저런 방식으로 오염되는 것은 우리가 '지옥'을 특정한 상태보다는 하나의 장소와 연관지어 생각하기 때문이다. 옛날 신학자들이 상상으로 묘사했던 그런 장소로 치부해 버리기 쉬운 것이다.

지옥이라는 상태는 내가 상상할 수 있는 최고의 공포이다. 다시 말해 그것은 하나님이 없는 상태이다. 때로 우리는 우리 자신을 그런 속박 안으로 밀어 넣을 때가 있으며, 이런 상태는 우리가 경험할 수 있는 가장 깊은 절망으로 이어진다. 영원히 하나님 없이 지낸다는 게 무슨 의미일지 우리가 참으로 알 수는 있을까? 성경은 일부 사람들이 바로 이런 심판을 받기를 선택한다고 주장한다. 즉, 그들은 참 빛 되신 한 분의 임재보다 어둠을 더 사랑한 것이다(요 3:19).

C. S. 루이스는 그의 걸작 『천국과 지옥의 이혼 The Great Divorce』에서 이 쪽을 선택하는 사람들의 여러 유형에 대해 설명하고 있

다.²⁷ 그 책을 처음부터 끝까지 읽다보면, 그리고 그에 앞서 성경을 읽다보면, 지옥에 관한 두 가지 중요한 사실이 드러난다. 즉, 하나님은 우리를 너무도 사랑하셔서 현재에서나 영원 세상에서 우리가 그 어떤 종류의 지옥에든 들어가기를 원하지 않으신다는 것과, 하나님은 우리를 너무도 사랑하셔서 천국을 억지로 우리에게 강요하지도 않으신다는 것이다.

흥분되는

현대 의학계는 "주의력 결핍 장애"Attention Deficit Disorder라는 병명을 새로 만들어냈다. (과잉행동이 나타나는 ADHD와 달리 집중만이 잘 안 되는 경우이다.) 어떤 사람에게는 이 문제가 정말 심각하고 생활하는 데 어려움을 겪기에 병원을 찾게 된다. 하지만 어떤 이들의 경우, 이는 그저 자기 절제가 부족하거나, 자라면서 부모의 지도를 제대로 받지 못했거나, 디지털 및 시각적 자극에 의존하는 치우친 습관이 들었거나, 사람의 몸은 활동과 휴식의 균형을 맞춰야 하는데 그런 필요를 인식하지 못한 채 자의로나 타의로 온갖 일에 매여 있거나, 군중 속에서 고독감을 느끼거나 하기 때문일 때가 많다. 이런 경우 "주의력 결핍 장애"ADD 진단은 책임을 면피할 빌미를 제공한다.

이렇듯 우리의 책임을 면피해 줄 만한 "주의력 결핍 장애"의 한 증상이 바로 "흥분되다"Exciting는 단어의 오염 현상이다. 요즘에는 모든 것이 짜릿한 흥분감을 제공해야 한다. 우리는 한 가지 강렬한 경험을 한 후 또 다른 강렬한 경험으로 옮겨 다니면서 그 흥분의 수준이 계속해서 고조되기를 기대한다. 게다가 어떤 것이 '흥분'되려면 대개는 '새로운' 것이어야 한다. 실로 이 두 단어를 꼭 집어내는 것만으로도 이 시대 문화가 계속적인 자극을 필요로 하고 있다는 이슈를 제기할 수 있다.

여러 다양한 분야에서 이러한 현상이 어떤 결과를 낳는지 분명히 확인할 수 있다. 이를 테면 교회는 예배에 관해 기존에 알고 있던 진리들을 다 버려야 한다. 그래야 교회 공동체의 예배 체험이 새롭고 짜릿한 흥분감을 제공할 수 있기 때문이다. 언젠가 한 신문의 종교 섹션을 보니 부활절 예배를 알리는 기사에서 단 하나만 빼고 모두 '흥분'이라는 단어를 쓰고 있었다. 무엇이 부활절 예배를 그렇게 만들었는가? 추측컨대, 대부분의 경우 그런 단어를 선택하게 된 동기는 부활하신 그리스도께서 우리 가운데 임재하시기 때문이 아니었다. 정말로 그렇다면 다른 단어를 고르는 게 적절했을 것이다.

비슷한 예로, 요즘에는 초등학교 교육 자료와 프로그램들도 늘 새롭고 흥분감을 제공해야 한다. 경험 많은 교사인 내 남편은, 대다수의 그 자료들과 프로그램은 교사로 하여금 더 잘 가르칠 수 있게 하고 아이들은 성실하게 배울 수 있도록 하기 위해 개선된 것들이 전혀 아니라고 했다. 남편은 '흥분된다'는 단어를 불신했다. 광고는 그렇게 한다 해도 내용은 대개 광고와 다르다는 것이 남편의 생각이었다.

내가 이런 가혹한 비판을 제기하는 주된 이유는 아이들을 잘 키우고 가르치기 위해서도, 교회의 예배 인식을 향상시키기 위해서도 아니다(비록 용어 사용에 좀더 주의를 기울이는 게 도움이 되는 경우도 있지만). 그보다 이는 바로 나 자신을 위해서이다. 자극을 필요로 하는 이 문제에 대해 나는 깊이 생각해볼 필요가 있다. 기도할 때 내가 ADD 증상을 보이는 것 같아서 말이다.

죽음

장례식장에서 우리는 사람이 죽음을 생각하는 방식이 심각하게 오염된 현장을 접하게 된다. 내 사촌 여동생이 예기치 않게 세상을 떠났을 때의 일이다. 졸지에 아내를 잃고 혼자가 되어 앞으로 홀로 농장을 운영하며 고군분투할 여동생의 남편을 보면서, 나는 "그녀가 세상을 떠난 건 하나님의 뜻"이라고 말하는 사람들을 한 대 후려치고 싶었다. 비슷한 예로, 아이를 잃은 어떤 어머니에게서 들었는데, 비록 좋은 의도로 하는 말이긴 했지만 자기 아이가 죽었을 때 가까운 동료 그리스도인들이 "당신보다는 하나님께 그 아이가 더 필요했나 보다"라는 말을 듣고서는 몹시 격분했다고 했다. 그 어머니는 그렇게 말하는 사람들을 향해 "그렇다면 하나님이 자기를 위해 직접 아이를 하나 더 창조하셨으면 좋았을 텐데요?"라고 쏘아붙이고 싶었다고 한다.

사람들은 어쩌면 그렇게 이웃의 커다란 상실에 무정할 수 있을까? 어떻게 그렇게 우리의 원수인 죽음을 실제보다 하찮게 취급할 수 있을까?

반대로, 어떤 이들은 죽음을 실제보다 과하게 취급해 죽음에 관한 진리를 오염시킨다. 죽음을 형벌로 여기는 사람들, 죽음이란 오직 절망의 근원이요, 병자를 반드시 고쳐줄 의무는 없지만 돌봐줄 의무는 있는 의료 행위의 패배이며, 최종적인 소망 없음으로 여기는 사람들이 바로 그들이다.

우리가 '오염'이라고 이름붙일 수 있는 오염 현상들은 모두 죽음을 과대평가하거나 과소평가한다.

성경은 죽음이 원수 enemy라고 말하되 또한 쏘는 것 sting을 잃은 원수라고도 말한다.

죽음은 보편적인 원수이다. 왜냐하면 사망률은 누구에게나 똑같기 때문이다. 즉 모든 사람은 예외없이 죽음을 겪는다. 하지만 죽음은 그 날카로운 침 sting을 잃었다. 예수 그리스도께서 친히 죽음을 겪고 죽음 저편의 세상에서 전혀 새로운 피조물의 첫 열매로 나오사 죽음을 물리치셨기 때문이다.

다음 두 가지 진리를 균형 있게 유지할 때에만 우리는 죽음을 바로 대할 수 있다. 죽음은 원수이다. 죽음은 우리에게서 사랑하는 사람을 앗아가고, 잠재적 능력을 다 발휘하기도 전에 그들을 데리고 간다.

하지만 죽음은 그 쏘는 것을 잃었다. 우리가 사랑하던 사람들은 (죽음을 겪으면서) 고통에서 해방되었다. 나이든 사람은 "본향으로 돌아가기를" 간절히 바란다. 병약했던 사람들은 결국 (죽음을 지나며) 이 세상에서의 연약함에서 건짐 받는다.

인간적으로 생각할 때 우리는 죽은 사람이 세상에서 풍성한 삶을 살았을수록 원수로서의 죽음, 쏘는 것을 잃은 죽음이라는 두 가지 진리를 더 쉽게 조화시킬 수 있다고 여긴다. 하지만 영적으로 생각할 때 이 두 가지 진리는 예수님이 사랑하는 사람을 잃은 우리와 함께 슬퍼하신다는 것과 그리스도의 부활은 죽음이 최종 결말이 아니라는 확실한 소망을 준다는 것을 확신할 때 가장 쉽게 균형을 이룰 수 있다. 하나님께 감사할 일이다![28]

초대 교회의 설교가 요한 크리소스톰이 표현한 이 은밀한 환희를 우리도 깨달아 알 수 있을까?

신실하며 하나님을 사랑하는 사람이 있을진대,
이 찬란한 승리의 잔치에 오게 하라.
지혜로운 제자인 사람이 있을진대,
기쁨으로 주님의 기쁨 가운데 들어오게 하라.
(첫 새벽부터 밤늦게까지 일하는) 너희 모든 자들이여,

너희 주님의 기쁨 가운데 들어오라.

부자와 가난한 자가 함께 고상한 잔치를 거행하라. …

한 상 가득 차려졌으니 너희 모든 자들이여,

호화스러운 잔치를 즐기라.

송아지는 더 살쪘으니 한 사람도 주린 배로 돌아가지 말라.

믿음의 잔치를 즐기라, 하나님 자비의 부요함을 받으라.

단 한 사람도 자신의 빈곤함으로 인해 비탄에 잠기게 하지 말라,

하나님 나라의 풍요로움이 계시되었나니.

단 한 사람도 자신의 불법으로 인해 울게 하지 말라,

죄사하심이 무덤에서부터 빛나나니.

단 한 사람도 죽음을 두려워하게 하지 말라,

구세주의 죽음이 우리를 자유롭게 하나니.

죽음에 의해 포로로 잡혔던 분이 죽음을 멸절시키셨도다.

죽음으로 내려가사 죽음을 사로잡으셨도다.

그분이 죽음을 격노시켰도다, 죽음이 그분의 살을 맛보았을 때…

죽음이 격노했으니, 패퇴를 당했음이라.

죽음이 격노했으니, 조롱을 당했음이라.

죽음이 격노했으니, 폐하여졌음이라.

죽음이 격노했으니, 타도되었음이라.

죽음이 격노했으니, 사슬에 매였음이라.

죽음이 한 육신을 받아 하나님을 대면하여 만났더라.

죽음이 땅을 취하고 하늘과 부닥쳤더라.

죽음이 보이는 것을 취하고 보이지 않는 것 위에 무너졌더라.
오 죽음이여, 너의 쏘는 것이 어디 있느뇨?
오 무덤이여, 너의 승리가 어디 있느뇨?
그리스도는 부활하시고 너는 타도되었도다.
그리스도는 부활하시고 마귀는 넘어졌도다.
그리스도는 부활하시고 천사들은 기뻐하도다.
그리스도는 부활하시고 생명이 다스리도다.
그리스도는 부활하시고
무덤에는 단 한 사람의 망자도 남아 있지 않도다.
이는 그리스도,
곧 죽음에서 부활하신 이가 잠들어 있는 자들의 첫 열매가 되심이니,
그분에게 영광과 존귀가 영원토록 있을지라, 아멘.[29]

그렇다면 우리가 마치 죽음이 만사의 끝인 양 자신의 업적을 과장하고, 후대에 기억될 유산을 쌓으려 애쓰고, 할 수 있을 때 모든 경험을 다 시도해보려 하고, 죽음에 가까이 가게 만드는 사소한 질병 하나하나로 인해 두려움에 휩싸여 살 이유가 무엇인가?

하나님이 여기 이 땅의 우리에게 이미 주신 영생을 산다면 이 모든 게 어떻게 달라질지 한번 생각해 보라! 죽음은 멸절되었는데 우리는 왜 그토록 많은 죽음 가운데서 살고 있는가?

3부

하나님의 행위

하나님의 행위

성경 해석에 있어, 한동안 학자들이 본문의 의미를 파악하고 신학의 체계를 세우고 하나님이 어떤 분이신지 논의하는 한 방법으로서 '하나님의 행위'Acts of God에 초점을 맞춘 적이 있었다.

물론 이것은 하나의 오염 현상이었다. 하나님은 '신의 행위'라는 주제로 간단하게 요약되기에는 너무도 장엄하신 분이고, 성경은 하나의 체계로 정리되기에는 너무나 많은 경이로 충만해 있으며, 성경 본문은 행위로만 환원되기에는 너무도 다채로운 의미를 지니고 있다. 설령 하나님의 어떤 행위 한 가지를 설명하는 본문을 열심히 연구한다 해도 하나님의 불가항력적인 뜻에 따른 그 행위가 인간 역사 전체와, 우주 전체, 그리고 영원 세상을 통틀어 의미하는 바가 무엇인지 다 이해할 수는 없다.

우리는 그 행위가 지닌 심오한 의미와 중요성을 새로운 차원으로 하나님이 계속 우리에게 계시해 주실 것을 기대하면서 오직 겸손함으로 하나님이 하신 일을 바라볼 뿐이다. 필립 얀시가 프레드

릭 비크너와의 인터뷰를 요약한 말에서 드러나듯, 비크너는 "하나님은 세상 가운데 살아 계시고 현존하신다"고 깊이 믿고 있지만, "하나님은 '깊고 강력하며 아름다운 하나의 신비를 우리로 하여금 잠깐 일별하게만 하실 뿐이며, 만약 잠깐 보는 게 아닌 다른 어떤 방식으로 계속 보게 될 경우 우리는 아마 멸절되고 말 것이다. 그 신비는 그 정도로 깊고 강력하고 아름답다'"는 사실을 아주 당연히 여기고 있다.

우리는 하나님이 우주의 역사와 상호 작용하시는 것을 볼 때 대홍수, 산상에서의 현현, 도성의 성벽을 무너뜨리신 것, 불 병거가 홀연히 하늘로 사라지는 것, 놀라운 부활, 자력을 지닌 듯한 설교나 감정을 고조시키는 음악 등과 같이 하나님이 극적으로 개입하시는 장면만 보면서 그 상호 작용의 개념 전체를 오염시킨다. "하나님은 하늘 높이 계시면서 주기적으로 번갯불처럼 신속히 인간 역사에 개입하신다"고 여기는 사람은, 하나님이 우리가 지각할 수 있게 임재해 주실 때 "그 임재는 대개 오랜 기다림과 회의 뒤에 오는" 것이라는 사실을 인정하지 못한다.

비크너는 얀시가 전하는 말을 통해 이와는 아주 다른 모델을 제시하는데, 그것은 하나님이 "역사 아래에" 영구히 임재하시면서 "역사를 계속 지탱하시고, 때로는 빙산의 꼭지점처럼 눈에 보이는 행위들을 통해 역사의 지표를 뚫고 분명한 시계(視界) 속으로 그 임재를 드러내시기도 한다"는 것이다. "그 극적인 융기를 알아차리는 데에는 그다지 많은 영적 훈련이 요구되지 않지만 — 그러니까

애굽 왕 바로도 별 어려움이 없었을 것이다—믿음으로 사는 삶이란 지표 밑까지도 탐구하는 삶이며, 하나님의 초월성이 어디에서 그 미세한 음을 낼지 항상 예민하게 귀를 열어 놓고 있는 삶이다."¹

  여기 제3부에서는 하나님의 행위와 관련된 몇 가지 용어들을 바로잡는 시도해보려 하는데, 그 용어 중에는 참으로 장엄한 것들이 많다. 이 용어들에 대한 우리의 탐구가 더 거대한 빙산(거룩한 불)에 대한 탐색을, 하나님이 어디 계시며 어떻게 임재하시는지 발견하는 무한한 탐험을 연습할 수 있게 해주기를 소망한다.

신비

하나님이 일하시는 방식을 우리는 흔히 '신비' 즉, 미스테리Mystery라고 칭한다. 하지만 예전에 읽은 미스테리 소설을 떠올리며 그 '미스테리'의 의미를 희석시킨다면 신약성경에 쓰인 원래 용어 '뮈스테리온' musterion의 의미를 훼손시키는 일이다. 미스테리 소설 중에서도 가장 독창적인 것들, 이를테면 도로시 세이어즈나 G. K. 체스터튼 같은 거장들의 작품을 읽어본다면 조금 도움이 될지도 모르겠다.² 그리스도인인 이 명민한 작가들의 작품에는 지극히 복잡한 수수께끼가 등장하는데, 수수께끼를 풀 수 있는 단서는 한 번에 한 가지씩만 발견되며, 이 단서라는 것도 독자가 머릿속으로 구성했을지 모르는 성급한 이론들을 완전히 흩뜨리는 경우가 많다. 세이어즈의 소설 속 주인공 피터 윔지 경이나 다른 누군가가 결국 모든 문제를 해결하기는 하지만, 대개 놀라운 반전으로 끝나 책을 다시 한 번 읽게 되거나 한동안 깊은 생각에 잠기게 만든다.

이와 유사하지만 훨씬 거대하고 강렬한 미스터리가 있다. 바로 하나님에 대해 그리고 하나님이 어떻게 인류와 우주를 구하셨는가 하는 문제를 파헤치는 내용으로 이에 대한 해답을 얻으려 할 때 퍼내고 퍼내어도 고갈되지 않는 단서들이 주어져 있다. 각각의 단서들은 이제까지의 상황을 역전시키기도 하고, 이따금씩은 우리가 붙들고 있던 모든 이론을 일순간 날려 버리는 무언가를 발견하기도 한다(아니 좀더 정확히 말해 무언가가 우리에게 계시된다).

우리가 그 모든 상황을 제대로 파악하기 위해서는 영겁의 세월로도 모자랄 것이다. 하지만 성경, 우주, 교회, 그리고 우리 마음속에 거하시는 성령께서는 하나님의 장엄하심에 대해 계속 힌트를 제공하고 있다. 미스터리가 한 자락씩 드러날 때마다 그보다 더 심오한 미스터리가 펼쳐진다. 한 자락 한 자락씩 그 미스터리에 대한 통찰을 얻을 때마다 우리의 갈망은 더욱 자극된다.

아, 그렇다! "흐릿한 유리를 통해 무언가를 본다"는 게 바로 그런 것이다.

성경에 관하여 내가 답을 알지 못하는 질문을 받을 때, 혹은 고통이나 악과 같은 인생의 난해한 문제들과 씨름할 때, 나는 결국 "나중에 *그곳*에 들어가 하나님을 대면하게 될 때 여쭤봐야지"라고 생각하면서 나 스스로를 위로한다.

모든 신비 가운데 최고의 것은, 내가 그곳에 들어가게 될때 더 이상은 무엇을 질문할 필요가 없으리라는 것이다.

(하나님의) 이야기

요즘에는 '이야기' story의 관점에서 성경과 교리와 교회를 논하는 것이 유행이다. 물론 기독교는 이스라엘과 나사렛 예수에 관한 여러 이야기 및 그 이야기들의 의미에 관한 몇 가지 주장에 근거하고 있는 게 사실이다.

하지만 그 내러티브를 얼마나 신뢰할 수 있으며, 특정 민족에게 국한된 이야기를 보편적으로 적용할 수 있는가에 대한 우리의 태도에 의해 이 단어는 몇 가지 방향에서 오염되고 만다. 어떤 이들은 성경의 이야기를 단순히 풍부한 상상력이 빚어낸 비현실적인 내용으로, 혹은 미망에 빠진 사람들이 만들어낸 과장된 전설쯤으로 치부해 버린다. 어쩐지 이런 견해에는 내 속을 거북하게 만드는 오만함이 느껴진다. 그들은 자신들이 이야기 밖에 있으니, 이야기 속에 살고 있는 우리는 정작 우리가 말하고 있는 내용을 잘 모른다고 단언한다. 정말 그럴까? 무엇이 현대인들로 하여금 자신들은 이전 시대 사람들보다 현저히 똑똑하다는 식으로 어깨에 힘을 주게 만들었는가? 현대인들의 요란하고 광기어린 삶, 주식 시장의 시황 보도에 매달려 사는 사람들, 폭력에 길들여진 오락, 잠시도 쉬지 못하게 하는 각종 전자 장비들, 자기가 살고 있는 땅덩어리를 아낄 줄 모르고 흥청망청 낭비하는 모습을 보면 아무리 생각해도 이 시대 사람들이 그렇게 더 지혜로워 보이지 않는다.

스펙트럼의 반대쪽에서는, 하나님의 이야기를 교조화하려는 사람들에 의해 이 단어가 오염된다. 그들은 자신들의 교리에 지나치게 엄숙해져서 그 이야기를 새롭게 탐구해보지 않고 생각 없이 반복하거나, 그 이야기 및 그에 대한 자신들의 생각을 내부자들만 이해할 수 있는 전문용어로 바꾸어놓고 그 외 사람들과 의사소통하지 않는다. 그 결과 하나님의 이야기는 어느 누구도 초대받지 못하는 사적인 이야기가 되고 만다.

하나님의 이야기는 크고 넓으며 지금도 계속해서 넓어지고 있다. 내가 지금 이 글을 쓰고 있는 책상 위 벽에는 중국 쿤밍에 사는 한 화가가 그린 아주 멋들어진 그림 한 점이 걸려 있다. 중국 여러 지역과 세계 각지에서 온 사람들이 각기 전통 의상을 입고 언덕 아래로 물밀듯이 몰려와 각자 악기를 연주하고 춤을 추면서 예수님 주변으로 모여드는 장면을 표현한 그림이다. 그림은 "각 나라와 족속과 백성과 방언에서 아무라도 능히 셀 수 없는 큰 무리가" 예수님께 예배하기 위해 모여드는 요한계시록 7:9-12의 영광스러운 광경을 묘사하고 있다(이 성경 구절은 그림의 오른쪽 상단 구석에 인용되어 있다).

O (하나님의) 이야기

이것이 바로 우리가 세상에 널리 알려 찬미하는 이야기이다. 만일 이 이야기의 의미에 관한 우리 고유의 해석에 사로잡혀 지나치게 경직된 태도를 취한다면 그것은 이 이야기를 더이상 못 쓰게 만드는 것이다. 존 요더는 성경의 목적을 다음과 같이 설명한다.

이 독보적 증거들을 펼쳐놓고 보면, 사도들은 추상적 논의를 뜨겁게 벌이기 보다는 하나의 놀라운 이야기를 전달하는 데 관심이 있었던 게 분명하다. 그들은 이미 일어난 사실들과 그것의 궁극적 본질을 설명하려면 어떤 단어 조합이 가장 합리적인지에 관해 논쟁을 벌이기를 좋아하지 않았다. 그들은 눈앞에서 일어난 일들, 자신들을 넘어뜨리고 삶을 변화시키고 놀라게 했던 사건들을 보고하고 있었다. 그들은 그 사건을 목도한 사람으로서 그 사건의 의미 속으로 완전히 자신들을 던져 넣었으며, 와서 그 이야기의 참여자가 되라고 듣는 이들을 청하고 있었다.[3]

핵심은 '우리가 그 이야기의 정당성을 증명 justify할 수 있는가'가 아니라, '그 이야기가 어떻게 우리를 의롭다 하는가' justify에 있다.

용서

이 책을 순서대로 읽지 않고 표제어들을 무작위로 골라서 읽는 독자들이 보기에는 용서라는 항목을 하나님의 행위를 다루는 3부의 시작 부분에 배치해 놓은 게 좀 이상해 보일 수도 있겠다.

내가 용서라는 항목을 이 부분에서 다루기로 한 것은 신학자 미로슬라브 볼프Miroslav Volf가 전해 주는 유대인들의 옛 이야기를 들었기 때문인데, 그 이야기에서 하나님은 세상을 창조하기로 하신 후 "인간이 하나님에 대해 그리고 서로에 대해 저지를 수 있는 모든 죄악을 예견하셨다. 하나님이 창조 계획을 수행해 나가실 수 있는 유일한 방법은 세상을 창조하기 전에 세상을 용서하기로 하시는 것뿐이었다. 이상하게 여겨질지 모르겠지만 용서의 약속은 창조 전에 이미 주어진 것이다."[4] 이렇게 볼프는 창조보다 용서가 선행한다는 사실을 강조하고 있는데, 이는 교회가 니케아 신조에서 성자가 세상 모든 것보다 먼저 성부의 독생자로 나셨다고 신앙고백을 하는 이유를 돋보이게 해준다.[5]

유대인들의 이 이야기는 우리의 죄와 죄성을 그냥 무시하거나 간과하거나 별거 아닌 것으로 취급하거나 완전히 잊어버려 용서를 값싼 것으로 만들려고 하는 우리의 성향을 좌절시키는 데 도움이 된다. 이 이야기는 죄의 심각성을 우리에게 일깨워 주며, 우리 자신뿐 아니라 인류 전체의 죄에 대한 충분한 자각이 없을 경우 얼마나 많은 용서가 그 중요성을 잃게 될지 암시해 주고 있다.

우리는 용서라는 행위가 삼위일체 하나님에게는 그다지 어려운 일이 아니라고 쉽사리 단정해 버린다. 사실 우리는 남들에게 베푸는 너그러움에 대해 아주 입심 좋게 떠들어댄다. 잘난 척하기는 아주 쉽다. 우리는 남들에게 그토록 훌륭한 면죄를 베풀고 자신의 그런 행동을 입이 마르게 칭송한다. 그러면서 우리 자신의 죄, 허물, 철저한 실패, 그리고 하나님께 대한 불경은 깡그리 잊어버린다.

하나님의 행위를 주제로 한 3부의 첫 장에서부터 마지막까지 우리는 죄가 얼마나 거대한지 염두에 두고 읽어야 한다. 왜냐하면 여기에서 논하는 하나님의 행위들 가운데 우리가 처한 절망적인 상황과 타락한 능력 때문에 부득이하게 행해져야 했던 것이 많기 때문이다. 이제부터 언급하게 될 하나님의 모든 행위는 우리의 죄를 사하시기 위해 성삼위 하나님이 얼마나 큰 대가를 치르셨는지 보여 줄 것이다.

남을 용서할 때에는 희생이 따른다는 것, 그리고 그 희생을 기꺼이 감수해야 한다는 것을 우리는 하나님에게서 더할 수 없이 철저하게 배워 알 수 있다. 용서할 줄 모르는 종에 관한 (우리에게) 아주 적절한 비유(마 18:23-35)에서 볼 수 있듯, 우리는 하나님의 그런 모습을 본받을 능력이 없다는 것만으로도 용서의 의미를 오염시키고 있는지 모른다. 하나님의 용서하심에 대해 날마다 더 감사를 드리는 것만이 그 깊은 사랑이 우리 안에 서서히 스며들게 만들어 우리가 행하는 용서가 오염되는 것을 막아 줄 수 있을 것이다(눅 7:36-50).

키에르케고르가 드렸던 기도를 자주 따라하는 것도 도움이 될 것이다.

하늘에 계신 아버지여! 우리가 지은 죄를 더이상 기억하지 마시고, 우리를 우리의 죄로부터 붙들어 주소서. 그리하여 주님에 대한 생각이 우리 영혼을 깨울 때 우리가 어떤 죄를 저질렀는지가 아니라 주님께서 어떤 죄를 용서해주셨는지 깨닫게 하소서. 우리가 어떻게 길을 잃고 헤맸는지가 아니라 주님께서 어떻게 우리를 구원해주셨는지 깨닫게 하소서![6]

창조 I

왜 우리는 단지 우리의 어설픈 모방 행위, 우리에게서 나오지 않은 통찰, 우리가 추정할 뿐인 우리의 명민함, 우리의 하찮은 재주 등에 걸핏하면 '창조' 혹은 '창조성'이라는 말을 갖다 붙이면서 그 말을 그렇게 남용하는 걸까? 우리는 위대한 창조주께서 만드신 그릇이자, 성삼위 하나님이 만드신 걸작품 목록에 오르는 특권을 그저 받아 누리는 존재일 뿐임을 인정하는 게 훨씬 정직한 일이 아니겠는가? 우리가 독보적으로 잘 알고 있다거나 독창적으로 만들어낸 것들은 사실 우리에게서 나온 고유한 것들이 아니다. 전도서의 설교자가 일깨워 주듯이 "해 아래 새로운 것은 없다." 그러나, 아! 하나님의 진리를 발견하고 만끽할 수 있는 큰 기쁨이 해 아래에 존재한다! 그리고 아! 우리에게 맡겨진 하나님의 창조 세계의 일부를 우연히 보고서 우리 내면에서 솟아오르다 우리를 통해 다른 이들에게로 흘러넘치는 그 뜨거운 소용돌이도 해 아래에서 경험할 수 있다.

우리가 하나님을 의지하고 하나님을 신뢰하는 법을 배우기만 한다면 하나님은 우리를 통해 자신의 독보적인 창조성을 보여 주시는데, 우리는 왜 자신의 업적 쌓기나 야망 성취 같은 일에 몰두하면서 인생을 허비하는가? 우리에게 허락된 우주를 통해서도 충분히 감탄하며 최고의 기쁨을 얻을 수 있는데, 어쩌다 우리는 헛된 것들을 구하며 거기에서 영광과 만족을 얻으려 하는가?

자신을 자랑하려 하고 자신을 표출하려 하는 우리의 행위는 창조 세계의 근원이신 하나님을 전적으로 거부하는 이들 못지않게 창조 세계를 오염시키는 게 분명하다. 우리를 에워싸고 있는 모든 경이들이 어떻게 우연히 만들어진 것이라고 생각할 수 있는지 나로서는 도저히 이해할 수 없다.

그리고 정말로 내 인생에는 우연이란 걸 상상할 수 없다.

10대 시절, 췌장에 홍역 바이러스가 침투하는 바람에 내 몸의 많은 부분에서 이상신호가 왔다. 장기, 근육, 머리카락, 심지어 눈의 광채까지 모든 게 섬세하게 얽혀 있었다. 그 연결성이 한꺼번에 무너지는 경험을 통해 나는 우리 몸의 각 부분이 경이롭게 응집되어 있음을 분명히 확인했다.

20년 후, 한쪽 눈의 출혈과 두 차례에 걸친 수술 실패로 나는 두 눈으로 사물을 밝히 볼 수 있다는 것이 얼마나 경탄할 만한 일인지 깨달았고, 지금은 그나마 어울리게 만들어 끼운 내 의안이 얼마나 무력한지를 느끼며 며칠에 한 번씩 실소를 터뜨린다(또는 울부짖는다). 거리 감각이 없으면 나뭇가지에 앉은 갈색 새 한 마리도 구별할 수 없다는 것을 아는가?

또 나는 오른쪽에서 소리가 난다고 생각했는데 사실은 왼쪽에서 나는 소리였다는 것을 알고 킬킬거리며 웃곤 한다. 부분 난청 때문에 소리가 나는 곳의 정확한 위치를 잘 감지하지 못하는 것이다. 당신은 자기 몸에 빌트 인 스테레오 시스템을 갖추고 있다는 것에 대해 창조주께 감사한 적이 있는가?

발에 감각이 없는 덕분에 걸을 때 비틀거리게 될 때마다—그리고 이따금씩 넘어질 때마다—나는 우리 몸에 신경 조직과 균형 감각이 창조된 것에 대해 경탄할 수밖에 없다. 사실 우리에게 선택권이 있을진대 고통을 선택할 사람은 아무도 없겠지만, 고통을 느낄 수 있다는 것은 얼마나 거룩하게 영감 받은 은총인지 모른다.[7]

그리고 발에 감각이 없는 탓에 나는 장애가 있는 한쪽 발에 심한 화상을 입게 되었고 그래서 지난 두 달 동안 목발에 의지하여 힘겹게 지내왔다(앞으로 한 달 더 그렇게 살아야 한다고 한다). 방으로 걸어 들어가 필요한 책을 꺼내올 수도 없고 서가로 달려가 원고 쓰는 데 참고할 책을 골라잡을 수도 없기 때문에 모든 일이 느릿느릿

진행될 뿐만 아니라, 온몸의 체중을 고스란히 지탱해야 했던 나머지 한쪽 다리마저 그 부담을 이기지 못하고 기괴하게 부어올라 어찌할 바를 모를 만큼 고통스럽다. 창조주께서 우리를 디자인하실 때 두 발로 움직일 수 있고 두 손으로 사물을 조작할 수 있게 하시는 것은 참으로 놀랍지 않은가?

나는 우리 몸의 각 부분이 각각의 기능에 맞게 작동하는 굉장한 순간을 보면서 하나님의 창조가 우연히 또는 아무 생각 없이 이루어졌다는 것은 불가능하다는 생각을 부단히 한다. 암에 걸려 화학 치료를 받느라 비참할 정도로 맥 풀리고 활기 없어질 때, 호르몬 주사 한 방으로 내 골수에 활력이 생기고 적혈구를 생산하게 되었을 때 모든 게 얼마나 달라지는지! 대다수 사람에게는 자연스럽게 생성되는 그 호르몬이 지금은 인위적으로 내 몸 안에서 에너지를(그리고 기분을) 북돋아 주고 있다. 적혈구가 우리 몸 전체 시스템에 풍성한 에너지를 나눠 준다는 것도 참 놀랍지 않은가?

그리고 이제 화상을 입은 내 발이 조금씩 회복되어가는 것을 보면서 나는 우리 몸의 혈액과 피부가 지닌 치유력에 감탄하고 있다. 상처는 어떻게 그 깊은 환부에서 치유가 시작되어야 한다는 것을 알고 외부로 작용하여 푸르죽죽 죽은 세포를 밀어내고 새 살로 돋아나올까? 백혈구가 병원균의 침입에 맞서 거칠게 항전할 때 더 많은 혈액을 실어 나르며 그 싸움에 힘을 보태 줘야 한다는 것을 혈관은 어떻게 아는 것일까? 몸은 어떻게 자기 자신을 치유하는 것일까?(물론 몸이 스스로 치유하는 것은 아니다! 성삼위 하나님이 말씀과 호흡이라는 고유의 창의적인 장치를 통해 우리를 재창조하시는 것이다!)

　우리를 지으신 분의 비할 바 없는 독창성의 영광을 드러내 주는 우리 몸과 정신의 복잡다단한 구조와 정밀한 감각과 기능 등 이런 기념비적 면면들을 다 열거하자면 한도 끝도 없을 것이다. 살아가면서 가끔씩 걸음을 멈추고 자기 내부에 지니고 있는 경이들을 깊이 생각해 보는 시간을 자주 갖는다면, 우리는 우리의 근원되시는 분께서 진정한 창조성으로 우리를 통해 역사하심을 믿는 가운데 우리의 자아를 초월하는 삶을 살게 될 것이다.

창조 II

미립자들은 왜
매일 아침
수평선에서부터 퍼져 올라 하늘을 가로질러
붉게 타오르는
빛의 띠로 정렬하는가!

미립자들은 어떻게 안 것일까?
시선을 끌기 위해서는 우선 분홍색의 가늘고 긴 조각 하나
그 다음, 잠을 깨우기 위해서는

홍조를 띤 조금 더 큰 깃털 모양 하나
그리고 갑자기 커다란 구름뭉치가 창틀 저편에서 폭발한다,
다채로운 색조의 장미 모양 소용돌이로
곧 어슴푸레한 여백으로 밝아지다가
반짝거리는 한 줄기 광선이 되기 위하여.

그림 그리는 법을 미립자들은 어디서 배운 것일까?

창조 III

창조에 관해서라면 두 번의 글쓰기만으로 충분치 않다. 참으로 성가신 것은, 교회 안에서조차 '창조주'라는 이름이 마치 삼위일체 하나님의 첫 번째 위격만을 가리키는 이름인 것처럼 사용되어 하나님의 엄청난 창조 행위의 의미가 손상되고 있다는 것이다. 하나님의 존재를 단순히 기능적 측면으로 축소시키는 것 — 그리고 각 위격에게 하나씩의 의무만 있다고 보는 것 — 은 빛나는 은하계로 하늘을 덮으시는 '말씀이신 분'의 광휘를 잃어버리는 것이며, 신성한 호흡으로 우주에 지각판과 블랙홀과 중력을 끌어다 놓으시는 '성령'의 강력한 바람을 잃어버리는 것이다.

어떤 이가 나에게 믿을 수 없을 만큼 경이로우며 아름답고 단연

놀라운 천체 화보집 한 권을 주었는데, 그것은 거대하고 복잡한 우주 공간의 장관을 허블 망원경으로 포착해 찍은 사진들이었다. 과학자가 아닌 사람들은 입을 딱 벌린 채 멍하니 바라볼 수밖에 없지만, 우주의 성운에 대해 뭔가 아는 사람들도 그 사진들이 인간의 이해력을 초월하는 훨씬 더 지적인 존재를 가리키고 있다는 것을 깨달을 수 있다.

〈뉴스위크〉지의 수석 편집인인 섀런 베글리는 마이클 레이건의 이 천체 화보집, 『하나님의 손 The Hand of God』을 소개하는 글에서 이렇게 말한다. "아이러니한 것은, 우주 공간 깊숙한 곳의 모습에 초점을 맞출수록, 더욱 꼼꼼하고 정밀하게 계산해 볼수록, 우리의 세상이 그냥 제멋대로 우연히 발생했다는 게 더욱 더 있을 법하지 않고 심지어 불가능한 이야기로 여겨진다는 것이다."[8]

창조 세계의 광대함 외에, 우리는 전능하신 하나님이 창조를 행하시면서 느끼셨을 천상의 기쁨을 감히 놓쳐서는 안 된다. C. S. 루이스는 아슬란이 노래로 나니아를 창조하는 장면을 상상하면서, 그러한 창조의 신비에 대해 우리가 느끼는 경이를 어린아이와 같은 마음으로 표현하고 있다.

그때까지도 사자는 줄곧 노래하며 위풍당당하게 이리저리 앞뒤로 거닐고 있었다. … 폴리는 그 노래에 점점 더 관심이 쏠렸다. 폴리는 지금 일어나고 있는 일들과 노래 사이에 어떤 연관이 있다는 걸 눈치 챘다. 100미터쯤 떨어진 산등성이에서 거뭇거뭇한 전나무들이 줄지어 솟아나자, 폴리는 사자가 1초 전에 부른 굵직하고 늘어진 가락과 그 나무들이 무슨 연관이 있다고 느꼈다. 그래서 사자가 다소 경쾌한 가락을 잇달아 내자, 사방에서 앵초들이 불쑥불쑥 생겨나는 광경을 보고도 놀라지 않았다. 폴리는 말할 수 없는 전율을 느끼며 이 모든 일이 (폴리의 말대로) '사자의 머릿속에서 '나오는 것임을 뚜렷이 느꼈다. 사자의 노래를 귀담아들으면 사자가 창조해 내는 것들을 들을 수 있고, 주위를 둘러보면 창조물들을 볼 수 있었다. 너무나 벅찬 광경이라서 폴리는 두려워할 틈도 없었다.[9]

오, 하나님이 창조하신 세계의 탁월함과 아름다움과 광대함과 독특함이여! 오, 연약하면서도 힘 있고, 단순하면서도 복잡한 하나님의 디자인이여! 오, 하나님이 창안하신 패턴의 목적과 정교함과 오묘함과 활력이여!

외경인 집회서의 시인은 이 사실을 너무나 훌륭히 표현했다.

맑은 창공은 드높은 곳의 자랑이며
하늘의 모습은 찬란한 영광 속에 드러난다.
동이 틀 때 떠오르는 태양은
놀라운 도구가 되어 지극히 높으신 분의 위업을 선포한다.
한낮의 태양은 땅을 메마르게 하니
누가 그 열을 견디어 내겠는가?
화덕에 풀무질하는 자는 뜨거운 열기 속에서 일을 하지만 태양은 그 세 배나 되는 열기로 산을 달군다.
태양은 그 불꽃 같은 열기를 내뿜고
그 강렬한 빛으로 눈을 멀게 한다.
태양을 만드신 주님께서는 위대하시고
그분의 명령에 따라 태양은 제 궤도를 바삐 돈다.

달은 제때에 맞춰 자리를 잡고
시간과 시대의 표징을 알려 준다.
축제의 표징도 달에서 나온다.
이 빛물체는 완전히 찼다가 기운다.
월이라는 말도 달에서 나오는데,
그 모양이 변하면서 차오르는 모습은 기묘하다.
달은 높은 곳에 진을 친 만군의 등대가 되어
하늘 창공에서 빛을 뿜어낸다.

하늘의 아름다움은 별들의 영광이고
별들은 주님의 드높은 처소에서 빛나는 장식이다.
거룩하신 분의 명령에 따라 그들은 정해진 자리를 지키고
한 번도 경계를 늦추는 법이 없다.

무지개를 바라보며 그것을 만드신 분을 찬미하여라.
그 찬란함은 매우 아름답다.

무지개는 영광스러운 호를 그리며 하늘을 가로지른다.
지극히 높으신 분의 손길이 그것을 펼쳐 놓으셨다.
그분의 명령으로 눈이 내리고
심판의 번갯불이 떨어진다.
그분의 명령으로 하늘 곳간이 열리고
구름이 새처럼 날아간다.
그분께서 당신 권능으로 구름을 뭉쳐 주시니
돌덩이 같은 우박이 산산이 부서진다.
북녘에서 폭풍이 일고 회오리바람이 몰려온다.
그분께서 날아다니는 새들처럼 눈을 뿌리시니
그 모습이 메뚜기가 내려앉는 듯하다.
사람들은 흰 눈송이의 아름다움을 보고 경탄하며
그 떨어지는 모습에 마음을 빼앗긴다.
…

그곳에는 이상하고 놀라운 일들이 일어나며
온갖 종류의 생물과 용들이 살고 있다.
그분 덕택에 그분의 사자가 임무를 제대로 수행하고
만물이 그분의 말씀에 따라 잘 정돈되어 있다.
우리가 아무리 많은 말로 이야기해도 미치지 못하니
"그분은 전부이시다" 할 수밖에 없다.
무슨 힘으로 그분께 영광을 드릴 수 있을까?
사실 그분께서는 그분의 모든 업적보다 위대하시다.

주님은 두려우시고 매우 위대하신 분이시며

그분의 권능은 놀랍다.

주님께 영광을 드리고 그분을 높이 받들어라.

아무리 높이 받들어도 그분께서는 그보다 더 높으시다.

그분을 높이 받들 때 네 온 힘을 다하고 지치지 마라.

아무리 찬미하여도 결코 다하지 못한다.

누가 그분을 뵙고 정확하게 묘사할 수 있으며

누가 그분께 합당한 찬양을 드릴 수 있겠느냐?

이러한 것들보다 큰 일들이 많이 숨겨져 있으니

우리는 그분의 업적 가운데

조금만을 보았을 뿐이다(집회서 43:1-18, 25-32)

구약성경

하나님이 이스라엘(과 그 외 다른) 백성들을 어떻게 대하셨는지 증거하는 '구약성경' Old Testament 혹은 '히브리 성경'은 흔히 무시를 당하면서 오염된다. 그리스도인이라고 해서 마치 뿌리 없이 살 수 있기라도 한 것처럼 말이다! 구약성경은 신약성경으로 대체되었으므로 구약성경의 그 어떤 내용도 현재의 우리에게 적용되지 않는다고(혹은 하나님의 선민으로서 유대 백성의 지위는 오늘날의 교회가 대신힌다고) 생각하는 것 역시 그에 못지않게 어리석은 일이다. 부끄러운 일이지만, '구'Old라는 이름이 이런 끔찍한 오해를 일으키는 데 기여를 하고 있는데, 왜냐하면 우리 시대에서 이 단어는 대개 구식이거나 시대에 뒤떨어졌거나 낡아빠졌거나 혹은 새로운 것에 비추어 볼 때 더 이상 빠르지도 않고 기능적이지도 않은 것을 연상시키기 때문이다.

나는 성경에서 좀더 분량이 많은 쪽을 '첫 번째 First 성경'이라고 불러 위와 같은 오염 현상들을 피해가려고 애쓰고 있다. 이 호칭은 지금의 우리에게도 이 성경이 필요하며, 두 번째 성경을 이루는 데 기초적인 증거이며, 그래서 중요성이 크다는 사실을 강조한다. 또한 이는 이 두 부분에 등장하시는 하나님이 서로 다른 하나님이라고 하는 그릇된 개념을 상쇄시키는 데에도 도움이 된다.

그리스도인 중에는 어렸을 때 "구약성경은 율법이고 신약성경은 복음이다"라고 배운 이들도 있고, 구약성경의 하나님은 진노로 충만해 계시고 신약성경의 하나님은 철저히 자비로운 분이시라고 하는 개념을 어디에선가 습득한 이들도 있다. 그런 이설(異說)들은 지금 당장, 그리고 영원히 뭉개버려 없애야 한다.

성경에 대한 이런 이분법적 오해가 없는 훌륭한 선생님들에게 배운 덕분에 나도 그들을 따라 구약/첫 번째 성경을 사랑하는 법을 어렵지 않게 익힐 수 있었다. 하나님이 태초부터 나를 하나님의 형상을 지닌 한 여성으로서 자유롭게 하사 '돕는 배필'로 부르셨고, 이 땅을 돌보는 일을 맡기셨고, 창조주께서 그 모두에게 충분한 양식을 공급해 주신다는 말씀을 좋아한다. 그리고 이 모든 것이 창세기 1장과 2장에 그대로 기록되어 있다!

나는 하나님이 한 백성을 불러 복을 주사 복이 되게 하시고 압제에서, 더욱 중요하게는 그들 자신에게서 건져 주시고 전 역사를 통틀어 주변 나라들의 폭력에서 멀리 벗어날 수 있게 해주시고[10] 그들의 하나님이 되겠다고 약속해 주시고 이스라엘 백성이 계속해서 언약을 파기했음에도 불구하고 그 모든 언약을 성취하신 이야기를 좋아한다.

물론 지금 이 책에서 유대 백성의 보고인 구약성경의 모든 흥미로운 장르를 살펴볼 여유는 없지만, 그리스도인이 구약성경을 지금보다 좋아하고 구약성경에 충실할 수 있도록 돕고 싶다.

진노

몇몇 목회자 컨퍼런스에 참석했을 때 나는 다른 강사들에게서 우리는 하나님의 진노 없이 살아야 한다는 소리를 들었다. 그 말은 마치 인간에게는 자신의 기호에 따라 성경의 일부 내용을 폐기할 권리가 있다는 말로 들렸다. 물론 우리는 모두 하나님이 인자하시고 친절하시기를 바란다. 하나님의 진노는 너무 무섭고 너무 신비로워서, 우리는 차라리 그것을 무시해 버리려고 한다.

반면, 신학적 스펙트럼의 반대쪽에 있는 일부 사람들은 하나님의 진노를 강조하기를 좋아한다. 영원히 꺼지지 않는 유황불을 이야기하며 주기적으로 사람들을 위협해야 한다고 생각한다. 지옥을 들이대며 사람들에게 겁을 줘야 그 중에 쓸 만한 제자들이 나오기라도 하는 것처럼 말이다.

이 두 가지 서로 반대되는 오염 현상에서 공통된 부분은, 양측 다 성경 본문을 진지하게 읽는 자세를 찾아볼 수 없다는 것이다. 성경에서 하나님의 진노에 대해 이야기하는 부분(주로 첫 번째 성경)을 세심하게 살펴보면, 하나님은 결코 진노를 발하기를 원하지 않으시지만, 우리의 반역과 사악함이 너무도 파괴적인 까닭에 진노를 발하실 수밖에 없음을 알 수 있다. 또한 주님의 진노는 결코 죄로 오염되어 있지 않고, 언약을 준수하시는 분인 하나님이 화를 내실 때 거기엔 반드시 깊은 슬픔과 결코 파기되지 않는 약속이 동반된다. 가장 중요한 사실은, 삼위일체 하나님의 사랑은 가증스럽도록 반항적이고 회개하지도 않는 신실하지 못한 백성들을 다시 당신에게로 돌이키시고 또 죄의 치명적인 결과가 온 우주에 미치는 것을 막으시려는 하나님의 노력을 늘 뒷받침하고 있다는 것이다. 성경 어느 곳에서건 시종일관 하나님은 언제라도 진노를 거두실 준비를 하고 계시다. 만약 백성들이 그 악에서 돌이키기만 한다면 말이다. 더 나아가 하나님은 악이 인간을 파멸하도록 놓아두기보다는 차라리 그 악을 하나님의 거룩한 자아 안으로 수용하신다. 하나님의 진노는 언제나 성삼위 하나님이 품으신 구원의 목적들의

한 부분이다.[11]

　내가 하나님의 진노라는 말의 의미를 바로잡으려 하는 이유는, 하나님의 진노가 없으면 우리는 이 세상의 불의와 잔혹성을 제대로 논할 수 없기 때문이다. 세상을 구원에 이르게 하고 세상을 지탱시키시려는 하나님의 창조 목적을 거스르는 모든 악에 대한 거룩한 진노라는 틀 안에서만 우리는 인종 청소나 종교적 박해, 억압적 노동 관행, 전 세계적인 에이즈 위기, 기근과 가난과 영양실조, 전쟁, 기업의 부당 이득과 탐욕, 그 외 사람을 죽이거나 그 존엄성을 격하시키는 모든 형태의 악에 대해 정당하게 분노할 수 있을 것이다. 원수 갚는 일을 하나님께 맡길 때만(신 32:35 참조—역자 주) 우리는 이런 악들과 제대로 싸울 수 있다. 하나님의 진노가 궁극적으로 온 우주를 회복시키실 것임을 기억할 때에만 우리는 이 시대의 광범위한 생태학적 파괴상에 맞대응할 용기를 얻을 수 있다. 하나님의 눈물에 주목할 때에만 우리는 진노가 거룩함보다 더 큰 사랑의 한 부분임을 깨달을 수 있다.

계명

왜 우리는 하나님의 계명을 변형시키는 짓을 그렇게 잘 하는가? 예를 들어, 안식일을 거룩하게 지키라는 계명을 그저 일주일에 한 시간 정도 교회에 모습을 드러내야 한다는 의미로 받아들이는 이유가 무엇인가? "살인하지 말라"는 계명이 낙태나 혹은 전쟁에는 적용되지 않는다고 생각하는 이유가 무엇인가? 다른 사람의 고유한 창작물을 은근히 모방하여 그의 권리와 수익을 훔치는 일에 그다지 무심한 이유가 무엇인가? 우리는 하나님의 명령을 하찮은 것으로 만드는 데 전문가들이다. 마치 그렇게 하면 우리가 죄인이라는 사실이 좀 달라지기라도 하는 것처럼 말이다.

한편, 때로 우리는 하나님의 계명을 일종의 법칙 삼아 그것을 근거로 남을 비판하고 나보다 더 큰 죄를 짓는다고 남들을 고소하여 하나님의 계명을 오염시킨다. 우리는 남에게 있는 작은 흠집은 잡아내고 내 눈에 있는 들보는 아무렇지도 않게 보아 넘기는 데 전문가들이다.

이 모든 전문 기술들은 우리가 하나님의 명령을 오염시키는 데서 나오는 것들이다. 우리는 하나님의 명령이 창조 행위의 한 구성 요소라는 것을, 하나님의 지시는 그 창조 세계를 유지시키는 하나의 요소라는 사실을 망각한다. 하나님의 명령은 어떤 기계를 살 때 딸려 오는 매뉴얼에 비교될 수 있을 것이다. 그 기계를 작동시키는 법은 그 기계를 만든 회사가 가장 잘 알고 있다. 따라서 매뉴얼의 안내를 따르지 않는다면 그것은 매우 어리석은 일이다. 매뉴얼대로 따르지 않으면 우리 손이 기름 혹은 잉크 범벅이 되든지, 종이가 기계에 걸리든지, 혹은 새로 산 장난감이 제대로 작동하지 않든지 하는 낭패를 당하게 될 것이다.

하나님의 계명이 우리에게 얼마나 유익한 것인지 실감하지 못하겠는가? 유대인 선조들에게서 하나님의 토라, 하나님의 가르침에 대한 사랑을 배울 수만 있다면 얼마나 좋겠는가! 사도 바울이 신약성경에서 유대인들과 충돌을 일으킨 것은 하나님의 명령이 부당하다고 여겨서가 아니었다. 시편 기자가 "내가 사랑하는 주의 계명들을 스스로 즐거워"(시 119:47)한다는 고백을 할 수 있었던 것은 실제로 그랬기 때문이다. 예수님이나 사도 바울이나 유대인들과 율법을 놓고 충돌한 근본에는, 율법을 지키고 하나님의 명령을 순종한다는 명목으로 오히려 '토라'를 오염시고 하나님의 "증거는 영원히 의로우시다"는 사실을 망각한 자들에게 맞서기 위한 의도가 있었다. "나로 하여금 깨닫게 하사 살게 하소서"(시 119:144)라고 간구하는 법을 다시 한 번 깨우칠 수는 없을까? 실제로 첫 번째 성경은 처음부터 끝까지, 하나님의 명령을 사랑하고 순종하는 자들에게 임하는 유익과, 생명보다는 죽음을 스스로 선택한 탓에 불순종하는 자들에게 떨어지는 무질서 상태를 보여 주는 이야기들로 가득 차 있다(신 30장을 보라).

하나님이 우리에게 명령을 내리신다는 사실이 우리에게 얼마나 유익한지 생각해 보자. 강도짓 하는 사람이 없기 때문에 자동차나 집에 자물쇠를 채울 필요가 없게 된다면 얼마나 멋지겠는가? 도적질하지 말라고 하나님이 명령하신다는 것은 참으로 멋진 선물 아닌가?

인간의 생명에 위해를 가하는 사람이 없기에 데러리스트와 공격이나 무차별 총격에 대해 염려할 필요가 없고 낙태나 전쟁 혹은 남에게 상처를 입히는 말이나 남의 불행에 쾌재를 부르는 행위 등에 대해 걱정할 필요가 없다면 좋지 않겠는가? 살인하지 말라고 하나님이 명령하신 것은 정말 큰 은혜 아닌가?

언약에 의해 맺어진, 서로에게 충실한 결혼 생활이라는 틀 안에서만 성적 연합을 이룬다면 우리의 몸과 영혼과 사회관계가 더욱 건강해지지 않겠는가? 왜 우리는 하나님이 오로지 사랑으로 질서를 정하신 영역 밖에서의 섹스가 "의미 있다"고 하는 이 사회의 거짓말을 믿는가?

탐욕에 사로잡힌 사람치고 진정으로 행복한 사람이 있는가? 한 사회의 경제 전체가 사람들의 불만족을 계속 자극하는 데 바탕을 두고 있을 때 그 사회는 (우리 자신에게는 물론 세상이 지속되는 데에도) 위험하다는 것을 알지 못하는가?

하나님 외에 다른 무언가를 혹은 다른 누군가를 경배한다는 것은 하나님을 끊임없이 찬양하기 위해 하나님의 형상으로 창조된 우리 자아의 바로 그 본질을 거스르는 것이라는 사실을 깨우치지 못하는가? 우리는 본디 그런 존재로 지음 받았는데 그것이 아닌 다른 존재로 살아가면서 어떻게 행복할 수 있겠는가? 왜 우리는 그런 삶이 아닌 죽음을 계속 선택하는가?

동정녀 잉태

나는 하나님의 이 역사를 일컫는 용어를 오랫동안 '동정녀 탄생'virgin birth이라 칭하여 오염에 일조했다. 동정녀 탄생 같은 일은 일어나지 않았다. 성경의 모든 증거는 예수님의 탄생이 평이한 방식으로 일어났음을 암시한다. 탄생의 장소가 좀 특이했고 최상의 환경은 아니었다는 사실만 제외하면 말이다. 하지만 '동정녀 잉태'virginal conception는 전혀 다른 문제이다.

'동정녀 잉태'가 예수님의 신성을 입증할 수도 있고 부정할 수도 있다고 사람들이 생각할 때도 이 교리는 오염되고 만다. 사실 동정녀 잉태는 "예수님을 하나님으로 만드는" 데 꼭 필요하지 않았을 수도 있다. 일부 종교 신화들은 어떤 기적적 생식 없이도 온갖 종류의 신들을 만들어낸다.

감리교 신학자인 존 요더는 이 교리의 심각한 오염 현상을 제기하면서, 논쟁의 핵심은 무엇보다 먼저 역사의 문제임을 상기시킨다. 실제로 일어난 일이 무엇인가? 만일 그것이 핵심이라면, "실제 역사가 아닌 다른 근거에서 비롯된 답변은 적절치 않다."

"동정녀 잉태 같은 일은 일어나지 않으며 따라서 일어날 수도 없었다고 가르치는 과학적 세계관을 신봉하는 현대 철학"과 같은 근거 위에서 이 교리는 종종 부인되곤 한다. 그런데 요더는, 위와 같은 주장은 역사에 근거한 진술이 아니라고 설명한다. 위의 주장은 예수님 시대로 돌아가서 우리에게 남아 있는 유일한 자료, 즉 증인들의 말에 입각해 실제로 일어난 일들을 검토해 보고 하는 말이 아니라는 것이다. "이는 철학적 근거에 따른 부인이고, 그렇기에 적절치가 않다. 철학적 근거는 의문의 소지가 있으며, 믿음을 갖는 것을 어렵게 만들 수 있다. 그러나 철학적 가정 자체에 의문의 소지가 있다면, 믿음도 어렵지 않다."

한편 동정녀 잉태 교리를 수용하는 이들 중에도 자신의 믿음을 방어하기 위해 과장된 논리를 펴는 이들이 있다. 이를 막기 위해 철학적 근거를 그러한 확신의 이론적 원리로 제시하는 행위 역시 논박해야 한다. 요더는 "이 문제에 대해 보수적 입장에서 방어하는 이들도 철학적 근거를 내세우기도 한다. 즉, 증인들의 말을 빌리기보다는 논리로 논쟁하려는 것이다"[12]라고 논평한다. 그는 다음과 같이 강조한다.

> '동정녀 잉태'에 대해 성경이 보고하는 내용을 우리가 어떻게 받아들이냐 하는 것은 사실 성경의 권위에 대한 테스트가 아니다. 이는 우리가 성경을 믿느냐의 여부에 대한 테스트가 아니다. 그보다 이는 해석학 테스트이다. 즉, 이는 우리가 성경을 어떻게 이해하느냐와 관련이 있다. 문제는, 마태와 누가가 정말 예수님이 처녀에게서 태어났다고 말하고 있느냐가 아니다. 그건 우리가 이미 다 알고 있다. 진짜 문제는, 그들이 어떤 의미에서 그 말을 하고 있느냐 하는 것이다.

그것이 바로 동정녀 잉태가 여기서 제기되어야 할 중요한 문제가 되는 이유이다. 이 책에서 논의되고 있는 대부분의 표제어들은 궁극적으로 우리가 성경을 어떻게 이해하느냐에 의존하고 있기 때문이다. 우리는 증인들의 말을 신뢰할 수 있는가?

궁극적으로, "어떤 역사적 문제에 대해 '절대적' 확신을 가지고 답변하기는 불가능하다. 다만 '역사적' 확신을 가지고 답변할 수 있을 뿐이다." 그것이 바로 성경의 권위에 대한 우리의 입장이 (그게 어떤 것이든) 이 역사적 문제에 대한 결정의 합법적 근거가 될 수 없는 이유이다.

요더는 우리가 이 문제에 대해 역사적으로 두 가지 사실을 이야기할 수 있다고 결론짓는다. "첫째, 동정녀 잉태에 관해 우리가 갖고 있는 유일한 자료가 이 사실을 단언한다는 것이고, 둘째, 이것이 누군가가 꾸며낸 이야기라면 그렇게 할 수밖에 없는 이유가 있었을 텐데 특별히 그럴 이유를 찾아낼 수 없다는 것이다. 왜냐하면 고대 근동 세계에서 동정녀 잉태라는 것은 그다지 바람직한 아이디어가 아니었기 때문이다."

요더의 논평은 내가 이 책에서 바로잡고 싶어 하는 많은 표제어들에 관해 생각할 때를 위한 지혜로운 지침을 제공해 준다. 성경 기자들은 뭐라고 말하는가? 자신들이 한 일에 대해 이야기하는 것이 무슨 이득이 있었는가? 오히려 사람들로부터 배척받고 어쩌면 죽음까지 당할 수도 있지 않았는가? 자신의 증언이 사실이라고 확신한 게 아니라면 왜 그런 증언을 했겠는가? 그들이 심각하게 속고 있었다는 증거도, 그들의 증언이 그 당시의 우주론에 제한

○ 동정녀 잉태

을 받고 있었다는 증거도 없다. 자끄 엘륄은 "이사야나 예수님 시대 사람들이 자신이 지금 무슨 말을 하고 있는 건지 이해한다는 것은 우리 시대 사람들에 비해 결코 쉬운 일이 아니었다"[13]고 말했는데, 이는 성경 기자들에게도 해당되는 이야기이다. 이를 두고 위와 같은 논쟁과 관련된 여러 거대한 이슈에서 발뺌하기 위한 술책이라고 생각하는 이들이 있을지도 모른다. 하지만 요더는, 발뺌하려는 것이 아니라 "성경의 증언들이 신빙성이 있는지 시험해보고 그게 아닐 경우 그냥 내버려 두어 역사가의 자세로 본문을 대하는 것이 우리의 첫째 되는 의무"[14]라고 정리했다.

성경의 증언들을 시험해본 이들은 그 증언이 신빙성 있으며 또 자신들이 가르침 받아온 대로 하나님을 가리키고 있음을 알게 된다. 우리는 성령이 마리아에게 임하셨고 하나님의 능력이 그 처녀에게 기적적 잉태를 이루셨다는 사실을 믿는다. 그건 너무 아름다워서 도저히 믿지 않을 수 없는 사실이다. 그리고 마르틴 루터가 말했듯, "(마리아가) 교만과 오만을 삼갔다는 것도 그녀가 그렇게 그 선물을 받아들였다는 것 못지않은 기적"이다.[15] 이는 예수님의 부활 사건이나 하나님이 우리 모두의 그리스도 예수 안에서 '새로운 창조'를 이루셨다는 사실에 비견할 만한, 입증된 기적이다.

성육신

 예수님이 그리스도인들에게 현재 자신이 처한 곳에서 복음을 성육신시키라고 하심을 역설하고(즉, 일종의 사회 복음을 옹호하고) 그럼으로써 예수님의 인성 및 이땅에서 그분의 삶에 집중하려는 이들이 정작 하나님이 나사렛 예수의 몸으로 성육신하셨다는 사실을 부인한다는 것이 나로서는 참 이상하게 여겨진다. 그들은 예수님이 육신으로 부활하셨다는 사실을 거부하고, 우리 역시 언젠가는 죽음에서 육체적으로 부활해 썩지 않을 몸을 입고 영원한 삶을 누리게 될 것이라는 소망 역시 부인한다.

 하나님의 성육신 사실을 이렇게 거부하는 게 위험한 이유는, 이것이 아무 소망도 없는 대의에 우리 자신을 투자할 것을 촉구하기 때문이다. 그리스도의 생명을 이 세상에 성육신시키려는 작업은 사실 훌륭한 것이다. 하지만 그 어떤 인간도 아닌 오직 예수님만이 '성육신하신 하나님'이며 우리의 행위는 세상을 변화시키기에 불충분하다는 두 가지 사실을 인정해야 한다. 만물을 새롭게 재창조해줄 유일한 것은 새 하늘과 새 땅에서 하나님의 목적이 성취되는 것뿐이다. 또한 그때 우리는 썩지 않는 영원한 생명을 충만히 누리게 될 터인데, 그 생명은 예수 그리스도 안에서 하나님이 성육신하심으로써 전적으로 은혜에 의해 우리에게 임하는 생명이다!

 여전히 이상하긴 하지만, 신학적 스펙트럼의 반대편에는 예수님이 육체로 부활하셨으며 우리 또한 그러하리라고 주장하면서도 우리 이웃들의 육체적 필요를 채워 주기 위해 화평을 이루거나 공의를 구현하는 일에 참여하지 않는 이들이 있다. 신학적으로 반대쪽에 있는 이들이 성육신의 완성을 부인하는 반면 이쪽 편에 있는 이들은 그 사이에 진행되어야 할 일들을 거부한다.

예수님 안에서 우리는 얼마만큼의 성육신을 실현할 수 있는가? 이 질문은 궁극적으로 인간으로서의 예수님에게 정말 신성이 충만하셨음을 우리가 신뢰하는지 묻고 있는 것이다. 하나님이 과연 육체를 입고 죽으실 수 있는가?[16] 그리고 또 우리가 물어야 할 것은, 내가 육신을 입은 존재로 살아간다는 게 어떤 의미를 지니는가 하는 것이다. 우리가 지닌 인성의 충만함이 지금 하나님이 거하시는 장소일 수도 있는가?

오래전 성 아타나시우스(298-373년)는 나사렛 예수의 특별한 성육신에 무엇보다 심오한 진리가 있다는 사실을 깨달았는데, 그것은 하나님이 만유 안에 성육신하셨다는 것이다.

> 이 목적을 위해(성부와 더불어 만유를 재창조하고…만유를 대신해 고통당하시고 만유의 대사가 되시기 위해) 무형이며 썩지 않고 비물질적인 하나님의 말씀이 우리 세상으로 들어오셨다. 사실 어떤 의미에서 그분은 이전에도 그러하셨다. 왜냐하면 창조 세계의 단 한 부분도 그분 없이 존재한 적이 없고 그분은 성부와 연합하여 영존하면서도 만유의 모든 존재를 채우고 계셨기 때문이다. 하지만 이제 그분이 새로운 방식으로 세상에 들어오사, 우리의 수준으로 몸을 낮

추서서 우리를 향한 사랑과 계시를 드러내셨다.[17]

아타나시우스는 크게 기뻐하며 다음과 같이 말했다. 성육신하신 예수님은 "우리에게서 죽음을 몰아내시고 우리를 새롭게 하셨다. 그리고 예수님은 보이지도 않고 지각될 수 없는 분인데 그 사역을 통해 보이는 분이 되셨고, 성부의 말씀이요 온 피조계를 다스리는 분이요 왕으로서 자기 자신을 계시하셨다."

성육신이 나에게 주는 아주 중요한 선물 가운데 하나는, 성삼위 하나님이 나를 당신에게로 이끌어 오기 위해 과연 어느 선까지 갈 수 있는지 친히 증명해 보이셨다는 것이다.

나의 몸은 나를 이루고 있는 나머지 모든 부분과 연합되어 있는 나의 자아라는 사실을 우리는 너무 쉽게 망각한다. 고대 히브리 문서를 보면 그들은 몸과 영과 혼과 생각과 신장^{kidney}(마음^{heart}이라는 비유적 단어를 그들은 이런 용어로 표현했다)의 연합에 관해 좀더 합당한 사고를 갖고 있었다. 온전한 삶에는 이 모든 것들이 포함된다. 그래서 나는 예수님이 육신을 입은 하나님으로서 이 땅에 오셨다는 사실을 기뻐한다. 그분이 몸과 영과 혼과 생각 그리고 장기^{bowels}(헬라인들은 감정을 뜻하는 말로 이 단어를 선택했다) 등 자신의 전 자아를 당신께서 만난 사람들의 삶에 투자하셨다는 사실이 기쁘다. 인간이 죽는 죽음에 당신의 몸을 내어 주셨다는 사실이 기쁘다. 육체의 죽음을 이기고 살아나셨다는 사실이 기쁘다. 승천하신, 성육신하신 주님으로서 여전히 존재하고 다스리신다는 사실이 기쁘다. 그래서 디모데전서 3:16은 이렇게 선포한다.

> 크도다 경건의 비밀이여 그렇지 않다 하는 이 없도다.
> 그는 육신으로 나타난 바 되시고
> 영으로 의롭다 하심을 받으시고
> 천사들에게 보이시고
> 만국에서 전파되시고
> 세상에서 믿은 바 되시고
> 영광 가운데서 올려지셨느니라.

육신으로 나타나신 신인(神人)은 나를 자유롭게 해 내 몸으로 남을 섬길 수 있게 해준다. 내 존재를 이루는 모든 것 그리고 내가 지닌 재능과 힘을 그들에게 투자할 수 있게 해준다. 예수님이 참 인간이셨다는 사실은 지칠 때까지 하나님 나라의 일을 하고 의를 위해 고난당해 심지어 죽기까지 할 수 있는 담대함을 준다. 예수님이 참 하나님이셨다는 사실은 그분이 성령의 능력으로 내 안에 거하사 복음을 새로이 성육신할 수 있게 도우실 것을 약속한다. 그리고 우리가 특권적으로 참여하고 있는 우주적 목적을 하나님은 반드시 성취하실 것이므로 이 모든 노력이 결코 헛되지 않을 것임을 약속한다. 성삼위 하나님은 우리에게 철저히 투자하신다.

(그리스도의) 두 가지 본성

우리를 우리 자신에게서 구원하고 창조 세계를 새롭게 하는 성삼위 하나님의 사역 완수를 위해 예수님은 참 하나님이신 동시에 참 인간으로 존재하셨다는 이 진리의 광대함을 우리는 과연 올바로 인식하고 있는가? 많은 이들이 이 진리에 의문을 표하거나 혹은 신인(神人)이라는 모순의 이쪽 측면 또는 다른 쪽 측면을 과도하게 강조하지만, 이 진리가 하나님과 우리의 관계 및 우리가 살아가는 방식에 부여하는 놀라운 의미를 모두 깨달은 사람은 하나도 없다.

나의 경우, 내 인생은 왜 이리 힘들까 하고 불평하거나, 내가 이렇게 여러 가지 병을 앓아야 한다는 것 혹은 이런 괴로운 일을 겪어야 한다는 것은 참 불공평하다고 생각할 때마다 이 교리를 오염시킨다. 도로시 세이어즈는 그녀 특유의 위트를 곁들여 다음과 같은 사실을 일깨움으로 나를 꾸짖는다.

> 예수님은 … 사실, 그리고 실제로, 그리고 가장 정확하고 엄밀한 의미에서 "만유를 지으신 하나님"이셨다. … 그분은 단순히 "하나님을 닮았다"고 할 수 있을 정도로 선한 인간이셨던 것이 아니다. ─ 그분은 하나님이셨다. … 그 어떤 이유에서든 하나님은 인간을 지금 모습 그대로 만들기로 하셨다. ─ 유한하고 고통을 겪고 슬픔과 죽음에 매여 있는 그런 모습으로 말이다. 그분은 모든 것을 자기 탓으로 돌리고 대가를 치르실 만큼 정직하고 담대하셨나. 당신의 피조 세계

와 어떤 게임을 벌이든, 그분은 당신 자신이 만든 규칙을 지키셨고 공정하게 임하셨다. 그분은 당신 자신에게 강요하지 않으신 것은 그 어떤 것도 인간에게 강요하지 않으셨다. 그분은 가족들 간에 겪을 수 있는 사소한 다툼, 힘든 노동과 재정적 궁핍이라는 속박에서부터 고통과 치욕, 패배, 절망, 그리고 죽음에 이르기까지 인간이 겪을 수 있는 일은 처음부터 끝까지 몸소 다 체험하셨다. 인간이셨을 때 그분은 인간으로 사셨다. 그분은 가난하게 태어나 불명예스럽게 죽으셨으며, 그 모든 것을 그럴 만한 가치가 있는 일로 생각하셨다.[18]

하나님이 묵묵히 그 일을 감당하셨는데 우리가 누구기에 우리 삶에 대해 불평을 한단 말인가?

그냥 그런가 보다 하고 이 모순의 다른 측면, 즉 하나님이 이렇게 인간이 되신 이유는 우리를 위한 삼위일체 하나님의 특별한 목적이 있기 때문이라는 점을 망각하는 일이 없도록 하기 위해 우리는 신약성경의 두 가지 강조점, 그리고 그 둘 사이에 계속되는 긴장 관계를 계속하여 기억할 필요가 있다. 앨런 루이스는 "예수님의 이중적 기원, 즉 하나님과 함께하신 분이신 동시에 인간 가정에 태어난 분이라는 사실은 신약성경 안에 있는 양립할 수 없는 기독론들의 대립을 드러내 보여 준다"고까지 말한다. 그 기독론들, 즉 그리스도의 위격과 사역에 대한 해석들은 양립할 수는 없는 게 사실이지만, 둘 다 진실이다. 우리는 이 두 가지 기독론을 똑같은 비중으로 끈질기게 붙들지 못하고, 그래서 그분의 이름과 또 우리를 위해 이 땅에 오신 그분의 행위를 오염시키고 있다.

　루이스는 성경이 묘사하는 이 그림의 양 측면을 놀랄 만큼 신선하고 적절하게 강조하고 있다. 첫째, "이 기적적 잉태를 기록하고 있는 동일한 복음서 기자들(마태와 누가)도 마가와 요한 못지않게 예수님을 철저히 ― 그리고 창피할 정도로 ― 평범하게 묘사하고 있다." 반면, "그들은 그리스도가 충만한 인성 가운데 이땅에 실제로 존재하셨다는 사실이 역사상의 우발적 사건이 아니라 하나님이 은혜로 주신 구체적 선물이요 하나님의 거룩한 창조성과 능력의 성취였다는 점을 직관적으로 전달하고 있다."[19]

　루이스는 성경 기자들과 마찬가지로 우리도 그리스도 안에서 사람이 되신다는 게 하나님께 어떤 의미일지 그저 어렴풋이 알기 시작할 뿐이라는 사실을 알려준다. 인간 그리스도 안에 계신 하나님이라는, 필설로 다할 수 없는 큰 선물에 대해 성삼위 하나님을 얼마나 찬양해야 족할까? 그 선물에 대해 좀더 철저히 알게 되기를 갈망하는 마음을 과연 그칠 수 있을까? 신발을 만든 사람이 신발이 된다면 어떨지 한 번 상상해 보라!

기적

왜 사람들은 현대 과학 문명에서는 예수님이 성경에 기록된 것과 같은 기적을 행하실 수 없을 것이라 생각하기를 좋아하는 것일까? 기적에 대해 이의를 제기하는 사람들은 하나님이 그런 방식으로 세상사에 간섭하신다는 것을 믿지 않는다. 또는 성경 기자들이란, 기술적인 면에서 전문 지식을 획득한 세상에서는 얼마든 자연적으로 설명 가능한 현상에 대해 초자연적인 설명을 해도 그것을 믿을 만큼 어리석고 전근대적인 사람들이라고 생각한다.[20]

하지만 기적을 믿지 않는다는 것이 우리의 생활을 얼마나 갑갑하게 만드는지 모른다. 우리는 일상의 경이들을 놓치고 산다. 통통한 뒹벌이 하늘을 날 수 있다든가 벌새가 엄청난 속도로 날개를 계속 파닥거릴 수 있다는 것은 정말 놀라운 일이다.

사전이 정의하는 평이한 의미 — 즉 기적이란 자연법과 모순되어 보이는, 그래서 초자연적 원인이 있는 것으로 생각되는 어떤 것이라는 — 에서 보자면 나는 여러 가지 기적들을 경험했다. 캘리포니아 병원에서 나를 담당했던 의사들과 간호사들은 장이 중적(重積)되는 증상으로 장의 15인치 정도가 괴사 지경에 이르러 절제 수술을 한 후 내가 엄청나게 빠른 속도로 회복되는 것을 보고 놀라워했다. 내가 생각하기에 이보다 더 기적적인 일은, 내 증세가 얼마나 심각한지에 대해 정확히 판단을 내릴 수 없자 담당 의사는 안심하지 못했고, 급기야 밤 10시에 수술 팀을 소집했다는 것이다.

만약 그가 수술을 하지 않았더라면 (성인에게는 드문) 장 중첩증이 아마 치명적인 상태가 되었을 것이라고 한다. 하나님은 마지막 날에 우리 모두를 완벽하게 치유하실 것이다. 하나님이 이따금씩 우리에게 '기적적' 치유를 미리 맛보게 하시는 것을 의심할 이유가 무엇인가?

우리는 기적이 일어났다는 이야기들을 자주 듣는다.[21] 그 이야기들을 왜 의심해야 하는가? 노트르담 로 스쿨 졸업생으로 자신의 첫 번째 생일날 어머니가 돌아가신 한 학생의 이야기이다. 어렸을 때 그는 사람들이 어머니의 죽음에 대해 이야기를 해주지 않아서 새 엄마를 엄마로 알고 자랐다고 한다. 초등학교 1학년 때 그는 어떤 병으로 수술을 받았는데, 퇴원 후 집에 돌아온 어느 날 밤 수술 부위에서 심각한 출혈이 일어나는 것도 모른 채 잠들어 있었다고 한다. 그런데 꿈에 거무스름한 피부에 길고 검은 머리의 한 아름다운 여자가 다가와 어깨를 만지면서 "토미, 일어나"라고 가만히 되풀이하더란다. 잠에서 깬 그는 누워 있던 자리에 피가 흥건히 괸 것을 보고 아버지를 불렀고, 아버지는 출혈 부위를 압박한 채 서둘러 그를 병원으로 데려갔다. 응급실 의사는 출혈이 15분만 더 지속되었다면 사망했을 거라고 했다. 몇 달 후, 주변 사람들에게 자꾸 물어 대답을 듣고서야 그는 생모의 존재를 알게 되었고, 생모의 사진을 보고 "꿈에 자신을 깨웠던 바로 그 여자"가 자신의 생모였다는 것을 알게 되었다고 한다.[22]

나는 토미의 이야기를 듣고 영적으로 힘을 얻었고 감사하게 되었다. 내가 아는 이들 중에는 그런 일이 왜 극소수의 사람에게만 일어나느냐고 반문하는 사람도 있다. 그러나 내가 보기엔 현대 미디어가 조장하는 판타지와 그 현란함으로 인해 감각이 둔해진 나머지 일상생활에서 온갖 주목할 만하고 경이로 가득 찬 일들이 계속 일어나고 있는데도 우리가 그것을 알아차리지 못하고 있을 뿐인 것 같다.

기적을 의심 혹은 조롱하는 사람들의 반대쪽 극단에는 기적을 요구하는 사람들, 즉 자신들에게는 하나님께 기적을 요구할 권리가 있다고 생각하거나 특정 종류의 치유 기적을 기대하는 사람들이 있다. 그런 사람들은 흔히 치유를 하나님이 하셔야 하는 일로만 제한하는 경우가 많으며, 육체적 치유를 경험하지 못하는 사람에 대해서는 "기도를 제대로" 하지 않았기 때문이기라도 하다는 듯 비난한다(나 역시도 그런 시련을 많이 겪었다). 기적이란 꼭 육체적인 유익에만 해당하는 것이 아니라, 태도의 변화나 믿음의 성장 등과 같은 것일 수 있음을 그들은 모르는 것일까?

기적을 요구하거나 특정 종류의 기적을 고집하여 기적의 의미를 훼손시키는 것은 교만과 이기심 속에 감사를 매몰시키는 것이며, 하나님의 참 선물보다 못한 것을 원하는 까닭에 그 참 선물을 놓치는 잘못이다. 솔직히 말해, 나도 기적의 의미를 오염시킨 죄에서 자유롭지 못하다. 왜냐하면 육신의 허약함에 대해 짜증을 내고 하나님이 내 성품이나 사역 혹은 내가 알지 못하는 영역에서 행하고자 하시는 더욱 큰 기적을 내 시야에서 놓치는 경우가 많기 때문이다.

꿈 이야기의 주인공 톰 라이트는 "어떤 경우든 하나님은 당신이 하고자 하시는 일을 하실 수 있다고 생각합니다. 우리는 그 한계를 알지 못합니다. 하나님의 한계에 대해 우리가 이러쿵저러쿵하는 말들은 현대 철학의 영향을 받은 바가 큽니다"[23]라고 말했다. 그의 증언은 우리가 기적을 어떻게 단절시키고 있는지 단적으로 보여 준다.

사실 기적이 아닌 것은 없다. 이 점을 잘 드러내는 한 우스갯소리가 있다. 과학자들이 모여 자신들도 인간을 만들어낼 수 있으니 하나님과 시합을 벌여 보겠다고 나섰다. 먼저 하나님이 땅의 흙을 취해 인간을 만드시고 그에게 생기를 불어넣으셨다. 차례가 되어 과학자들도 흙을 주워들고 작업을 시작했다. 그때 하나님이 그들을 가로막으며 말씀하셨다. "안 돼, 네 흙으로 해야지."

경이로 가득 찬 씨앗, 그 잠재력을 증식시키는 것이 하나님의 방식이다. 비옥한 땅에 심긴 그 씨앗에 햇빛과 비라는 거룩한 선물로 자양분을 공급해 키우시고 수십억의 사람들을 위한 떡을 만드시는 것이다. 사실이 이러할진대 예수님이 그 과정을 좀 단축시켜 몇천 명이 먹을 수 있는 떡을 신속하게 만드셨다고 해서 그게 불가능한 일이라 말할텐가?

가르침

지난 2세기 동안에는 예수님을 그저 위대한 도덕 선생—혹은 유랑하는 선지자, 냉소적인 얼치기 철학자, 또는 현대 신학자들이 좋아하는 그 외 다른 이름들로 격하시켜 부르는 것이 유행이었다. 하지만 C. S. 루이스는 그분이 말씀하신 그대로 온 우주의 구원자요 하나님 나라를 다스리는 분, 부활이요 생명이실 수는 있지만 그게 아닐 경우 그분은 거짓말쟁이거나 미치광이에 지나지 않으므로 절대 훌륭한 선생이실 수는 없다고 유명한 평결을 내려 위와 같은 오염 현상에 응수했다.

루이스는 우리 모두가 선택해야 한다는 점을 분명히 했다. 예수님은 예전이나 지금이나 참으로 하나님의 아들이든지 아니면 미광이거나 혹은 그보다 더 나쁜 경우일 수밖에 없다. 우리는 그분을 정신 나간 사람으로 확신하고 시설에 집어넣을 수도 있고, 범죄자로 판결해 매질하고 십자가형에 처할 수도 있고, 우리의 주님이요 하나님으로 여겨 경배할 수도 있다. 하지만 무슨 선심이라도 쓰는 것처럼 예수님을 그저 훌륭한 도덕 교사로 여기기만 할 수는 없다. 왜냐하면 그분은 우리에게 그런 선택안을 주신 적이 없고 그럴 의도도 없으셨기 때문이다.[24]

루이스가 저항했던 그런 류의 넌센스, 즉 구주로는 인정할 수 없고 다만 훌륭한 교사 정도로는 받아들이겠다면서 선심을 쓰는 자세가 이 시대에도 여전히 끈질기게 남아 있는 것도 문제이지만,

내가 또 한 가지 염려하는 것은 예수님의 가르침에 대한 또 다른 종류의 오염 현상이다. 즉, 예수님을 "주와 하나님"으로 부르는 많은 이들이 정작 그분께서 하나님 나라에 관해 가르치신 내용을 진지하게 받아들이지 않는 무례를 저지르고 있는 것이다.

우리의 주님이시요 하나님이신 예수님은 당신이 오심으로 하나님 나라가 세상에 임했다는 점을 분명히 하셨다(특히 막 1:14-15를 보라. 완료 시제는 그 나라가 예수 안에서 시작되어 그분이 여기 계신 지금도 지속되고 있음을 강조한다). 하나님 나라가 예수님의 가르침의 가장 본질적 측면이었다는 것은 부활과 승천 사이 마지막 40일 기간 동안 제자들과 함께 계실 때 예수님이 하나님 나라라는 문제에 가르침의 초점을 맞추셨다는 사실에서 잘 강조되고 있다(행 1:3, 참조 눅 8:1, 그 외 제자들을 파송하시는 장면을 묘사하는 다른 본문들을 보라). 예수님을 우리의 왕이라고 부르면서 왜 우리는 그분이 다스리시는 나라의 법도를 따라 살지 않는가? 하나님 나라 백성으로서의 삶을 그분께서 어떻게 묘사하시는지 몇 가지 측면을 생각해 보자.

예를 들어, 예수님은 하나님 나라가 씨앗처럼 자란다 grow고 말씀하셨다. 씨앗이 어떻게 자라는지 우리는 알지 못한다(막 4:26-29). 그런데 교회들은 왜 수적 '성장' grow 전략들을 세우는가? 또 몇 년 동안 '회심자 수' 몇 명 달성 등의 목표를 세우는 이유는 무엇인가? 성장은 우리가 아니라 하나님께 달린 일 아닌가?

예수님은 하나님 나라는 어린아이들의 것이라고, 그리고 어린아이같이 되지 않으면 어느 누구도 그 나라에 들어갈 수 없다고 말쏨하셨다(막 10:14-15, 눅 18:16-17). 그런데 왜 우리의 교회들은 예배 때 어린아이들을 멀찍이 밀어내는 경우가 그렇게 많은가? 하나님 나라를 받아들이는 것에 관해 어린아이들에게 배울 것이 많지 않은가?

예수님은 부자가 하나님 나라에 들어가기가 어려우며(막 10:23), 하나님 나라는 부자가 아니라 가난하고 핍박받는 사람들 것이라고(눅 6:20, 마 5:3, 10) 말씀하셨다. 그런데 우리 교회들은 왜 그렇게 부유하길 원하는가? 우리가 가진 부를 세상의 다른 이들과 나누는 걸 왜 그리 어렵게 생각하는가? 실제로 예수님은 하나님 나라는 우리가 가진 걸 모두 팔아서라도 살 만큼 소중하며(마 13:44), 부자는 가진 것이 너무 많은 탓에 보화 중에서도 가장 귀한 것을 소유하지 못한다고(막 10:17-22) 말씀하셨다. 예수님을 우리의 왕이라고 부르면서, 먼저 하나님 나라를 구하면 다른 모든 것이 거기 더해질 것이라 믿는 법을 배울 수는 없는 것인가?(마 6:33)

성이라는 엄청난 우상숭배에 빠져 있는 우리 시대 문화의 현실 앞에서, 결혼 밖에서 일어나는 성 관계를 삼가는 것은 하나님 나라를 위해 우리가 내릴 수 있는 진지한 선택이라는 점을 좀더 심각하게 받아들여야 하는 것 아닐까?

이즈음 가장 중요한 말씀일지도 모르지만, 예수님은 하나님 나라 백성들은 자기 원수를 사랑해야 한다고 말씀하셨다(마 5:38-48). 그런데 그리스도인이요 하나님 나라 시민임을 자처하면서 어떻게 적을 선제공격하기로 선택하는 나라를 지지할 수 있는가?

예수님을 우리 주님이라고 부르면서 어떻게 그분의 가르침을 따르지 않을 수 있는가? 그저 우리의 선생이라고 외치는 자는 미치광이 아닌가?

고난

수 세기 동안 교회 역사 속 지도자들은 하나님이 고통을 느끼지 않으시는 분이라고 생각했다. 즉 신은 고통을 당할 수 없다는 것이다. 이와 관련해 니케아와 콘스탄티노플에서 공의회가 열렸고, 그리스도의 두 가지 본성 및 삼위일체 교리가 다루어졌다. 어떤 이들에겐 그리스도의 인성과 신성이 확연히 구분되는 것으로 간주되었고 따라서 오직 인간으로서의 예수만이 고통을 당한 것이라고 보았다. 하나님은 절대 고통을 당할 수 없다고 하는 원칙이 너무도 강력했기에 그들로서는 하나님이 그리스도 안에서 실제로 고난을 겪으셨다는 것은 상상할 수 없는 일이었다. 하나님이 친히 고난당하시고 죽으셨다는 주장은 말그대로 십자가의 거리끼는 것 scandal of cross인 셈이다(고전 1:23).[25]

최근 수십여 년 어간에 신학자들이 성경 본문들을 재연구하여 하나님 백성들의 전 역사에 걸친 하나님의 고난을 이야기하는 부분들을 찾아내기 시작했고, 그럼으로써 신인이신 예수님의 고유히

고도 역사적인 고난에 대해 좀더 진지하게 생각해 볼 기회를 준 것은 기독교 신앙에 정말 크나큰 선물이 아닐 수 없다.[26] 하나님은 고통당하실 수 없다는 교리를 거부하는 것과 관련하여, 그리고 하나님의 고난이라는 교리를 회복하는 것과 관련해서도 우리는 이 시대에도 여전히 오염된 자세가 있음을 알고 이에 대처해야 한다.

한 가지 오염 현상은 영어판 기독교 신조들이 사실상 조장하고 있는데, 이 신조들은 예수님의 고난을 지상에서의 마지막 며칠 동안 있었던 일들에만 한정하고 있는 것 같다. 가장 흔히 사용되는 영어판 사도신경을 보면 다음과 같다.

> 그는 본디오 빌라도에게 고난을 받아,
> He suffered under Pontius Pilate,
> 십자가에 못 박혀 죽으시고 장사되셨습니다.
> was crucified, died, and was buried.

그런데 쉼표 하나의 위치를 바꾸면 이 문장의 의미가 다음과 같이 좀더 정확해진다.

> 그는 고난을 받으시고,
> He suffered,
> 본디오 빌라도에게 십자가에 못 박혀 죽으시고 장사되셨습니다.
> under Pontius Pilate was crucified, died, and was buried.

마찬가지로, 비교적 새로운 버전의 니케아 신조를 우리는 다음과 같이 암송한다.

> 그는 우리를 위하여 본디오 빌라도에게 십자가에 못 박히시고;
> For our sake he was crucified under Potius Pilate;
> 죽으시고 장사되셨다.
> he suffered death and was buried.

이 문장에서는 예수님이 오직 죽음이라는 고난만 당하셨다는 의미가 느껴진다. 그런데 구 버전에서는 "그가 고난을 받으시고 장사되셨다" he suffered and was buried라고 되어 있었다.

이는 어물쩍 넘어갈 사소한 문제가 아니다. 왜냐하면 예수님은 본디오 빌라도에게서만, 단순히 죽으실 때에만 고난을 당하신 게 아니기 때문이다. 예수님은 태어나실 때부터 빈곤이라는 고난, 낮아지심이라는 고난, 냄새나는 마굿간이라는 고난, 그리고 따가운 건초더미의 고난을 겪으셨다. 헤롯의 탄압을 피해 피난민 신세가 되는 고난을 겪으셨고, 선생으로서 가족들은 물론 가장 가까운 제자들에게 오해를 당하는 고난도 겪으셨고, 랍비로서 뻔뻔스런 대중들과 쉴 새 없이 괴롭히는 종교 지도자들에게 시달리며 집도 없이 떠도는 고난도 당하셨다.

예수님은 일평생 우리가 알고 있는 것보다 더 많은 고난을 당하셨을 뿐만 아니라, 마지막 며칠 동안 겪으신 고난은 우리가 통상적으로 상상하는 것보다 훨씬 더 극심한 고난이었다. 이는 예수님의 수난에 관한 그 논란 많은 멜 깁슨의 영화에서 그랬듯 단순히 예수님이 겪으신 육체적 징벌의 잔혹함에 좀 더 주목해야 한다는 뜻이 아니다. 모르긴 몰라도 정치범들 중에는 그보다 훨씬 더 광범위하게, 훨씬 더 오랜 기간 동안 고문을 당한 이들이 많을 것이다.

나는 그리스도께서 하나님께 순종하기 위해 치르신 대가를 평가절하하자는 게 아니다. 그리스도께서 모든 악의 세력에 전적으로 굴복하시고 지옥으로 내려가신 데서 알 수 있듯 그분이 하나님께 버림받으셨고 하나님 자신 안에서 격렬한 파열이 생겼는데 이 파열의 심각성을 과소평가하자는 것도 아니다. 앨런 루이스가 분명히 밝히고 있듯, 그리스도인들은 부활의 소망도 없이 너무 쉽게 부활절로 건너뛸 때가 많다. 부활절 전 토요일에 충분히 시간을 갖고 성 금요일을 돌아보지 않는 것이다.[27]

내가 생각하기에 예수님의 고난을 좀더 진지하게 받아들이려 하지 않는 이유는 우리 역시 기꺼이 그런 고난을 감당하고자 하는 마음이 없기 때문이다. 우리는 하나님의 일을 할 때 어떻게든 잘 해내고자 하는 마음이 강하기에, 우리가 연약한 모습으로 고통을 겪는 것은 하나님이 역사하시는 방식이 아니라고 생각하곤 한다. 또 우리는 오늘날 예수님이 우리의 죄로 인한 결과로 고통을 겪는 여성들과 어린이들, 사회적 소수자, 가난한 이들, 그 외 여러 사람들의 삶에서 함께 고난당하고 계시다는 사실을 인정하고 싶어 하지 않는다.[28]

때마침 나는 사순절 기간에 이 글을 쓰며 고난에 대해 생각해보고 있는 중이다. 사순절 맞이 각종 모임이나 집회에 가보면, 사람들은 "전 사순절 주간에는 디저트를 먹지 않았어요" 등과 같은 말을 하고, 나 자신도 "전 사순절 주간엔 산책을 포기했지요"라는 농담을 했다. 하지만 나에게 이 문제는 결코 웃어넘길 일이 아니다. 나는 아픈 것에 지쳤고, 목발을 짚은 한쪽 다리 때문에 온몸의 체중을 홀로 감당하느라 나머지 한 쪽 다리가 퉁퉁 부어오르는 것에도 지쳤고, 화상 입은 발이 치유되는 기간이 터무니없이 길게 지속되는 것에도 지쳤다. 지난 두 달 동안 나는 예수님이 당하신 그 모든 고난을 바라보는 것으로 이 비교적 사소한 불편함을 좀더 기꺼이 감당할 수 있게 되기를 바랐다. 하지만 그런 마음이 생긴 것 같지가 않다. 세상 곳곳에서 그토록 깊이 고통당하는 수많은 사람들의 아픔에 비하면 나의 시련이라는 게 얼마나 사소한 것인지 잘 알고 있음에도 말이다. 나는 언젠가는 모든 일에서 하나님을 믿고 의지할 수 있게 되기를 기도한다.

생각해보면 나는 그리스도께서 나를 위해 허락해주신 그 모든 일에 대해 더욱 감사하게 된 것 같다. G. K. 체스터튼의 코믹 미스테리 『목요일이었던 남자 The Man Who Was Thursday』의 한 장면을 읽으면서 나는 비슷한, 그러나 좀더 극적인 감사의 마음이 밀려드는 것을 경험했다. 이 장면에서 마귀는 소리친다.

"너희는 하늘의 일곱 천사이고, 고난이라곤 전혀 겪은 적이 없어.

아, 만약 내가 겪었던 진정한 고통을 너희가 한 시간만이라도 겪었다면, 난 너희가 모든 인류 위에 군림하는 것도 너희가 저지른 모든 짓도 용서할 수 있을지 몰라!"

이에 대해 소설의 주요 인물 중 한 사람인 목요일이 머리에서 발끝까지 부들부들 떨며 일어나 외친다.

"우리가 한 번도 찢긴 적이 없다는 건 사실이 아니오. 우리는 형거에 밟혀 찢긴 적이 있소. … 당신 같은 사람이 무례하게 끼어들어 우리더러 행복한 자들이라고 고소하는 바로 이 순간에도 우리는 잊혀지지 않는 그 고통에 대해 한탄하고 있었소. 나는 이 중상모략을 거부하는 바이오. 우리는 행복하지 않았소."

몇 문장을 건너뛰어, 그는 고개를 돌려 수수께끼 같은 인물 일요일의 기묘하게 미소띤 얼굴을 보게 되는데, 다음 장면에서 마침내 이 사람의 정체가 밝혀진다.

"당신은 …" (목요일이) 두려움에 찬 목소리로 외쳤다. "당신은 고통을 겪은 적이 있습니까?"
목요일이 똑바로 응시하고 있자니, 수수께끼 인물의 그 거대한 얼굴이 엄청나게 커졌다. … 그 얼굴은 점점 커지고 또 커져서 온 하늘을 가득 채웠다. 그러더니 모든 것이 다 어두워졌다. 칠흑 같은 어둠 속에서, 그의 머리가 완전히 부서질 것 같은 순간, 어디에선가 한 음성이 들려오는 것 같았다. 그가 자주 들었던 익숙한 말이었다.

"내가 마시려는 잔을 너희가 마실 수 있겠느냐?"[29]

십자가에 달리심

예수님이 십자가에 달리신 일은 역사의 흐름과 함께 우리가 생각할 수 있는 온갖 방식으로 그 의미가 훼손되어 왔다. 그 중에서도 이것이 반(反) 유대주의의 근거로 이용됐다는 사실만큼 비열한 사례는 없을 것이다.[30] 일부 유대인 지도자들이 예수님에 대해 혐오감을 가지고 있었음을 복음서 기자들이 기록해 보여주기는 하지만, 신약성경이 한결같이 밝히고 있듯 그분의 죽음은 우리 모두가 초래한 것이었다. 시공을 초월하여 모든 인류가 말이다.

예수님이 십자가에 달려 돌아가신 일이 또 어떻게 왜곡되는지는 멜 깁슨의 영화 〈패션 오브 크라이스트〉에서 잘 예시됐는데, 이 영화는 유혈이 낭자한 장면을 상세히 묘사하는 데 심혈을 기울였다. 그렇게 해서 어느 누구보다 더 큰 고통을 겪은 그리스도의 십자가 죽음이 우리의 고통의 문제를 다룬 것이라 말하려는 듯하다. 하지만 기독교는 물론 일반의 많은 평론가들도 지적하듯 성경은 그리스도의 십자가를 그런 식으로 이해하고 있지 않다.[31] 예수님의 죽음은 잔혹했다. 그건 사실이다. 하지만 그분의 죽음은 그저 우리의 고통이 아닌 인류의 근원적인 죄로부터의 구원 문제를 다루었으며, 십자가 사건의 다른 많은 면에서도 그 구원의 능력이 드러난다. 무엇보다 그리스도가 자신의 철저히 무죄한 의를 우리의 절망적 타락 상태와 기꺼이 맞교환하고자 하셨다는 데서 그 능력이 가장 극명하게 드러난다 할 것이다.

세 번째 부류의 오염 현상은 르네 지라르Rene Girard의 매우 영향력 있는 저서들로 인해 일어났는데, 많은 학자들은 그의 희생양 이론theory of scapegoat('모방적 욕망'과 함께 지라르가 고안해낸 대표적인 개념으로, 인간은 어떤 모델을 좇아서 대상을 욕망하며, 이런 모방적 욕망이 급증하면 그 욕망의 대상을 둘러싼 갈등과 폭력이 나타나고 이것이 그 사회 공동체 전체를 와해시킬 정도가 될 때 공동체는 그 폭력을 하나의 대상에게 집중시키는 방식으로 그 위기에서 벗어나고자 하고, 그때 선택된 폭력의 대상이 바로 희생양이라는 것이다. 그가 말하는 대표적인 희생양이 바로 예수님이다. 그는 "기독교는 예수님을 통해, 폭력에 휩싸인 공동체의 평화를 위해 무고한 희생양을 살해하는 이 매커니즘의 정체를 널리 알린다"고 말했다―역자 주. 참조『문화의 기원』[르네 지라르 지음, 기파랑, 2006] 역간)이 십자가 사건의 의미를 충분히 설명해 준다고 여겼다.[32] 지라르의 연구가 특별히 유익한 것도 사실이고, 예수님이 십자가에서 죽으신 것이 구약 성경의 비유적 설명 및 희생양을 멀리 광야로 보내 죽음을 맞게 만드는 그 시대 관행의 성취 역할을 하는 것도 사실이지만, 그것은 그리스도의 십자가 죽음을 더욱 의미 깊게 해주는 성경의 수많은 예표론 가운데 하나일 뿐이다.

예수님의 십자가를 볼품없게 만드는 또 한 가지 방식은 구원의 역사를 오직 그 십자가 사건에만 한정짓는 사람들에게서 나온다. 이 신학적 오해는 '보혈'이라는 단어와 관련된, 의미가 모호한 표현들에 의해 고조된다. 예를 들어, "십자가의 보혈로 내 죄를 씻어주소서"라고 말한다면 이것은 틀린 말은 아니지만 온전한 진리는 분명 아니다. 예수님이 십자가에 달리신 사건은 그리스도의 전 구속 사역의 절정이라고는 할 수 있지만, 구속 사역을 완성하기 위해 필요한 것이 그게 전부는 아니었다. 그 사건은 예수님의 성육신, 생애, 가르침, 고난, 죽음, 무덤에서의 시간, 부활, 그리고 승천이라는 전체 구조의 한 조각일 뿐이다.

'십자가의 보혈'에 모든 의미를 부여하는 이들의 신학적 스펙트럼 반대쪽에는 거기에 아무런 신학적 강조점도 두지 않는 이들이 있다. 이들은 예수님의 죽음이 단순히 (종교 지도자들이 보기에 문제가 있었던) 그분의 가르침의 결과였을 뿐이고, 구원에 도움이 되게 하려는 의도도 없었고 대속의 효과도 없다고 주장한다. 십자가의 의미가 이렇게 오염되는 현상은 예수님의 처형이 누구도 '구원하지' 못했다고 주장하는 학자들의 말에서 한 마디로 요약된다.[33] 이스라엘의 역사 전반에서도 알 수 있듯, 하나님의 뜻을 경시하려는 태도는 내가 보기에 모든 오염 현상 중에서도 가장 오만한 경우이다. 우리가 누구관대 예수님이 우리의 대속물이요 태초 이후 하나님이 계속 품어오신 뜻의 성취로서 죽음의 자리로 가셨냐고 하는 성경 기자들의 증언이 착각이라고 감히 말하는가?

　이러한 오염 현상은 예수님이 십자가 사건 당시 전적으로 수동적인 자세를 취하셨다고 하는 생각 때문에 더욱 심화되었다. 실제로 예수님은 그 일을 중지시키기 위한 아무 조치도 취하지 않으셨다. 하지만 모든 복음서는 그리스도께서 기꺼이 그 일을 감당하기로 선택하셨음을 보여 준다. 그분은 이 잔, 이 세례, 이 희생, 삼위일체 하나님의 뜻에 대한 이 순복을 받아들이셨다. 그분의 죽음은 ― 일부 영화가 묘사하는 것처럼 ― 영웅적인 죽음이었기에 구원의 효과가 있는 게 아니다. 오히려 그것은 '혁명적 복종'이었기에, 즉 연약함과 겸손과 순종으로 말미암아 모든 악의 권세를 이기고 이스라엘에게 주어진 언약의 사역을 완성시켰기 때문에 구원의 효력을 지니는 것이다.[34] 십자가 사건에 대한 모든 오염 현상은 성경의 기록 전체를 진지하게 받아들이지 않고 어느 하나를 빼먹기 때문에 생겨나는 것들이다. 성경에는 많은 예표, 이미지, 상징, 비유, 신학적 서술 등이 전반에 산재해 있어, 십자가 사건에 대한 우리의 이해를 이것 혹은 저것 한 가지에 국한시킨다는 것은 기념비적인 신비를 웅성거리는 소음으로 만들어 버리는 꼴이 된다.

　그보다 우리는 기독교의 정경을 종합하여 판단하는 사람들(히브리어 성경과 복음서 기사는 물론 서신서라는 신학적 서술과 요한계시록의 환상에 나타난 상징 등 이 모든 것이 필요함을 인식하는 사람들)에게서, 십자가형의 의미에 대해 깊이 생각하고 그 의미와 씨름했던 교부들과 신비주의자들과 개혁자들에게서, 그리고 특별히 십자가형은 끔찍한 것인 동시에 매우 당당한 것으로 영원히 사라지지 않을 크나큰 중요성을 지닌 것이라는 자신의 통찰을 진흙과 나무에, 물감과 유리에, 여러 악기 및 사람의 음성을 통해 펼쳐 보인 예술가들에게서 교훈을 얻어야 한다. 사순절은 복음서에서 예수님의 수난을 기록한 부분을 천천히 읽거나[35] 훌륭한 신학자와 설교자들의 고난주간 설교를 묵상하거나[36] 요한 세바스티안 바흐의 〈마태 수난곡〉을 들으면서 십자가에 달리신 예수님의 죽음에 대한 이해를 넓히기에 좋은 때이다.[37]

우리는 십자가형이 시행되는 끔찍한 소리를 들어야 하고, 그 추악한 폭력성을 목도해야 하며, 떡과 포도주에서 소망을 맛보아야 하고, 깊이를 헤아릴 수 없는 그 친밀감을 만져서 느껴보아야 한다. 그리스도의 십자가에 대해 아이작 왓츠보다 더 잘 표현한 사람은 아마 없을 텐데, 그는 1707년 주 달려 죽은 십자가를 생각하다가 십자가에 대한 합당한 자세는 겸손과 회개, 희생과 경이, 그리고 찬양뿐이라고 결론을 내렸다.

> 면류관 쓴 머리와 못박힌 손발 보오니
> 사랑과 슬픔이 흘러내리도다.
> 어디서도 찾을 수 없는 사랑과 슬픔이여.
> 가시로 만든 면류관 우리를 위해 쓰셨네.
> 온세상 만물 가져도
> 주 은혜 못 다 갚겠네.

놀라운 사랑 받은 나
내 영혼, 내 생명, 내 모든 것 드리리.

정말로 그러하다! 십자가에 달려 죽으신 그리스도는 내 영혼, 내 생명, 내 모든 것의 주인이 되신다!

시험

예수님이 진짜로 시험^{temptation}당하셨다고 상상할 수 있는가? 하나님이 하나님 아닌 분이 되라고 시험받으실 수 있다는 것을 정말로 이해할 수 있는가?

우리는 그리스도께서 받으신 시험을 마귀의 유혹^{seduction}에 관한 마태복음 4장과 누가복음 4장의 기사에만 국한시켜 그 의미를 훼손하기 쉽다. 우리는 이 시험^{test}이 끝난 후 마귀가 "얼마 동안 떠났다"(눅 4:13)고 하는 성경 기자의 마지막 말 한 마디를 잊고 만다. 우리는 예수님이 그 무지하고 때때로 고집불통에다가 실수투성이여서 도저히 뭘 제대로 할 수 있을 성 싶지 않은 밉상의 제자들에게 "수건을 던지고픈" 유혹을 얼마나 받으셨을지는 심각하게 고려하지 않는다.

헨리 나우웬은 성경에 기록된 세 가지 주요 시험을 정의하기를,

당면한 문제에 적절한 도움을 줄 수 있는 사람이 되라는 유혹, 주목할 만한 장면을 연출해 대중의 인기를 얻으라는 유혹, 그리고 권세 있는 자가 되라는 유혹이라고 했다.[38] 하지만 그분은 괴팍하고 참을성 없고 그럼에도 유능하고 오만하고 자기중심적이고 무례한 자가 되라는 유혹은 또 얼마나 받으셨겠는가! 히브리서에서도 예수님을 일컬어 "모든 일에 우리와 똑같이 시험을 받으신 이"(히 4:15)라고 말하지 않는가. 하지만 우리가 예수님의 이런 모습을 정반대의 측면에서 훼손시키거나 그분은 아마도 이 모든 시험을 단숨에 훅 불어 날리셨을 것이라 생각하지 않도록 히브리서 기자는 이렇게 덧붙인다. "죄는 없으시니라"(히 4:15).

시험의 의미를 최악으로 오염시키는 행위는 아마도 그분의 총체적 인성이 그분의 총체적 신성과 서로 엮이되 인간으로서 지니는 모든 연약함이 줄어든 것은 전혀 아니었음을 우리가 이해할 능력이 없다는 사실로 인해 시험의 혹독함을 약화시키는 행위일 것이다. 내가 생각하기에 그분께서 받으신 시험은 우리가 받는 시험보다 훨씬 더 가혹했다. 왜냐하면 예수님은 그분 고유의 인간적인 방식으로 하나님이 되라는 유혹을 끊임없이 받았기 때문이다.

결국, "주님의 뜻이 이루어지이다"와 "우리를 시험에 들게 하지 마시고"라는 간구는 서로 짝을 이룰 때 가장 잘 이해될 수 있다. 우리가 하나님의 뜻을 행하고자 할 때마다 그것은 우리에게 하나의 시험 거리가 될 것이다. 즉, 하나님의 뜻을 행하고자 하되 자기 나름대로의 이유 또는 이득을 위해, 영예를 얻거나 인정을 받고 싶어서, (하나님의 방식이 아니라) 내 나름대로의 방식으로, 또는 그릇된 방식으로 하나님의 뜻을 행하고자 할 수도 있는 것이다. 예수님은 늘 아버지의 뜻과 말씀과 일을 행하셨기에, 그 모든 것을 아버지의 방식대로 행하기 위해 순간순간마다 투쟁하셔야 했다.

내가 '시험'이라는 항목을 이 책의 이 부분에 위치시킨 것은 그리스도께서 우리를 위해 가장 중요한 역사를 행하시는 순간 어쩌면 그분은 아버지께 대한 순종을 포기하라는 유혹을 가장 격렬하게 받지 않았을까 싶어서이다. 그 싸움은 의심할 나위 없이 지극히 치열했을 것이기에, 나는 '예수님이 그 모든 시험을 일거에 쓸어버리고 싶은 유혹을 참아내는 것도 정말 힘든 일이었을 것' 정도로 이 부분에 대해서는 의도적으로 말을 삼가고 싶기도 하다. 그분은 겟세마네에서의 그 고뇌에 찬 기도, 비웃는 무리들과 비아냥대는 군인들, (십자가에 달려 계심으로써만 여전히 하나님일 수 있었고 하나님의 성품에 충실할 수 있었건만 그런 요구는 뺀 채) 십자가에서 내려옴으로써 하나님임을 입증해 보라는 도전을 감내하셨다. 그 뿐만 아니라 그러한 싸움이 진행되는 내내 큰 유혹자가 그분을 공격했을 것이 분명하다.

C. S. 루이스는 백색 마녀라는 인물을 통해 이것을 상상하여 묘사하는데, 다음은 마녀가 대황제의 아들 사자 아슬란을 죽이는 장면이다.

드디어 마녀가 아슬란의 머리 옆으로 다가가 섰다. 마녀의 얼굴은 엄청난 흥분으로 경련을 일으키고 있었지만, 아슬란은 분노나 두려움 따위는 전혀 없이 약간 슬픈 표정으로 평온하게 하늘을 우러러볼 뿐이었다. 마녀는 칼을 내리치기 직전에 허리를 굽히고 떨리는 목소리로 말했다.

"자, 누가 이겼지? 얼간이 같은 놈, 네가 이런다고 그 배신자 놈을 구할 수 있을 성싶으냐? 이제 나는 계약대로 그놈 대신 널 죽일 것이고, 그리하여 심오한 마법은 그대로 지켜질 것이다. 하지만 네가 죽으면, 내가 그놈을 죽이지 못할 것 같으냐? 그 다음에는 누가 내 손아귀에서 그놈을 구해 내겠느냐? 넌 내게 나니아를 영원히 넘겼다는 사실을 알아야 돼. 너는 네 목숨은 물론 그놈의 목숨도 구하지 못하게 된 거야. 그런 줄이나 알고 절망하면서 죽어라!"[39]

예수님이 거기 매달려 계실 때 얼마나 큰 절망감이 그분의 마음을 가득 채웠겠는가? 악의 권세가 이긴 게 분명해 보였다. 예수님의 친구들은 다 도망갔고, 불쌍한 그분의 모친은 이 엄청난 수치와 슬픔을 안고 살아가야 했으며, 무엇보다 견딜 수 없는 것은 아버지께서 그분을 버리셨다는 사실이었다.

하늘이 울고 땅이 진동했다 해도 이상할 것이 없었다. 잠시 동안, 대혼란이 일어났다.

죽으심(십자가에 달리신 그리스도)

그리스도가 십자가에서 죽으셨다는 이 미련한 일의 참 의미를 깨닫는다면, 그 죽음을 별것 아닌 정도로 취급하고 의미를 훼손시키는 일은 없을 것이다. 이를 테면 십자가를 소재로 발랄한 곡조의 노래나 춤을 곁들이는 노래를 부르지 못할 것이고, 예수님의 죽음은 무리를 가르치면서 스스로 온갖 논란을 불러일으킨 결과였을 뿐이라고 섣불리 말하지 못할 것이며, 최악의 경우 그런 미련한 일이 바로 하나님이 세상에서 역사하시는 방법이라는 진리를 무시하지 못할 것이다.

십자가는 사람의 품격을 최악으로 떨어뜨리는 수치 중에서도 수치였다. 로마 시대에 누군가를 십자가에 달아 죽인다는 것은 한마디로 인간으로서의 품위를 땅바닥에 떨어뜨리는 것이었다. 플레밍 러틀리지가 역설하듯, "이런 방식이 대중에게 극도의 혐오감을 준다는 면에서 십자가에 견줄 만한 다른 형벌은 없었다. 그것이 바로 십자가형을 집행하는 분명한 의도이기도 했다."[40] 그토록 끔찍한 죽음을 선택하신 예수님의 그 미련함에 동참하고자 한다면, 전기의자 미니어처를 잔뜩 달아놓은 사슬을 목에 감고 죽는 정도면 될까? 이 정도의 수치에 대해 이야기할 때 딱 한 가지 떠오르는 것은 2004년 이라크인 포로들을 수용하는 아부 그라이브 교도소에서 미군 병사들이 저지른 잔인무도한 행위이다. 미군 병사들은 포로들을 발가벗겨서 수치감을 주고 선정적인 자세로 사진을 찍게

해 무슬림으로서의 그들의 정체성을 철저히 모독했다.

그 병사들의 행위에 (그리고 우리도 그들과 동일한 본성을 지녔으므로 우리 역시 똑같은 짓을 저지를 수 있다는 사실에) 소름끼쳐 하는 것처럼, 우리는 십자가에 대해서도 치를 떨어야 한다. 십자가를 소재로 경박스런 노래를 부를 것이 아니라 말이다. 폴 론트리 클리포드는 십자가에서의 죽음을 기꺼이 받아들이신 예수님의 이 미련함에 담긴 최고의 모순이 우리 삶에 끼치는 엄청난 의미를 아주 잘 설명했다(그래서 그의 말을 좀 장황하게 인용할까 한다).

예수님의 사역과 관련해 가장 주목할 만한 것 가운데 하나는 사람들이 일반적으로 권력이라 이해하고 있던 것을 포기하시면서 그와 동시에 자신에게는 신적인 권위가 있다고 주장하셨다는 것이다.… 압도적 다수의 사람들이 생각하기에 권위에는 권력 행사가 수반되고, 이는 대개 강제력을 띤 것으로 이해된다. 예수님의 제자들은 자신들의 주님께서 권위와 권력을 똑같은 것으로 여기기를 거부하시고 고난과 죽음에 순복하심으로써 권위를 세우려 하시자 다른 모든 이들과 마찬가지로 당혹스러워했다. 강제적으로 다른 사람을 내 뜻에 복종시키지 않으면 이 세상에서 아무 것도 이룰 수 없다고 믿는 사람들이 보기에, 도덕적 권위가 물리적 세력 또는 교묘한 조작의 힘보다 강하다는 개념은 도저히 이해할 수 없거나 아니면 전적으로 비현실적인 것으로 여겨질 것이다. 그러나 원시 교회는 이같은 모순에 익숙해져야 했다. 초대 교회 그리스도인늘은 부활에 내

한 믿음이 있었기에 그렇게 할 수 있었다. 하지만 그렇다고 해서 예수님이 권력 행사를 계속했던 자들의 손에 불명예스러운 죽음을 당하셨다는 사실이 달라지는 것은 아니다. 만약 그러고나서 그 자들이 예수님을 주님으로 인정하고자 했다면 ― 즉, 기독교 신앙을 고백하고 동시에 절대 주권과 권위를 주장했던 로마 황제를 부인하고자 했다면 ― 먼저 그들은 그분께서 권위를 행사하셨던 방식에 익숙해지는 일부터 시작했어야 할 것이다. 그리고 그것은 곧 십자가에서의 죽음을 진지하게 받아들이는 것을 의미했다. 예수님의 십자가에서의 죽음은 그 어떤 정치 권력을 행사한다 해도 궁극적으로 이겨낼 수 없었던 도덕적 권위를 확립하지 않았는가?

그것이 바로 바울의 확신이었으니 이는 고린도인들에게 보내는 첫 번째 편지에서 놀랍게 선언되었다. "십자가의 도가 멸망하는 자들에게는 미련한 것이요 구원을 받는 우리에게는 하나님의 능력이라"(고전 1:18).[41]

가수 마이클 카드의 고백처럼, 그리스도는 "우리 없이 사는 것보다는 차라리 죽는 것을 택하실 정도로 우리를 사랑하신다"[42]는 것을 깨달을 때 우리가 보일 수 있는 반응은 그분과 똑같이 기꺼이 미련해지는 것뿐이다. 그것은 곧 하나님의 은혜로운 연약함이 모든 권력보다 강하고, 그리스도께서 불의한 자들의 잔악함에 순복하심으로 그들의 허탄함이 드러났으며, 비폭력이야말로 우리가 전쟁에서 이기는 사실상 유일한 길임을 믿는 것이다.

무덤

우리가 그리스도의 무덤의 의미를 얼마나 왜곡시켜 왔는지 생각해 보자고 하면 놀라는 이들이 많을 것이다. 하지만 실제로 우리는 그렇게 해왔다. 무덤에서 부활로 너무 빨리 건너뜀으로써 말이다. 그리스도의 무덤 이야기는 너무 잘 알고 있다. 그래서 우리는 그 무덤의 어둠 속에 머물러 있지 않으려 하고 무덤이라는 것의 최종성을 인정하려 하지 않는다. 흔히 우리는 성 금요일을 부활로 절정에 이르는 사흘 동안의 사건들의 시작으로 본다.

하지만 앨런 루이스는 『십자가와 부활 사이 Between Cross and Resurrection』에서 이렇게 말한다.

> 이야기의 흐름으로만 보면, 예수님이 십자가에 달리신 날은 사건 첫날이 아니라 사실상 마지막 날이요 예수님 이야기의 끝 end이다. 그리고 그 다음 날은 그저 내일을 고대하는 중간의 하루가 아니라, 텅 빈 공허, 무(無), 형체 없음, 무의미 그리고 용두사미의 하루이다. 그저 끝 end의 다음 날일 뿐이다.[43]

루이스의 저서가 분명히 밝히고 있듯, 포스트모던, 포스트 홀로코스트, 탈 낙관주의, 탈 종교 세상으로 대표되는 우리 시대에는 바로 그 빈 공간에 주목해야 하며, 지금도 많은 사람들이 얼마나 깊은 절망의 한가운데서 살아가고 있는지 인식해야 한다. 교회는 성 토요일을 묵상하는 데 더 많은 시간을 할애해야 한다. 열심히 십자가를 돌아보아야 한다. 그런 후에야 고개를 앞으로 돌려 부활을 바라볼 수 있는 것이다. 그리고 이 둘은 계속해서 변증법적 긴장을 유지해야 한다.

그런데 교회는 그리스도의 무덤을 더 많이 묵상하기보다는 오히려 그 공허함에서 재빨리 도망치고 있는 것 같다. 교회 역사 초기에 성도들은 부활절 전날 자정이나 당일 새벽에 시작되는 기나긴 부활절 전야제를 기념했다. 어렸을 때 우리 집에서는 부활절 일출 예배를 드리곤 했는데 이 예배는 늘 부활절이 동터오기 전에 시작되었다. 이와 대조적으로 지금 내 고향에 있는 대부분 교회들은 예배자들의 편의를 도모하고 어린아이들이 일찍 잠자리에 들도록 하기 위해 토요일 이른 저녁으로 부활절 전야 예배를 옮겼다.

나는 지역 교회 목회자도 아니고 어린아이를 키우는 부모 입장도 아니기에 그런 변화를 비난할 권리가 없지만, 내가 생각하기에 우리는 어둠 속에서의 기다림, 하나님의 죽음이라는 침묵 체험, 그리스도가 우리가 소망하는 그런 메시아가 아닐 경우 우리의 삶이 얼마나 절망적일까에 대한 묵상 등 이런 중요한 영적이고 정서적인 경험을 상실하고 있는 것 같다.

무덤이 지니는 최종성에 좀 더 주목한다면 우리의 무모한 희망이나 자기 자신에 대한 신뢰를 좀 더 쉽게 내려놓을 수 있을 것이다. 치열하고 무의미한 경쟁으로, 가치 없고 의미 없는 삶에서 자신을 건져내기 위한 끝나지 않을 노력으로 기진맥진해 있는 우리의 이웃을 좀 더 따뜻한 시선으로 바라볼 수 있지 않을까.

음부로 내려간다는 게 어떤 것인지 진지하게 생각해 보지 않는다면 과연 신자라고 한들 복음이 얼마나 좋은 것인지 과연 알 수 있을까? 모든 희망이 다 꺾였을 때 이제 어떻게 해야 하나 생각하며 엠마오의 길을 걸어본 적이 없다면 절망에 빠진 이들에게 복음을 들고 찾아갈 수 있을까? 동산지기인 줄 알았던 분이 사실은 우리의 랍비이심을 알게 될 때, 우리를 깨우치시기 위해 어둠 속에서 우리와 동행하셨고 지금도 떡을 떼고 계신 그 낯선 분이 누구신지 눈이 열려 알아보게 될 때 파도처럼 밀려오는 그 천상의 기쁨을 우리는 맛보았는가?

구원

'구원하다'의 히브리어 동사는 야샤 $^{yâsha'}$("활짝 혹은 자유롭게 열다")이다. 그런데 '충분한 공간'을 의미하는 이 히브리어가 비좁은 구역을 가리킬 때 종종 제한적으로 사용된다는 것은 아이러니 아닌가? 특히 구원의 창조주께서 우주의 왕이요 주님 되신 자리에서 연약하고 오류에 빠지기 쉬운 인간의 자리로 옮기신 경우처럼 말이다.

일부 그리스도인들은 구원을 단순히 개인의 구원, 즉 사람이 믿기로 '선택'하면 도달할 수 있는 어떤 것으로 생각해 구원의 가치를 축소시킨다. 이러한 자세는 "주님 뜻대로 살기로 했네 I've decided to follow Jesus"라는 노래로 요약되는데, 이 노래는 성령의 가르침이 없었다면 예수님이 누구신지조차 몰랐으리라는 것, 예수님이 부르시지 않았다면 우리는 어떻게 그분 뜻대로 살아야 할지 몰랐으리라는 것, 그리고 성부의 독생자로 나시지 않았더라면 예수님은 성육신하사 우리가 따를 수 있는 분이 되지 못하셨으리라는 것에 대해 한 마디도 언급하지 않는다. '개인의 선택'에 대한 우리의 자아도취적 편향성으로 인해 성삼위 하나님의 구원의 전 역사가 매몰되어 버린 것이다.

신학적 스펙트럼의 반대편에 선 어떤 그리스도인들은 구원에 대해 오로지 세상에 평화와 정의를 실현하려는 우리의 노력이라는 관점으로만 접근함으로써 우리가 이뤄야 하는 일로 만들고 있다. 우리가 그 불가능한 역사를 성취할 수 있기라도 한 것처럼 말이다! 성경이 처음부터 끝까지 증거하고 있듯, 시간을 가로지르는 성삼위 하나님의 철저한 역사에 의해서만 하나님의 거룩한 통치가 영원한 우주적 왕국에 온전한 정의와 평화를 완성시킬 수 있다.

하나님은 전 피조계를 구원하고 싶어 하신다! 하나님은 삼위일체로 세상을 구속하시고, 여러 모양의 정사와 권세들 그리고 하나님을 거스르는 영들과 행악자들에게서 우리를 건져내시며, 우리 죄성의 속박에서 우리를 자유롭게 하시고, 인류의 역사와 공간에서 역사하심으로 하나님께서 창조하신 모든 것의 궁극적 회복을 이루신다. 신구약 성경에서 구원을 뜻하는 다른 모든 동의어들을 한데 모아보라. 그러면 구원이 과연 무엇을 뜻하는지 총체적 의미를 비로소 깨닫기 시작할 것이다.

성경 기자들은 자신들이 상상할 수 있는 모든 이미지와 비유, 모든 명사와 동사를 동원해 어떠한 말로도 온전히 형용할 수 없는 이 구원이라는 선물을 설명하려 했다. 우리는 자신의 똑똑한 선택을 자랑하며 기뻐할 것이 아니라(이 얼마나 심각한 우상숭배인지!), 경외에 차 무릎을 꿇고 하나님이 우리를 구원하시기 위해 자신을 그토록 낮추셨다는 사실을 찬양할 수밖에 없다. 거대한 무리의 구원받은 자들 가운데 작은 일부에 지나지 않는 우리는 이 놀라운 구원을 오로지 선물로 받을 수밖에 없다. 찬란하고, 전율을 느끼게 하고, 은혜로 충만하고, 자비로우시고, 터무니없을 만큼 뜻밖이고, 세상을 진동시키고, 온 우주를 회복시키는 순수한 선물로 말이다.

속죄

나는 '속죄'atonement라는 말이 기독교 어휘 가운데 가장 논란의 여지가 많은 말이라는 생각을 가끔 한다. 어렸을 때 오염된 교리에 상처받은 탓에 어른이 되어서까지 깊은 증오심을 키우고 있는 이들이 많다. 몇 년 전, 한 장년 성경 공부 모임에서 받은 충격을 아직도 잊지 못한다. 내가 '속죄'라는 말이 무슨 뜻이냐고 질문을 던지자 한 유명한 교회 지도자 한 사람이 불쑥 대답하기를, "그건 제가 끔찍한 죄인이고 저 때문에 예수님께서 대신 죽으셨으며, 그래서 고맙게 여기는 게 좋다는 뜻이지요"라고 했다. 그 여성이 하도 독기를 내뿜으며 그렇게 말하는 바람에 나는 그 후로도 며칠 동안 마치 독약에 취한 듯한 기분이었다.

물론 그 여성이 그렇게 화를 낸 데에는 나름대로 일리가 있었다. 우리의 죄성에 대해 교회가 너무나도 진한 죄의식을 퍼붓는 바람에 도저히 감사할 여지를 남겨 주지 않는 경우가 많다. 극단으로 나아가는 일 없이 죄에 대해 가르치기 위해서는 섬세함과 연민 그리고 기술이 많이 요구되긴 하지만, 그래도 어쨌든 속죄에 대해 뭔가 이야기를 하기 위해서는 우리의 죄성에 대한 인식이 필수적 요소인 게 사실이다.

교회 역사를 쭉 살펴보면, 속죄에 대해 성경이 설명하고 있는 복합적 묘사들 가운데 특별히 조명을 받는 측면이 역사의 과정마다 달랐음을 알 수 있다. 주로 세 가지 이미지가 강조되었는데, 악의 세력에 대한 그리스도의 승리(승리자 그리스도 Christus Victor라는 이미지는 콘스탄티누스를 비롯한 다른 여러 제국 시대에 특히 두드러졌고, 구스타프 아울렌 Gustav Aulen이 이를 명료하게 선언했다), 하나님의 심판을 대신 받는 대리인으로서의 예수(중세 시대에 캔터베리의 안셀름이 이를 공들여 설명했다), 그리고 경건한 삶을 위한 모델 혹은 도덕적 영향력으로서의 예수(중세 시대의 아벨라르에게서 기원한 소위 '주관적 견해'이다)

가 바로 그것이다.

  이 세 가지 주제는 중요한 통찰을 제공하므로 하나하나 살펴볼 테지만, 이들 메타포를 비롯해 다른 많은 이미지들은 성경이 말하는 속죄의 의미를 온전히 전달하기엔 그 자체로 불충분하기 때문에 어느 한 가지의 장점으로 다른 것의 부적절한 점을 보충하는 방법을 사용해 볼 수 있겠다.[44] 속죄라는 개념이 손상되는 것은 대부분 어느 한 가지 메타포를 지나치게 강조한 나머지 그 견강부회적 유추가 마침내 한계점을 넘어 비성경적인 데까지 치닫기 때문이다.[45]

  때로는 사람들이 속죄에 대한 성경의 이미지 가운데 어느 한 가지를 피하고 싶어 하는 까닭에 왜곡이 일어나기도 한다. 그리고 그 결과는 대개 속죄 개념 전체를 왜곡하게 된다는 것이다. 우리는 늘 "예수님은 왜 십자가에서 죽으셔야 했을까?"를 물어야 한다. 일부 사람들이 그러하듯 속죄의 개념을 사람이 이해할 수 있는 어떤 메타포로 한정시키려 하다 보면 십자가의 필요성 전체를 부인하는 결과가 생기기 쉽다.

  메타포에는 너무 엄밀한 설명을 요구할 수 없다는 것을 기억해야 한다. 그것들은 그저 어떤 사실을 시사할 뿐이다. 유진 피터슨은 인기 록 밴드 U2의 음악을 언급한 설교를 다룬 한 책에서 다음과 같이 우리를 일깨운다.

  어떤 말이 하나의 메타포로 사용될 때 그 말은 돌연 생명력을 갖게 된다. 즉 움직이기 시작하는 것이다.… 메타포는 나로 하여금 의미를 창조하고 말의 행위에 관여하는 참여자가 되게 한다.… 메타포가 추방되고 언어가 단순한 정보와 정의(定義)의 역할만 하도록 협박을 당하면(모든 것이 컴퓨터로 처리되는 이 시대 문화와 문화적 종교에서 자주 그런 현상이 발생한다), 언어에서 생명력이 빠져나간다. 그 생명력은 우리에게서도 빠져나간다. 하나님 및 하나님께 속한 모든 것과 관련해 이런 현상이 일어난다면 종국에 우리는 아무 하는 일 없이 종교 박물관에나 옹기종기 둘러앉아 연구와 토론만 일삼는 이들이 되고 말 것이다.[46]

성경이 속죄와 관련해 사용한 이미지와 메타포 몇 가지를 다루면서 내가 목표로 삼은 것은, 이 시대 사람들이 폐기해 버린 단어들이 다시 우리의 머리와 가슴에서 활발히 움직이게 함으로 그 단어들의 생명력을 유지시키는 것이다. 그리고 그 결과 무엇보다 우리가 감사하는 마음을 더 많이 갖게 되기를 바란다.

메노나이트 신학교와 감리교 신학교의 교수 두 분은, 속죄에 관해 생각할 때 우리가 지향점으로 삼아야 할 세 가지의 유익한 사항을 다음과 같이 제안했다.

첫째, 하나님과 하나님의 방식은 우리가 선택한 모델이나 이미지 그리고 단어들로는 온전히 이해할 수도, 묘사할 수도 없음을 우리는 성경에서 확인하며 또 그렇게 믿게 되었다.… 둘째, 신구약 성경을 교회의 경전으로 알고 그 말씀에 전념하는 자세는 그 내용을 교묘히 조작할 여지를 줄 뿐만 아니라 반대로 우리의 조작 행위를 제한할 여지가 있게도 한다.… 마지막으로, 우리는 성령께서 하나님 백성들의 공동체를 통하여, 창조적인 동시에 경계하는 방식으로 역사하신다고 믿는다.⁴⁷

내가 생각하기에 교리 문제와 씨름할 때에는 항상 이 지침들을 염두에 두어야 할 것 같다.

속죄 교리가 오염되는, 혹은 속죄의 다양한 메타포가 거부당하는 또 한 가지 근원은 적절치 못한 삼위일체론이다. 예를 들어 예수님을 묘사할 때 '심판받는 심판자'로서 성삼위의 완전한 한 위격이 되신다는 사실을 전혀 인정하지 않고 그냥 하나님의 진노를 받는 분으로 묘사하는 것이다. 지난 몇 년 동안 이 주제를 공부하면서 나는 성경을 분석하는 이들보다는 예술가들이 오히려 성경의 의미를 더 잘 포착한다는 사실을 발견했다. 특히 우리의 이론들이 찬양과 경외에서 나오기보다는 우리 자신의 이지(理智)에서 나오는 경우엔 더욱 그렇다.

예를 들어, 사우스 캐롤라이나에 있는 한 미술관을 방문했을 때 거기서 1520년 경 틴토레토^{Tintoretto}(베네치아 출생의 후기 르네상스 시대 화가. 〈최후의 만찬〉, 〈십자가 처형〉 등의 작품이 있다 — 역자 주)의 작업실에서 나온 한 작품과 마주쳤는데, 십자가 위에 있는 성삼위 하나님을 묘사한 그림이었다. 비슷한 예로, 스코틀랜드 글래스고에 있는 버렐 컬렉션에는 1375-85년 경 (노팅엄 출신의) 한 영국인이 채색한 성삼위 하나님의 석고 조각상이 있는데, 이 작품은 성령이 비둘기 모양으로 옆에 계신 가운데 성부께서 슬픔에 잠긴 채 성자를 안고 계신 모습을 그리고 있다. 1420년 경 '성 요한, 동정녀 마리아, 그리고 천사들과 함께 계신 삼위일체 하나님'을 묘사하고 있는 양모와 아마포 소재의 제단 휘장이 남부 독일의 뉘른베르크에서 발견되었는데, 이 휘장에는 상처 입은 삼위 하나님뿐만 아니라 세 가지 상징(그게 십자가인지 두루마리인지는 너무 멀어서 잘 안 보였다)과 아마도 불사조인 듯한 것이 그려져 있는 작은 깃발이 십자가에 매달려 있는 게 그려져 있다. 이 세 작품 모두 우리를 속죄하시기 위해 삼위일체 하나님의 세 위격 모두가 얼마나 엄청난 대가를 치르셨는지를 내가 들어본 수많은 설교보다 훨씬 더 철저하게 보여주었다. 그 작품들은 물감, 돌, 그리고 직물을 이용해 정통 신앙에서 성삼위의 '페리코레시스'perichoresis라고 칭하는 것 즉, 우주의 구원을 위해 함께 일하시는 성부·성자·성령의 충만한 상호 교제mutual communion, 즉 상호 침투 및 상호 내재를 그려냈다.

  누가 그처럼 놀라운 사랑을 이해할 수 있겠는가? 속죄의 신비와 관련해 우리가 할 수 있는 일이라고는 최고의 예술 작품, 그 신비에 대한 찬양과 수용으로 응답하는 것뿐이다.

승리자 그리스도

이 속죄 메타포는 십자가에서 그리스도께서 사탄과 그의 세력을 포함해 모든 악의 권세는 물론 시민을 압제하는 정부, 물욕의 신 Mammon, 잘못 해석된 종교, 죽음까지 물리치셨다는 사실을 강조한다. 교부 아타나시우스는 다음 글에서 이 이미지를 사용하고 있다. "그러므로 죽음이 그분의 몸에 임한 것은 그분 자신에게서가 아니라 원수의 행위에서 비롯된 것이지만, 원수들이 죽음을 어떤 형태로 주었든, 이는 구주께서 그것(죽음)을 철저히 폐하시기 위함이었다."[48]

승리자 그리스도라는 주제가 우리의 이해를 돕기 위해 주는 큰 선물 가운데 하나는, 이것이 예수님의 속죄의 승리를 강조한다는 것이다. 그리스도 안에 계신 하나님은 특히 악을 정복하고 인간을 그 모든 권세의 속박에서 해방시키시는 전사의 모습이다.

그런데 사람들이 자기 자신을 악의 피해자로만 여기고 가해자로는 여기지 않을 때 이 주제에서 오염이 발생한다. 이러한 왜곡 현상은 "마귀가 시켜서 그랬어요"라는 희극적 대사에서 특히 눈에 띈다. 우리가 여러 가지 권세의 포로가 되는 경우가 자주 있는 게 사실이긴 하지만, 대개 그것은 우리가 먼저 그 권세들을 우리 삶에서 우상으로 삼았기 때문이다. 우리 사회는 누군가를 피해자로 만드는 데 전문이기 때문에, 이 주제는 자신의 삶에 대해 책임을 회피하려 애쓰는 이들 가운데 즉각 지지자가 나타난다.

또 하나의 오염 현상은 권세에 볼모잡힌 자로서의 우리의 경험에서가 아니라, 우리는 그리스도와 공동 정복자인 까닭에 우리 손으로 복수를 행할 수 있다고 하는 추정에서 나온다. 성경은 원수 갚는 일을 하나님의 몫으로 남겨 두고 있고, 하나님은 정당하게 복수를 할 수 있는 유일한 분이신데 말이다. 이런 오염 현상의 가장 끔찍한 예는 십자군 전쟁에 참가한 병사들에게서 찾을 수 있다. 또한 그리스도의 제자라면 응당 그분을 위해 승리를 쟁취하고 성지를 탈환해야 하며, 심지어 다른 나라(지역)에 상존하는 악의 권세를 물리치기 위해 선제 공격도 서슴치 말아야 한다는 주장에서도 찾을 수 있다.

그리스도는 악의 세력에 무릎을 꿇고 그들의 폭력을 자기 안으로 받아들이시는 것으로 그 악의 세력에게 승리하셨다는 사실을 기억하라. 그럴 때에만 우리는 그 승리를 정당하게 얻게 될 것이다. 그리스도께서 친히 악의 권세를 패퇴시키실 것이며, 그러는 동안 그분의 승리는 우리를 노예 상태에서 해방시킨다. 결국 우리는 그렇게 악한 권세에 대적한다(엡 6:11, 13, 14). 우리의 타락성에 근거하여 폭력적으로 행동하는 것이 아니라, 우리가 본질적으로 그 권세들과 동일한 성향을 공유하고 있다는 것을 잊지 않으면서 말이다.[49] 그러면 우리에게 그리스도의 이름으로 폭력을 행사할 권리가 있다고 주제넘은 생각을 하는 일 없이, 화평을 이루는 제자가 되어야 할 본연의 책임을 기쁘게 받아들이게 될 것이다.

대속

이 책은 본래의 의미가 손상된 언어들을 회복시키고자 하는 간략한 시도인 만큼, 속죄에 관한 걸출한 이론들을 세세하게 설명한다거나 모든 오염 현상들을 여기서 다 나열한다는 것은 불가능하다. 나는 그저 대강의 얼개만을 제시할 뿐이다. 그를 통해 좀더 깊이 있는 학습에 대한 욕구를 돋우는 동시에 성경의 이미지들을 성급히 거부하는 일이 줄어들기를 바라는 것이다. 그 어떤 경우보다, 우리 대신 하나님의 심판을 받는 분으로서의 그리스도라는 메타포(고후 5:21, 살전 5:9-10에서 암시된)를 다룰 때 이러한 태도가 더욱 필요할 것이다.

많은 학자들이 이 메타포는 이제 이 시대에 더 이상 어울리지 않는다고 생각하는데, 이유인즉 이 시대 사람들은 중세 시대의 농부들이나, 마르틴 루터같이 항상 고민에 빠져 있는 개혁자들처럼 죄의식과 정죄 의식에 사로잡혀 있지 않기 때문이라고 한다.[50] 나는 동의하지 않는다. 내가 만나는 사람들 중에는 자기가 한 말이나 행동을 후회하고 죄의식을 느끼는 이들이 아직도 여전히 많기 때문이다. 이런 식으로 성경의 이 메타포를 오염시키는 것은 곧 일상의 현실을 무시하는 것이다. 사람들은 하나님의 정죄는 두려워하지 않을지 모르지만, 분명 자기 스스로 자신을 정죄하고 있을 것이며 후회나 죄책감 등과 끊임없이 싸우고 있을 것이다. 당신의 죄가 사함 받았다고 이야기해 주었을 때 그들의 표정에 스치는, 그리고 감사의 말에서 느껴지는 안도감을 나는 보고 들었다.

레온 모리스Leon Morris는 『신약의 십자가The Cross in the New Testament』에서 속죄와 관련된 모든 신약성경 구절들을 논하면서 이에 관한 초대 교회의 가르침을 상세히 설명하고 있는데, 속죄와 관련된 여러 주제들의 통일성과 다양성 모두를 강조한다. 또한 그는 "그리스도께서 어떤 의미에서 우리의 대속자였다는 견해 이면에는, 성경의 가르침에 대한 충실함이 대다수 현대 학자들이 허용하는 것보다 훨씬 더 많이 자리잡고 있다"고 주장한다.[51]

죄책은 강조하면서 죄 사함의 은혜나 피조물인 우리를 기뻐하시는 하나님의 선하심은 무시하는 자들에 의해서도 대속의 메타포가 오염되었다는 사실은 앞에서 살펴보았다. 하나님이 우리를 심판하는 분이시라는 사실에는 의문의 여지가 없다. 하지만 하나님은 몸소 징벌을 받기 위해 삼위일체로 그 재판관석에서 내려오셨다. 우리는 정말 반역자들이요 범법자들이로되 또한 사함을 받았고 그리스도의 의로우심을 부여받기도 했다. 우리는 정말 책망을 들어 마땅한 자들이지만, 하나님이 값없는 선물로 은혜를 베푸사 우리의 죄를 처리하셨고, 평강을 주사 죄의식을 없애게 하셨다.

화목

지금 우리 가운데서 성경의 이 단어(힐라스모스^{hilasmos})는 완전히 거부당하는 방식으로 오염되어 왔다. 현대어 역본들은 이 단어를 '죄를 갚음'^{expiation}이나 '속죄의 희생'$^{sacrifice\ of\ atonement}$과 같이 좀 문제성이 덜한 단어들로 대체한다. 그런데 첫 번째 단어는 너무 냉정하다. 단순히 잘못된 것을 고쳐 죄를 갚는다는 뜻이니 말이다. 그리고 두 번째는 너무 애매모호하다. 그리스도께서 우리의 속죄를 가능하게 하기 위해 자신을 희생 제물로 바치셨다는 사실을 깨닫는 게 중요하긴 하지만, 이 표현은 그분의 희생이 하나님의 진노를 멀리 쫓아내버렸다는 사실을 보여 주지 않는다.

요즘엔 화목^{propitiation}이라는 개념을 거북한 것으로 받아들인다. 우리 현대인들은 그리스도의 속죄 사역이 필연적으로 하나님의 진노를 멀리 쫓아냈다는 개념을 좋아하지 않는다.

이 개념을 긍정적으로 받아들이는 이들조차 하나님의 진노가 그리스도를 향하고 있다고 오해하는 경우가 있다. 진노의 대상을 혼동하는 것이다. 이러한 오해는 성부 하나님을 성자(聖子)에 대한 가부장적 압제자로 만든다는 페미니즘적 비판을 불러 일으킨다.

성경 전반을 제대로 살펴본다면, 그리고 성경적 삼위일체론을 지지한다면, 우리는 하나님이 자기 자신을 희생해 가면서까지 거룩한 진노를 거듭 거듭 억제하셨다는 사실을 인정하게 될 것이다. 여호와의 진노는 철저히 의롭고, 우주의 안녕을 위해 절대적으로 필요하다. 왜냐하면 그 진노는 성삼위 창조주의 선한 피조계에 해를 끼치는 모든 일, 모든 행위, 모든 사람을 향한 것이기 때문이다. 하나님은 "구제불능일 정도로 사랑이 많은" 분이실 뿐만 아니라, "인정사정 없이 악에 대적하는" 분이시기도 하다.[52]

내가 생각하기에 요즘 사람들이 '화목'이라는 개념을 좋아하지 않는 이유는, 우리의 사악함에 대해 하나님이 진노를 발하시지만 또한 하나님이 그 진노를 우리에게가 아닌 자기 스스로에게 쏟으시고 오롯이 홀로 감당하시기 위해 그토록 고통당하셔야 했을 만큼 우리가 악과 연합한 자들이며 악을 행하는 자들이라는 사실을 인정하고 싶지 않기 때문이다. 우리는 어지간해서는 자기 자신에 대해 '악한'evil 그리고 '사악한'wicked이라는 말을 쓰지 않는다. 하지만 '화목'이 반드시 필요한 것이었을진대 — 성경이 그렇게 주장하고 있듯 — 우리는 그 형용사들이 우리의 모습을 아주 진실 되게 묘사하고 있음을 더욱 분명히 직시할 수 있다.

속죄에 대한 우리의 이해를 깊게 하기 위해 또 한 가지 알아야 할 사실이 있다. 하나님의 거룩한 진노를 우리에게서 멀리 쫓아내기 위해 십자가에서 예수님이 그 정당한 진노에 따른 모든 (육체적, 정서적, 영적, 사회적) 고통을 친히 감당하셨다는 것이다. 그렇게 하심으로써 예수님은 죄에 대한 하나님의 진노에 실제적으로 찬성하셨고 그 진노의 잔을 친히 들이키기로 동의하셨다. 그 진노가 우리에게 임해 우리를 익사시키도록 놓아두지 않으시고 말이다. 더 나아가, 만일 진정으로 삼위일체론을 믿을진대, 우리는 성부와 성령 역시 자기 안에서 고뇌하셨다는 사실(육신의 형태로는 아니지만)을 깨닫는다.

그러니 우리 자신의 결핍 상태를 인정하는게 너무 싫어 교만함과 무능력으로 버티다가, 이 필설로 다할 수 없이 광대한 자비, 곧 성삼위 하나님이 자신의 진노를 자신이 받아들여 감당하셨다는 사실을 기쁘게 받아 누리지 못해서야 되겠는가?

속량, 구속, 희생

예수님이 우리를 '어떻게' 구속하셨는지 redeemed 혹은 어떻게 다시 사셨는지 설명하려 한다거나 예수님이 '누구에게' 속전을 치르셨는지 혹은 '누구에게' 자신을 희생 제물로 바치셨는지 설명하려고 할 때 우리는 이 단어들의 의미를 훼손시키게 된다. 우리의 이해 범위 밖에 있는 것을 밝히고 싶어 하는 것은 성경이 증거하는 것 이상으로 가려고 하는 욕심이다.

성경은 그저 그리스도가 많은 이들을 위한 대속물 ransom 이셨으며(마 20:28, 막 10:45, 딤전 2:6), 우리는 우리의 망령된 길에서 속량되었고 ransomed (벧전 1:18), 하나님을 위해 속량되었다고(계 5:9) 말할 뿐이다. 비슷한 예로, 그리스도는 율법 아래 있는 자들을 구속하기 위해(갈 4:5), 그리고 불법에서(딛 2:14) 혹은 율법의 저주(갈 3:13)

에서 구속하기 위해 오셨다. '구속하다(혹은 속량하다)'redeemed라는 단어는 '하나님'과 '그리스도'를 번갈아 주어로 하면서 과거 시제로 쓰임으로써 하나님과 어린 양을 위해 첫 열매가 되기 위해 우리가 땅으로부터, 그리고 인류로부터 되산 bought back 바 되었음을 축하하고 있다. 신약성경에서는 그리스도께 '구속자' Redeemer라는 이름이 주어진 적이 없다. 하지만 구약 성경에서 발견되는 많은 사례들을 검토하다 보면, 예수님이 하나님께 속전을 치르셔야 했다고 생각하는 사람들도 이 구속 사역에 (예수님만이 아니라) 성삼위 하나님 모두가 나서야 하셨다는 사실을 납득하게 될 것이다.

희생 제물sacrificing이라는 개념은 구속이 어떻게 작용하느냐에 관해 힌트를 좀 주기는 하지만, 이 거대한 신비를 이해하기에는 충분치 않다. 로마서 3:25은 "이 예수를 하나님이 그의 피로써 믿음으로 말미암는 화목 제물로 세우셨"다고 말하며, 마침 요한일서 4:10도 "하나님이 … 화목 제물로 그 아들을 보내셨"다고 말한다. 하지만 이런 본문들이 가부장적 가학성을 암시한다고 생각하는 일이 없도록 하기 위해 에베소서 5:2과 히브리서 9:26은 죄를 없애기 위해 예수님이 기꺼이 자기 자신을 하나님께 희생 제물로 드렸다고 선포하고 있다. 자신을 희생 제물로 바친 후 예수님은 하나님 우편, 곧 교제하는 자리에 앉으셨다(히 10:12). 희생 제물이기도 한 동시에 성삼위 하나님의 한 위격으로 교제를 나누는 자리에 계시는 예수님은 우리를 위한 중보자가 되실 수 있다(요일 2:2).

여러분은 어떨지 모르지만, 속량물이자 희생 제물로서의 예수님이라는 개념이 나에게 불쾌감을 주지는 않는다. 나 같은 사람을, 천국의 상인이신 그분께서 가진 것을 모두 팔아 자신의 소유로 삼고 싶은 진주로 만들어 주는 그 사랑의 망극함에 오히려 어안이 벙벙할 지경이다(마 13:45-46).

결과적으로, 천국은 나에게 숨겨진 보화와 같으며, 그 장엄한 기쁨 가운데 내가 가진 모든 것을 다 팔아서라도 그 나라를 확실히 내 것으로 삼고 싶다(마 13:44). 그리스도의 희생은, 교회 안에서 내가 나 자신을 하나님께 산 제물로 드릴 수 있는(롬 12:1) 힘은 물론, 하나님이 우리를 위해 그 정도까지 하실 수 있다는 것에 기쁨과 찬양을 드릴 수 있는 힘을 부여해 준다.

구속

'구속'redemption이라는 말을 다시 한 번 살펴보려는 것은 이 단어가 포로 된 상태에서 우리를 되사기 위해 값을 치른다는 뜻을 담고 있을 뿐만 아니라, 성삼위 하나님이 우리를 하나님의 소유로 삼기 위해 하신 그 모든 일을 전반적으로 요약해 주는 단어로도 사용되기 때문이다.

이 단어는 구속을 싸구려 은혜로 만들어 버리는 사람들에 의해 주로 오용되고 오염되어 왔는데, 이를테면 하나님이 나를 건져

내어 안락하고 안전하게 해주시며, 천국에 대한 확신 가운데 아무 걱정이 없게 해주신다고 생각하는 것이 한 예이다. 구속의 의미를 이런 식으로 축소시키게 되면 구속이라는 일 전체가 하나님에게나 우리에게나 아주 쉬운 일이 되어 버린다. 하나님이 우리를 위해 과연 어느 정도의 극한까지 가셨는지 그 깊이를 알 수 없게 만들어 버린다. 이렇게 그 의미가 오염된 구속은 우리에게서 어떤 반응도 요구하지 않을 듯하다. 더 심각한 것은, "나는 구원받았는데 당신은요?"라면서, 이 구원을 확보해 주는 그 마술적 단어를 아직 모르는 사람들에게 우월감을 느끼며 잘난 척하는 사람도 흔히 있다는 것이다.

반면, 아주 작은 죄까지 하나하나 다 고백하지 않는 한 구속은 우리의 것이 될 수 없다고 생각하는 사람에게는 (마치 자신의 죄를 다 지각할 수 있기라도 한 것처럼) 구속이 너무 값비싼 것으로 여겨질 수도 있다. 나의 경우를 보면, 사람들은 내가 건강상 여러 가지 핸디캡을 지니고 있는 것으로 보아 아마 완전히 구속받지 못한 것이 분명하다고 말들을 했다. 내가 내 삶 속에 있는 어떤 죄들을 고백하지 못했기에 여전히 이런 문제들과 씨름하고 있다는 것일까? 이렇게 되면 구속은 내가 죄를 열심히 고백하고 철저히 회개함으로써 획득해야 하는 것이 되어 버린다.

또한 우리에게 구속이 얼마나 필요한지 인정하려 하지 않음으로써 구속의 의미를 훼손시키는 이들도 있다. 이들은 인간이 스스로 자신을 바로잡을 수 있으며, 죄의 속박 및 인간이라면 누구나 겪어야 하는 썩어짐에서 벗어날 수 있고, 자기 발전을 이룰 수 있으며 그리하여 영원한 복에 이르는 티켓을 자기 힘으로 확보할 수 있다고 믿는 사람들이다.

이렇게 구속에 대해 오염된 생각을 갖고 있는 이들은 우리가 성삼위 하나님의 대사가 되어 그 하나님이 허락하신 자유로 다른 이들을 초청하는 일에 우리 삶을 쏟아 부을 수 있게 될 만큼 하나님의 구속이 철저하다는 사실을 인식하지 못한다. 에블린 언더힐은 이 사실을 자신의 묵상 노트에 다음과 같이 잘 요약하고 있다.

> 구속이란 당신과 내가 안전하게 천국으로 갑자기 들어간다는 말이 아니다. 구속은 하나님의 거룩한 사랑이 계시되어 이기심에서 구속 받은 각각의 영혼이 그 구속 사역을 널리 전하는 일에 다시 들어 쓰임 받는다는 의미이다. 구속은 우리 자신의 영적 상태, 실제 효용성 정도를 알려 주는 일종의 척도를 제공해 준다. 진짜 영의 세계에 뛰어들었을 때 우리의 첫 번째 본능적 행동이 무엇일지 생각해 볼 경우 말이다. 그 경우 우리는 다른 이들의 구원을 위해 권세와 사랑을 행사하고자 할 것인가, 아니면 우리 자신을 위해 그런 선물들을 또 요구할 것인가? 먼저 우리 자신의 무력함과 의존 상태를 기억하게 될 것인가, 아니면 하나님의 사랑과 깊이 하나가 되어, 신경 쓸 것이라고는 다른 이들에게 그 사랑을 베풀고 그들을 구속하는 것밖에 없을 정도가 될 것인가?[53]

무한한 영적 자유를 아직 알지 못하는 이들에게 하나님 사랑의 그 풍성함을 전하는 일에 열정을 품지 않는다면 그 사람은 (특히 자신의 이기심에서) 정말 구속받은 것일까?

더 나아가 이렇게 다른 이들에게 구속을 전하는 일은 주로 우리의 강렬한 기쁨, '초자연적 햇빛'을 비축해둔 덕분에 "다시 다른 이들에게 그것을 쏠 수 있다"는 들뜬 마음에 힘입어 할 수 있게 된다. 성 프란치스코는 그런 천상의 기쁨, 구속을 널리 확산시키고자 하는 열심의 위대한 본을 보여 준 인물이다. 이것이 그에게 가능했던 것은 그를 비롯하여 다른 성도들이 "십자가의 신비를 아주 충만하게 받아들였고, 그래서 하나님께 아주 가까이 다가갔"으며 그리하여 이 하늘의 기쁨을 아주 깊이 알고 체험했기 때문이다

자기 자신에 대해 너무 엄격한 경향이 있는 이들에게 이 구속의 큰 기쁨은 "완벽함을 잃지 않으려는 자기 중심적 태도"에서 해방시켜 주는 것이 될 수 있다. 언더힐은 그와 같은 태도를 일컬어 "겸손이 아니라 어리석음"이라고 조롱한다. 그녀는 우리가 하나님의 임재로 나아가는 것은 "그리스도 안에서 하나님이 우리에게 제공하신 아름다움과 조화를 향해 우리 자신을 개방하고, 또 더 많이 순복하고 찬양하는 법을 배우기 위해서이지 단순히 자기 자신을 깨끗이 긁어내고 사포로 문질러 닦아내기 위해서가 아니"라는 점을 강조한다. 하나님은 "자비와 온유함"으로 자기 자신에 대한 그러한 채찍질에서 우리를 구속하신다.

그렇게 되면, 우리를 구속하시는 그 믿을 수 없을 정도로 충만

한 은혜가 참된 겸손함으로, 그리고 우리 손에 쥐어 있는 그 사포를 태워 없앨 정도로 강렬한 경이와 타오르는 기쁨으로 우리를 가득 채울 것이다!

죽임당한 어린 양

일부 현대 신학자들은 죽임당한 어린양 개념, 즉 그리스도가 희생 제물로 죽으셔야 했다는 필요성을 전적으로 거부한다. 이보다 정도는 덜하지만 또다른 오염 현상은, 죽임당한 어린양 이미지를 단순한 메타포로만 보는 것이다. 죄를 씻기 위해 피의 제사를 드리라고 한 첫 번째 성경의 명령(특히 레위기 4, 5, 16장을 보라)을 예수님이 완수하셔야 했다는 점을 인정하지 않음으로써, 이스라엘 및 온 우주를 위한 성삼위 하나님의 계획 가운데 이것이 얼마나 필요했는지 진지하게 받아들이길 거부하는 것이다. 우리는 죽임당한 어린양으로서 예수님을 바라볼 때, 죽음의 사자에게서 구원받기 위해 집 문설주에 그 피를 발라야 했던(출 12), 유월절 어린양을 떠올릴 수 있어야 한다. 죽임당한 어린양으로서 예수님의 이 두 가지 초상은 고린도전서 5:7-8에서 하나로 통합된다. "우리의 유월절 양 곧 그리스도께서 희생이 되셨느니라 이러므로 우리가 명절을 지키되 celebrate…"

그리스도의 피를 생각하며 명절 축제를 지낸다celebrate는 게 좀 이상하게 여겨지겠지만, 마지막 식사 때 예수님이 제자들에게 "이를 행하여 나를 기념하라", "이 잔은 내 피로 세우는 새 언약이니 곧 너희를 위하여 붓는 것이라"(눅 22:19-20)고 말씀하실 때 우리를 바로 그런 잔치로 초청하셨기 때문이다.

나에게 있어 그 마지막 식사를 즐긴다는 것은 과거와 현재와 미래를 온전하게, 이은 자국도 없이 완벽하게 서로를 엮어 주는 풍요로운 영원의 잔치로 여겨진다. 예수님은 과거에 우리에게 주신 엄청난 선물을 기억할 뿐만 아니라 현재에서도 식사에 참여하면서 당신의 죽음을 선포해야 한다고 말씀하셨다. 이 둘의 상관관계는 마티아스 그뤼네발트Matthias Grünewald가 그린 이젠하임 제단화 Isenheim Altarpiece의 십자가형 장면에서 생생하게 드러나는데, 이 그림에서 보면 세례 요한이 (과장되게 묘사된 손가락으로) 십자가에 달린 그리스도를 가리키고 있다. 그 요한 옆에는 피 흘리는 어린 양이 있고 그 피는 "성찬에 쓰이는 잔 속으로 흘러들어가, 우리가 십자가에서 보는 극심한 고통은 '세상의 죄를 멀리 치워 없애기 위해서'라는 사실을 일깨워 준다."[54] 그러므로 주님의 상에서 먹고 마실 때 우리 역시, 세례 요한처럼 우리의 말로써 뿐만 아니라 이웃을 위한 삶을 통해, 하나님이 고통 가운데 역사하신다는 사실을 날마다 증거해야 할 사명을 부여받는다.

더욱이 바울이 고린도전서 11:17-34에서 일깨우고 있는 것처럼, 교회 공동체와 함께 먹을 때 우리는 그분의 피와 살을 그 모든 선물들과 함께 받음으로써 그리스도의 몸인 교회의 한 부분이 된다. 이 일에는 "몸을 분별"할 책임도 따르는데, 당시 고린도 교회의 상황이 알려주듯, 이는 우리가 가난한 사람들을 잊어서는 안 된다는 뜻이다. 성찬의 의미가 우리의 일상에서 철저히 실행되어, 우리가 한 끼 한 끼를 먹을 때마다 궁핍한 사람들과 나누라는 도전을 매번 받게 된다면 얼마나 감사할까?

여기에 더해, 이 성찬에는 앞으로 우리가 누리게 될 온갖 충만함이 들어 있다. 이는 장래에 있을 어린 양의 혼인 잔치를 미리 맛보게 해준다. 요한계시록은 이 만찬을 어린 양이 죽임당해야 할 필요성과 연결 시킴으로써 피를 마시라는 신랑의 초청이 그의 신부인 교회를 정결케 한다는 사실(참조. 엡 5:25-28)을 깨닫게 해준다.

설교자 플레밍 러틀리지Fleming Rutledge는 이 개념에다가 아브라함이 이삭에게 했던 약속이 예수님에게서 성취되었다는 사실을 덧붙인다. "내 아들아 번제할 어린 양은 하나님이 자기를 위하여 친히 준비하시리라"(창 22:1-19). 이 선물의 굉장한 측면은 이것이 성부 하나님의 아들의 뜻에 의해 기꺼이 받아들여졌다는 것이다. 러틀리지는 이 사실을 다음과 같이 요약한다.

> 종말론적인 정복자 어린 양은 죄를 패퇴시키고, 진압하며, 박멸하신다. 유월절 어린 양으로서 그분은 우리와 죽음의 망령 사이에 서 계신다. 희생 제물인 어린 양으로서 그분은 당신의 백성들을 죄에서 영원히 정결케 하기 위해 자신의 피를 단 한 번 영원한once-for all 제

물로 바치신다. 그렇다, 단 한 번 말이다. 헬라어로 '에파팍스'ephapax인 이 단어는 히브리서에서 네 번이나 반복 강조된다. 그리스도께서 자기를 바치는 이 행위의 순전하고 철저하고 최종적인 효용은 토마스 크랜머의 성찬사에 잘 강조되어 있다. "그분의 자기 봉헌은 온전하고 완벽하며 충분한 제사로 단 한 번에 드려졌다."

이 죽임 당한 어린 양은 세상의 기초이다. 이 사실은 표도르 도스토예프스키의 『카라마조프 가의 형제들』에 등장하는 알료샤라는 인물이 잘 드러내고 있다.[55] 이 소설은 알료샤가 형제들과 맺는 새로운 형제 관계를 통해 진정한 공동체를 이룰 수 있게 하는 유일한 기초는, 그리스도의 희생에 의해 확보된 죄 사함뿐이라는 사실을 밝히 보여 준다.

우리는 그 선물을 받았는가, 그리고 그 선물 위에서 우리의 삶을 영위하고 있는가?

플레밍 러틀리지가 주장하는 것처럼, 세례 요한은 이 하나님의 어린 양을 "보라"고 계속 우리를 부르고 있다. 러틀리지는 다음과 같은 멋진 결론으로 우리에게 똑같이 간청한다.

(설교의) 요점은, 바로 당신이 그리스도께서 위하여 죽으신 바로 그 사람이라는 사실을 깨닫고 또 믿으라는 것이다. 이 고난 주간 설교에서 여러분에게 손을 내미는 것은 설교자가 아니다. 당신에게 손을 내미는 것은 예수 그리스도 안에 있는 하나님의 말씀이다. 예수님

자신을 희생 제물로 드림으로써 멀리 치워 없애진 것은 다른 누구의 죄도 아닌 바로 당신의 죄이다. "어린 양의 피로 씻긴" 사람은 바로 당신이다. 이삭처럼, 친히 어린 양을 대속물로 준비하신 분에 의해 무덤 바로 코앞에서 낚아 채인 사람은 바로 당신이다. 하나님이 어떻게 그 위대한 교환을 이루사 속죄의 제물이 되셔서 당신으로 하여금 그분 안에서 새 생명과 새로운 의를 받을 수 있게 하셨는지 오늘 밤 듣고 있는 사람이 바로 당신이다. 보라, 하나님의 어린 양이다.

다시 한 번 말하거니와 예술 작품은 신학적 사색에 비해 성경의 의미를 더 잘 포착해낸다. 러틀리지의 설교를 들으니 내가 좋아하는 다음 찬송가가 생각난다.

어린 양의 귀한 잔치에서
승리하신 우리 왕을 찬양하라
창에 찔린 옆구리에서 흘러나오는
그 피에 우리를 씻기셨네. 할렐루야!

그를 찬양하라, 그 사랑은 거룩하사
거룩하신 보혈을 포도주로 우리에게 주시고
그 몸을 잔치를 위해 주시네
희생 제물 그리스도, 제사장 그리스도. 할렐루야!

유월절 피가 부어진 곳에서
죽음의 사자는 칼을 거두네
의기양양한 이스라엘 백성들이 길을 열고 나간 곳에서
원수들은 물에 빠져 죽는다네. 할렐루야!

우리는 그리스도를 찬양하네, 그가 피를 흘렸도다
유월절 제물, 유월절의 떡.
진심과 사랑으로
우리는 하늘로서 내린 만나를 먹는다네. 할렐루야!

하늘에서 오신 강한 제물,
음부의 권세가 그 앞에 엎드리도다.
당신은 싸움에서 이기셨고
당신은 우리에게 생명과 빛을 주신다네. 할렐루야! [56]

그렇게 피 흘리신 희생 제물이 슬픔과 회개, 그리고 기뻐 뛰게 만드는 종말론적 기쁨을 한꺼번에 우리에게 안겨 주실 수 있을 줄 누가 상상이나 했겠는가?

칭의

여기, 일을 바로잡으시는 하나님의 끊임없는 행위를 의미하는 한 단어가 있다. 그러나 이런 신학적 전문 용어를 써서는 안 된다며 사람들이 버리고 싶어 하는 단어이기도 하다. 바로 칭의 justification 이다. 그들은 무릇 신학적 진리란 사람들이 흔히 쓰는 언어로 표현되어야 한다고 주장한다. 이러한 주장은 두 가지 이유에서 잘못되었다. 첫째, '정당성을 증명하다' to justify 는 말과 '정당화' justification 라는 말은 우리 시대에서 흔히 쓰이는 말이고, 자기 정당화 self-justification 행위도 널리 보편화되어 있기 때문이다. 둘째, 칭의란 말은 참된 자유가 무엇인지 이해하는 데 아주 중요한 하나님의 행위를 암시하고 있기 때문이다.

첫 번째 이유의 정당성을 한번 증명해 justify 보겠다. 회사에서 출장을 가는 사람은 출장 중 쓴 돈이 적정하게 지출되었다는 것, 혹은 업무를 추진하는 데 꼭 필요한 지출이었다는 것을 증명하기 위해 지출 계산서의 정당성을 입증해야 한다. 글 쓰는 사람들은 원고에 왜 여백을 두었는지 그 이유의 "정당성을 입증해야" 하며(꼭 그럴 필요가 없는 경우도 있지만), 거의 모든 책들은 정당한 여백을 둔 채 인쇄가 된다.

정당화하는 행위는 아주 흔히 볼 수 있는 행위이다. 우리 남편이 전에 담임했던 5학년 아이들 중에는 숙제를 열심히 하기보다는 왜 숙제를 하지 못했는지를 정당화하는 데 너 열심인 아이들이 많왔다. 파티장에서 사람들은 교묘한 방법으로 자기 존재를 정당화시키느라 애들을 쓰는 것 같다. "어떻게 지내세요?"라는 흔한 질문은 자신의 존재가 가치 있다는 것을 입증할 필요가 있게 만든다. 전업 주부의 자리는 정말 영예로운 자리이건만, 성공이라는 우리 시대의 우스꽝스러운 사회정신은 전업 주부 자리가 정당화될 수 없는 직종이라는 (정당화될 수 없는) 의식을 만들어냈다. 그게 아닐진대 사람들은 왜 "전 그냥 가정주부예요"라는 식으로 말을 한단 말인가?

자기 자신을 정당화하려는 행동, '정당화' justification라는 말은 이렇게 충분히 보편화되어 있고, 따라서 그 말을 사용하기를 거부함으로써 칭의라는 신학적 교리를 오염시켜서는 안 된다. 그런데 이보다 더 부당한 왜곡 현상은, 이 말을 사용하기는 하면서 이 말의 실제성은 부인한다는 것이다. 하나님이 우리를 의롭게 하시는 행위를 하지 못하시게 거부한다면 그것은 칭의라는 하나님의 선물을 저버리는 것이다. 모르긴 몰라도 우리 중에는 이런 죄를 즐겨 저지르는 이들이 많을 것이다.

왜 우리 신자들 중에는 하나님이 우리와 하나님 사이에 있는 모든 장벽을 무너뜨리셨다는 사실을 진정으로 믿기 힘들어하는 이들이 있는 것일까? 왜 우리는 죄 사함 받았다는 것을 알면서도(아니, 알기는 아는 것일까?) 계속 죄책감을 느끼는 것일까? 왜 우리는 남들의 인정을 받기 위해 자기 존재를 입증하고 자신의 가치를 정당화하지 않으면 안 되는 것처럼 행동하는 것일까?

하나님이 말로 다 설명할 수 없는 구속의 역사로 그리스도 안에서 우리를 완전히 의롭다 하셨다는 것을 믿을진대 왜 우리는 성령 충만한 가운데 성삼위 하나님의 은혜 위에 행동하면서 좀더 큰 자유와 위로, 그리고 진정 자기 본연의 모습으로 존재할 수 있는 해방감 가운데 살지 못하는 것일까?

물론, 이와 반대의 오염 현상도 그 가증스러움에 있어서는 다를 바가 없다. 다시 말해, "하나님은 죄를 사해 주시기를 좋아하고 나는 죄 짓기를 좋아한다. 그건 아주 멋진 조합 아닌가?"라고 생각하며 사는 듯한 사람들이 있다는 것이다. 칭의라는 하나님의 선물을 당연시하는 것은 칭의를 가능케 하는 바로 그 사랑을 거부하는 것이며 그 선물을 하나님의 얼굴로 던져 버리는 행위이다. 이런 오염 현상은 마치 해병대 구호처럼 "한번 구원받았으면 영원히 구원받는 것"이라는 태도로, 혹은 현재 하나님과의 관계가 어떠한지 관계없이 세례나 견진성사를 받았으므로 그걸로 충분하다고 보는 그릇된 확신으로 나타난다.

루터교 신자들이 특히 이런 자세로 기울어지는 경향이 있는데 (이들은 이것을 칭의의 '법정적' 개념이라고 표현하며, 이는 칭의를 오로지 하나님이 우리를 명목상으로, 그리고 외적으로 "의롭다"고 평결하시는 것으로 여기는 것이다), 이것은 칭의에 관한 마르틴 루터의 글을 잘못 이해한 탓이다. 하지만 핀란드 학자들이 최근 그의 저작들을 연구한 결과를 보면 루터는 칭의에 대해 일반적으로 알려진 것보다 훨씬 더 깊은 이해를 갖고 있었다. 즉 칭의는 그리스도와 연합된 삶을 요구하며, 의롭다 칭함 받은 사람은 반드시 하나님의 생명을 공유하게 되어 있다고 말이다.[57] 법적으로 의로움이 전가되는 것을 넘어, 지금 우리는 예수님과 같은 아들로 진짜 입양되어 살고 있는 것이다.

그리스도를 좇는 우리가 칭의에 따르는 자유가 어떤 것인지 정말 알 수 있다면 얼마나 경이롭겠는가? 그러면, 자기 힘으로 자기 자신을 어떻게 해보려는 절망적 시도에서 풀려나, 더 이상 자신을 변명하거나 남들에게 좋은 인상을 남기려 애쓸 필요가 없게 될 것이다. 늘 죄로 기울어지려는 우리의 성향을 겸손히 인정하게 될 것이로되, 그런 성향을 막아 주는 은혜의 힘 또한 깨닫게 될 것이다. 그리하여 죄 사함 및 우리에게 부어지는 성령의 사랑에 전적으로 의지하게 된 우리는 열정적으로, 즐거이 하나님께 순종하며 살게 될 것이다. 이것은 우리가 한 번 의지해서 살아볼 만한 참된 자유의 비전 아닌가!

우리 중 누가 하나님의 칭의, 우리가 처한 상황을 바로잡으시려는 성삼위 하나님의 끊임없는 행위 없이도 잘 살아갈 수 있기를 바란단 말인가? 그리스도 안에서 하나님은 온 우주를 위해 단번에 칭의를 이루셨지만, 우리는 순간순간마다 이것을 새롭게 필요로 한다.

성화

하나님의 '칭의'가 자주 오해를 받는 이유 가운데 하나는 이것이 '성화'와 너무 멀리 떨어져 있기 때문이다. 성화는 많은 이들이 의미 없는 전문 용어로 여겨 멀리 던져 버리고 싶어 하는 용어이기도 하며, 이 단어는 독실한 체하는 사람들, 예수님 외에는 어느 누구에게도 가능하지 않은 거룩한 삶을 살고 있는 체하는 사람들의 과장된 경건에 의해서도 오염되어 왔다.[58]

성화의 최대 왜곡 현상은 우리가 성화를 우리 힘으로 이룬다고 생각하기 시작하는 순간에 일어난다. 즉, 우리 스스로 우리 자신을 바로잡을 수 있고, 죄로 기울어지는 경향을 없앨 수 있으며, 우리 자신을 더욱 거룩하게 만들 수 있고, 완전함에 도달할 수 있다고 생각하는 순간에 말이다. 물론 우리가 믿음을 실행에 옮김으로써 거룩함이 커져가는 것은 사실이지만,[59] 우리가 성도가 된 것도 하나님이 우리를 의롭다 칭하신 덕분이거니와 우리로 하여금 더욱 더 성도답게 행동할 수 있도록 그 행위를 통해 역사하시는 분도 하나님이시다. 우리 죄를 사해 주신 바로 그 하나님이 우리를 좌지우지하는 죄악의 세력으로부터 우리를 해방시켜 주시기도 하는 것이다.

거룩함은 추상적 개념이 아니다. 거룩함은 하나님이 이 세상에 다면적으로 간섭하시는 것에 대한 이야기이다.[60]

또 한 가지, 성화에 대한 좀더 교묘한 오염 현상은 어떤 사람의 경건이 진리와 사랑의 변증법적 조화에 뿌리내리고 있지 않을 때 발생한다. 이는 도덕적 숙고의 근거로서 하나님의 명령을 역설하되 대적자들에 대한 일말의 사랑도 없는 사람들의 편벽된 '거룩함'에서 확인할 수 있다. 이런 태도의 반대편에는 사랑을 강조하면서 성경의 진리는 완전히 잃어버린 사람들이 있다.

예수님은 간음 중에 잡혀온 여인에게 "나도 너를 정죄하지 아니하노니 가서 다시는 죄를 범하지 말라"(요 8:11)고 말씀하심으로 참된 거룩이 무엇인지 보여 주셨다. 예수님은 죄의 실제성을 아무것도 아닌 것처럼 가벼이 처리하지는 않으시되(그 여인은 어쩌면 자기 뜻과 상관없이 마지못해 그 죄에 끼어들었을지도 모른다), 사랑으로 여인을 용서하시고 은혜로 여인을 자유롭게 해주사 새로이 순종할 수 있게 해주신다.

과거에 나는 칭의와 성화란 하나님이 우리를 위해, 그리고 우리 안에서 행하시는 역사의 첫 번째와 두 번째 단계라고 생각했었다. 그런데 지금은 이것을 동전의 양면에 더 가깝다고 여긴다. 즉, 그리스도께서 우리 죄를 사하는 속죄의 희생을 이루셨을 때 동전의 칭의 면이 먼저 땅에 떨어졌다. 그런 후, 하나님의 두 가지 행위가 지속적으로 서로를 강화함에 따라 동전은 계속 회전하고 있는 것이다. 우리가 사함 받았다는 사실을 알지 못하는 한, 우리 안에서 계속되는, 새롭게 하시고 성결하게 하시는 하나님의 역사에 우리 자신을 내어드릴 수가 없다. 우리가 실족하거나 하나님이 정하신 최선의 길에 배치되는 생각과 말과 행동을 할 때에도, 성삼위 하나님의 그 풍성한 죄 사함의 은혜는 우리 삶의 폭을 넓혀서 성결케 하시는 하나님의 역사를 더욱 많이 받아들일 수 있게 해준다.

그것이 바로 내가 주일 아침 예배를 그렇게 사모하는 이유 가운데 하나이다. 때로 나는 나 자신이 내가 원하는 만큼 친절하고 온유한 사람이 아니라는 이유로 나 자신을 용서하지 못하고 죄책감에 힘들어하곤 한다. 그러다가 예배 때 나의 모든 죄가 다 사함 받았다고 설교자가 선포하는 소리를 들으면 그 말씀이 너무 맛이 좋아 거룩함을 더욱 갈급해하게 된다. 또한 성경 본문과 설교, 예배 음악과 기도문, 예배의 상징들과 성례, 그리고 공동체는 내 안에서 계속 거룩함을 이루고 싶어 하시는(그리고 분명히 이루실!) 하나님에 관해 계속 가르쳐 준다. 이 얼마나 멋진 잔치인지!

모범

권세들을 물리친 '승리자 그리스도' 메타포, 우리 대신 하나님의 심판을 받은 '대속자' 메타포에 이어 속죄에 관해 주로 언급되는 세 번째 메타포는, 예수님은 우리의 '모범', 우리가 좇아야 할 '도덕적 본보기'라는 것이다. 앞에서 살펴본 다른 이미지와 마찬가지로 이 메타포 역시 강력한 성경적 근거를 가지고 있다. 과거는 물론 현재에도 예수님은 분명 선지자석 선생이시나. 그렇기에 그분이 선포하신 복음은 우리를 일깨우되, 특히 하나님 나라 및 그 나라에서 복음을 전하고 치유하고 평화를 이루어야 할 우리의 사역에 관해 일깨움을 준다.

더 나아가 예수님은 사랑하시는 분 a great Lover 으로서, 남성 및 여성과 깊은(성 관계와는 관계없는) 우정을 키워가는 법을 보여 주신다. 그분의 사랑은 우리의 연약함을 이겨내며, 하나님을 더 높이 찬양하고 이웃에 대해 더 깊은 긍휼을 베풀 수 있도록 영감을 주고, 한편 그분의 가르침은 하나님 나라 백성다운 삶의 방식을 추구하려는 더 큰 열심을 갖도록 박차를 가해 준다. 물론 여기에는 고난도 따른다. 이는 단순히 그리스도를 본받는 데 따르는 고난만이 아니다. 성삼위 하나님의 가족의 일원으로 입양되었기 때문에 우리는 실제적으로 그리스도의 고난에 동참한다(골 1:24를 보라). 사순절이 우리에게 그토록 중요한 의미를 갖는 것은 바로 이 때문이다. 사순절에는 그리스도의 고난을 기꺼이 감당하고자 하는 훈련을 받을 수 있기 때문이다.

오늘 아침 라디오 방송을 듣다가 르완다에서 사역하는 한 선교사와 후투족 고아원 원장 두 사람이 생명의 위협을 무릅쓰고 끔찍한 학살의 현장에서 후투족과 투치족의 여러 어린아이와 어른들을 구했다는 보고를 들었다. 선교사는 특히 예수님이 보여주신 본보기에서 동기부여를 받아, 죽게 될 상황이면 기꺼이 죽겠다는 용기를 갖게 되었다고 말했다. 그것이 바로 속죄의 세 번째 메타포인 모범 되신 그리스도 이미지가 지닌 힘이다. 하지만 이 이미지는 우리의 죄가 실제로 어떻게 사함 받는지 이야기해주지는 않는다.

예수님이 우리의 모범이시라는 것은, 사함 받을 필요가 있는 우리 인간의 죄나 죄악된 자기 지향성을 변모시킬 필요가 있는 우리의 성품에 관해 생각하기를 싫어하는 이들이 특히 마음에 들어하는 메타포이다. 또한 통치자들과 권세들에 대해 왈가왈부하는 것은 시대에 뒤떨어진 고대 우주론을 흠모하는 의고주의(擬古主義)의 잔재라고 생각하는 이들도 이 메타포를 좋아한다.

바로 그런 까다로운 현상이 이 이미지의 약점을 여실히 드러내 보여 준다. 우리에게 예수님의 성품이 없다면 어떻게 예수님처럼 살 수 있는 담대함을 얻겠는가? 우리 스스로 잘못을 바로잡을 수 있고 우리 힘으로 그분처럼 될 수 있다고 생각하는 것은 우리가 걸려든 악의 위력을 과소평가하는 것이다. 악이 그 적정한 한계를 넘어 선한 창조 세계 안에 깊숙이 자리잡고 계속 버티고 있음을 인식하지 못한다면 사방에 스며들어 있는 악에 어떻게 저항할 것인가?[61]

더욱 깊이 들어가 보면, 우리는 예수님이 행하신 것과 같은 거룩한 순종을 할 수 있는 능력이 없기 때문에 그분의 모범을 좇을 수 없다. 콜린 건튼Colin Gunton이 예리하게 지적하듯, "예수님이 하나의 본보기이신 것은 그분께서, 그리고 오직 그분만이 성령의 능력에 의해 시종일관 타락하지 않은 상태를 유지했던 성육신하신 아들이기 때문이다. … 그분의 인성이 그 자체로 유일한 것은, 성령을 통해 성부께 보냄 받은 분의 인성이기 때문이다."[62]

예수님이 우리의 모범이시라는 이 메타포는 "예수님이라면 어떻게 하실까?"라는 문구가 새겨진 팔찌를 차고 있는 사람들에게도 호응을 받는다. 이런 사람들의 진영에서 나타나는 오염 현상은, 본보기를 인격화하는 바람에 예수님께서 보이신 모범에 함축된 정치적 의미를 분별하지 못하게 된다는 것이다. 예수님이 유대인들을 위해 그러셨듯, (이라크인들이나 팔레스타인 사람들처럼) 압제당하는 사람들을 대상으로 하는 전쟁을 피하거나 아니면 적어도 그 전쟁을 연기시키기 위해 정말 죽음의 자리까지 가고자 하는 사람들이 우리 가운데 몇이나 되겠는가?

우리 힘으로는 예수님의 거룩함을 우리의 것으로 삼을 수 없다. 우리에게는 예수님이 필요하다. 우리를 대신해 죄가 되어 주시는 그분이 필요하다. 그러면 우리는 그분 안에서 하나님의 의가 될 수 있다(고후 5:21). 그분은 승리자, 희생적 대속, 화목, 죄 사함, 칭의, 성화, 그리고 화해를 이루시기 때문이다.

화해

'화해'reconciliation라는 단어가 속죄의 다른 이미지들 대신 종종 쓰이는 것은 이 단어의 어감이 좀 덜 과격하기 때문이다. 예수님의 희생이 꼭 필요한 것은 아니었다는 느낌을 주며, 인간의 죄에 대한 하나님의 심판 역시 꼭 필요한 게 아니라는 듯한 암시를 주고, 우리를 그다지 크게 책망하는 말로 여겨지지 않기 때문이다. 하지만 이런 식으로 생각하는 사람은 누군가와의 관계 절연을 하나의 예로 이용하는 행동은 하지 말아야 할 것이다. 친구와의 사이에서 생긴 작은 오해는 쉽게 해결될 수 있다. 하지만 남편이 간음을 행하여 아내를 배신하는 행위는 어떻게 할 것인가? 화해를 이루기 위해서는 그 일과 관련된 모든 사람이 큰 대가를 치러야 할 것이다.

이렇듯 이 단어는 그 의미가 결코 희석될 수 없다. 예수님이 우리와 하나님과의 화해를 가능케 하시기 위해서는 여전히 그분의 생명, 고난, 죽음이 요구된다. 사실, 성삼위 하나님 모두의 관여가 요구되는 것이다.

화해라는 말의 의미는, 진노한 하나님이 죄 많은 인간과 화해하시기 위해서는 성자께서 진노한 아버지를 달래셔야 했다는 이론을 만들어내는 사람들에 의해서도 오염된다. 이는 모든 것을 뒷걸음질 치게 만드는 이론이다. 성삼위 하나님은 언제라도—심지어 창세 전에도—우리가 하나님과 화해할 수 있도록 준비하고 계셨건만, 발걸음을 돌린 것은 우리 쪽이었기 때문이다.

윌리엄 플레처는 하나님의 진노의 의미, 그리고 하나님의 화해 사역을 위해 그리스도께서 기꺼이 자신을 드리신 행위의 의미에 대해 다음과 같이 아름답게 해설한다.

우리는 (아담과 하와가 동산에서 숨은 것처럼) 숨을 곳을 찾아 하나님에게서 멀리 달아나고 있었다. 그러나 우리는 하나님이 우리 옆에서 함께 달리시면서 우리의 두려움과 부끄러움을 함께하고 계심을 깨닫게 된다. 우리가 하나님과의 관계를 치유할 수 없을 정도로 손상시켰다는 생각이 사라질 때, 비로소 우리는 달음박질을 멈출 수 있다. 우리는 이미 화해했다. 하나님은 줄곧 우리를 사랑하셨다. 문제는 우리가 하나님에게서 고개를 돌렸다는 사실이다. 우리가 죄악의 자리에 홀로 있는 한 하나님의 사랑은 진노의 형태로 나타난다. 여기서 '진노'란 하나님 편에서의 감정적 반응을 뜻하는 게 아니라 하나님 측에서 그 손상된 관계를 설명할 수 있는 유일한 방도일 뿐이다.[63]

화해라는 이미지에서 가장 심각한 문제는, 이 말에 담긴 함축적 의미를 우리가 진지하게 받아들이지 못한다는 것이다. 우리가 하나님에게서 달아나고 있을 때 우리의 고통을 감당하기 위해 예수 그리스도께서 우리와 나란히 달리시면서 세상에서 화해를 이루는 동일한 사역을 우리에게 맡기실진대, 왜 우리는 서로 불화하는 상대들과 동반 관계를 이루는 일을 시작하지 못하는가?

우리 시대의 교회들은 점점 부유해지는 부자들이 점점 가난해지는 빈자들과 함께 달리는 것은 차치하고,[64] 예배 스타일과 같은 문제를 두고 갈등하는 분파끼리 화해하는 일조차 못하고 있다.[65]

미시시피에 있는 갈보리 소리 선교회 Voice of Calvary Ministries를 비롯해 캘리포니아의 여러 선교회와 봉사회 창설자인 존 퍼킨스 John Perkins는 흑인과 백인의 화해를 이루기 위해 자신이 직접

구타를 당하는 자리로 기꺼이 들어갔다. 자신의 글에서 그는 자기 삶의 자리를 옮겨 압제받는 이들과 함께 살려고 하지 않는 한, 인종이나 계층 간의 화해나 부의 정당한 재분배 같은 일은 이룰 수 없을 것이라고 강조한다.[66]

하킴 하산이 〈지역인 대담 세미나 시리즈〉Urban Dialogues Seminar Series를 전개한 것도 비슷한 이유에서였다. 그는 정의에 대해 글 쓰는 학자들이나 도시 빈민의 삶의 질 향상을 위한 공공정책을 추진하는 사람들이 정작 논의 자리에 노동자 계층을 끼워주지도, 그들과 친구가 되지도 않는다는 것을 깨달았다.[67] 지역 빈민들과 그 지역의 관계 당국을 화해시키고 대화를 후원하고자 하는 그들의 일을 교회가 대신 맡아 주는 것을 진지하게 고려해 볼 수는 없을까?

미국의 그리스도인들이 "대 테러 전쟁"을 후원해 그렇지 않아도 기독교에 적대적인 사람들로 하여금 우리를 더 열심히 공격하게 만들기보다는 힘은 들어도 차라리 회개와 순전한 화해를 이루는 일을 맡고 나선다면 어떨까? 왜 우리는 힘만이 문제 해결에 이르는 유일한 길이라고 생각하는 것일까?

대적들을 그 적의에서 돌이키게 하는 유일한 길은 그들을 친구로 삼는 것뿐이라는 사실을 우리는 모르는 것일까? 진정한 화해란 상대를 긍휼히 여기는 마음과 순전한 사랑으로 그들과 나란히 달리는 것이라는 사실을 깨닫지 못하는 것일까? 지구촌의 화해를 이루기 위해 우리는 예수님이 치르셨던 것과 같은 대가를 기꺼이 치르고자 하는가?

○ 화해

십자가의 치욕

그리스도의 속죄와 관련된 일반적인 혹은 특정한 메타포들에 대한 이런저런 비판들은 간단히 말해 그리스도(안에 계신 하나님)의 속죄 사역에서 드러난 당황스러운 사건들을 받아들이기 싫다는 뜻인 것 같다. 그 결과, 속죄의 의미가 축소되고 성삼위 하나님이 우리를 위해 이루신 (그리고 지금도 계속 이루고 계신) 모든 일들이 오염되고 말았다.

우리를 위한 그리스도의 속죄 사역에 관해 지금까지 이야기한 모든 내용, 즉 그분의 죽음, 고난, 죽음, 부활, 승천, 그리고 성령강림 등을 포함하는 모든 내용을 하나로 묶어낼 수 있는 단어가 필요하다. 그리스도의 속죄 사역과 관련된 모든 내용은 비록 각기 달라 보인다고 해도, 서로 의미가 겹치고 하나로 연결될 수 있는, 동일한 성질의 것들이다.[68] 일부 사람들이 그러듯 당황스러운 몇 가지 것들은 따로 떼어버린 채 속죄에 대한 모든 걸 이해했다고 말할 수는 없다. 성삼위 하나님과 그분이 우리를 위해 행하신 일들은 지극히 광대하고 우리의 이해를 넘어서므로, 우리는 그저 겸손히 순복함으로 성경이 우리에게 제공하는 속죄와 관련한 모든 단어와 문구들에 대해 끊임없이 깊이 상고해야 한다.

만일 속죄에 대해 다 알 수 있다면 우리가 하나님일 것이다. 속죄와 관련해 하나님이 제시하신 메타포들을 받아들이려 하지 않는 사람은 자기 주장만 고집하는 이기주의자에 지나지 않는다. 또

한 속죄와 관련한 특정 단어들에 편견을 갖는 것은 우리의 어리석음을 드러내는 것일 뿐이며, 속죄와 관련한 당황스러운 사건들을 배격하는 태도는 비극적일 수밖에 없다.

예를 들면 성경 말씀 한 단락만으로도 그리스도 안에서 하나님이 주신 엄청난 선물에 대해 생각해 볼 수 있는 여러 방법들이 시사된다. 고린도후서 5:14-21에는 이 보석 같은 선물이 지닌 여러 측면들이 구체적으로 표현되었는데, 대신하여 죽으심(14-15절), 관점의 변화(16절), 새로운 피조물(17절), 화목(18-20절), 죄 사함(19절), 대표 혹은 교환(14, 21절), 희생(21절), 칭의(20, 21절) 등이 바로 그것이다.

중요한 것은 우리의 죄와 죄책을 없애기 위해 그리스도에게 치욕스런 일들이 일어나야 했다는 것이다. 그렇지 않았다면 우리의 죄는 어떻게 되었겠는가? 염소와 함께 광야로 들어가 헤매게 되었으니 그냥 무시해 버려도 좋은 건가? 아니면 우리가 정말로 죄 사함을 받을 수 있겠는가?

다시 말해, 우리가 정말로 하나님께 되돌아가기 위해 그리스도의 대속에 그와 같은 당황스러운 일들이 반드시 필요했다는 것이다. 우리에게는 단지 어디로 가라고 방향만 일러주는 중보자가 아니라 하나님께로 되돌아갈 유일한 길이 되는 중보자가 필요했다.

달리 표현하면, 우리가 종노릇하던 죄의 권세로부터 자유로워지기 위해, 또한 예전과는 다르게 살 수 있는 능력을 어떻게든 부여받기 위해 그리스도가 치욕을 받으셔야 했던 것이다.

존 하워드 요더는 자신의 저서 『신학 서설 Preface to Theology』에서 예수님이 이루신 속죄의 충분성에 대해 묵상할 때 반드시 생각해 보아야 할 열한 가지 단어, 즉 개념에 대해 그려냈다. 그러면서 그는 이러한 개념들을 묵상하고 이론을 만들어낼 때에는 성경의 모든 자료들을 공평하게 다뤄야 하며, "예수님이 왜 죽으셔야 했는가?"[69] 그리고 "그분의 죽음은 무엇을 어떻게 성취하셨는가?"[70]라는 질문에 충분히 답변할 수 있어야 한다고 결론을 내렸다.

나는 지난 네 달 동안 내 몸의 물리적 퇴보를 경험하면서 이 열한 가지 측면을 비롯한 다른 여러 개념들을 나의 현재 상황에 빗대어 좀 더 날카롭게 탐색해 볼 기회를 가졌다. 늘 그렇듯 비유란 것은 너무 멀리까지 적용될 수 없고 대개 어느 한 단면만을 포착하여 설명해 줄 뿐이지만, 다음의 설명이 일부 독자에게는 속죄를 나타내는 여러 다양한 개념을 종합적으로 이해하는 데 도움이 될 수도 있을 것이다. 물론 가장 큰 문제점은 이 설명이 순서를 따라 전개되는 데 비해 그리스도의 속죄 사역은 그 다양한 측면들이 동시적으로 서로 얽혀 하나의 온전함을 이루기 때문에 시간의 순서를 따라 제시될 수 없다는 것이다.

1. 첫 번째로 주목해야 할 요소는, 내가 발에 심한 화상을 입었다는 것, 그리고 도대체 어떻게 그렇게 발을 델 수 있었는지 알 수 없다는 것이다. 물론 내가 남편 서재에서 책을 읽으면서 방바닥에 놓여 있는 온풍기에 발을 너무 가까이 갖다 댔을 거라는 심

증은 있다. 사고 당시 내 신경이 피부 표면에 더 이상 통증을 전달해 주지 못한 것은 오랫동안 인슐린을 복용해 온 탓이고, 또 그 인슐린을 왜 복용해야 했는가 하면 십대 시절에 홍역 바이러스가 내 췌장 기능을 망쳐 놓아 내 몸에서는 더 이상 인슐린이 분비되지 않기 때문이었다. 마찬가지로, 우리 인간은 선을 위해 창조된 자로서 기능할 수 있는 능력을 상실했다. (감각이 없는 탓에) 내가 발을 다치기 쉬운 것처럼, 우리 인간은 죄를 저지르기 쉽다. 우리는 죄에 속박된 이 상태에서 우리 자신을 해방시킬 수 없다. 나 자신을 곤경에 빠뜨리고 있으면서도 내가 그것을 알아차리지 못하는 것처럼 말이다. 다음 날 아침, 잠에서 깨어 발바닥 주위로 2.5인치 크기의 수포 하나와 그보다 작은 다섯 개의 수포를 발견하기 전까지 우리 부부는 내가 발을 그렇게 심하게 데었다는 사실을 까맣게 모르고 있었다. 살아가다 보면, 격분, 심각한 실수, 손상된 관계, 마음의 불안함 등 온갖 종류의 징후들 덕분에 자신이 지금 문제에 봉착해 있으며 외부로부터의 도움을 필요로 한다는 사실을 깨닫게 될 때가 있다.

2. 발을 데이고 나서 곧 항생제를 복용했지만, 먹는 항생제는 내 발에 감염 증상이 퍼져나가는 것을 막아 주지 못했다. 감염 증상을 없애기 위해서는 병원에 입원하여 항생제 주사를 맞아야 했다. 마찬가지로, 우리는 자신의 죄 문제를 스스로 해결해 보려 애쓰지만, 한 마디로 말해 죄 문제는 우리 힘으로 어찌할 수가

없다. 인간인 우리에게는 외부로부터 와서 우리의 죄책을 없애 줄 누군가가 필요하다. 우리를 대신하는 분이신 그리스도께서는 자원하여 고통당하시고 자기 자신을 대속 제물로 드리심으로써 우리 대신 우리의 불의함을 취하셨다.

3. 죽은 피부가 제거되기 전에는 내 발은 나을 수가 없었다. 그래서 담당 의사는 소용돌이 월풀 요법을 사용해 괴사된 피부 조직을 제거했다. 마찬가지로, 우리를 포로로 잡고 있는 모든 권세, 특히 죽음을 물리치기 위해 우리에게는 승리자 그리스도가 필요하다. 죽음, 돈, 권력, 그 외 다른 통치자들에 속박된 상태에서 해방되지 않는 한 죄인인 우리에게 새 생명은 있을 수 없다.

4. 죽은 피부가 깨끗이 제거된 후 나는 발바닥 구석구석에서 새 피부가 자라나오는 것을 보고 깜짝 놀랐다. 그렇게 몇 달이 지나고 지금 나는 새로운 피부가 살아 숨쉬기 시작했다는 그 선물에 여전히 놀라워하고 있다. 우리 자신 안에도 이런 변화가 필요하다. 자아 및 자기중심적 태도에 대한 승리, 새로운 생명으로의 재탄생 말이다. 이런 변화는 우리가 그리스도와 함께 죽고 그분과 함께 새로운 피조물로 소생할 때 일어난다.

5. 감염 증상이 사라지고 발이 다 나을 무렵(이렇게 되기까지 10주가 걸렸다), 다리에 댔던 부목이 이제는 맞지 않았다(다리 근육이 상

당히 많이 위축되었기 때문에). 보조 기구 담당자는 내 다리와 발에 잘 맞도록 완전히 새로운 부목을 만들어야 했다. 이와 똑같이, 우리 인간이 자기 힘으로는 상황을 바로잡을 수 없기 때문에 하나님이 그리스도 안에서 주도권을 쥐고 우리를 당신 자신과 화해시키셨다.

6. 신체장애와 관련하여 가장 힘든 일은, 장애를 가진 사람은 지극히 외로움을 느낀다는 것이다. 문제가 호전되어가던 지난 몇 달 동안 친구들은 물론 강연 약속을 했던 집회 관계자들이 찾아와 많은 격려의 말을 해주었다. 그들은 나를 위해 기도해 주겠다고 약속했다. 이것은 사랑을 드러내는 참으로 소중한 행위였다. 이는 십자가의 그리스도 안에서 하나님이 사랑을 계시하신 일을 떠올리게 했다. 하지만 이는 또 그 계시와 크게 대조를 이루기도 한다. 어떤 점에서 다른가 하면, 그리스도의 사랑은 극단적이며 완전한 것으로 나타난다는 것이다. 그분께서 우리를 위해 그렇게까지 하실 수 있었다는 사실이 나에게는 정말 굉장한 일로 다가왔다. 요한일서 3:16 말씀이 강조하듯, "그가 우리를 위하여 목숨을 버리셨으니 우리가 이로써 사랑을 알고 우리도 형제들을 위하여 목숨을 버리는 것이 마땅하"다. 우리 대부분은 사실 남을 위해 자기 생명을 기꺼이 포기하려 하지 않지만, 십자가는 이에 대해 최고의 모범을 제공해 준다.

7. 8. 발에 입은 심한 화상이 치유되어가는 동안 나는 걷기를 포기해야 했다. 발바닥 피부 재생을 돕기 위해서였다. 반드시 필요한 희생이긴 했지만, (걸음을 걸어 적정한 압력이 가해져야 할) 다리뼈에 아무런 압력이 가해지지 않은 탓에 뼈의 기능이 퇴화되었다는 점에서 그것은 아주 값비싼 희생이었다. 그 결과, 처음으로 다시 걷기 시작했을 때 뒤꿈치 뼈가 부러지고 말았다. 새빨개진 뒤꿈치는 뭔가 손상이 일어났음을 알려 주는 동시에, 치유 작업을 위해 별도의 혈액이 몰려들어 부러진 뼈를 재건하고 있음을 보여 주었다. 비슷한 이치로, 우리를 치유하기 위해 예수님은 최고의 몸값을 치르사 자기 생명을 희생하셨다. 그럼으로써 그분은 자신의 피로 새 언약을 맺으셨고 그 언약이 우리를 완전히 새롭게 한다.

9. 걸으려고 했을 때 그렇게 아팠던 이유가 발이 골절되었기 때문일 거라고는 전혀 생각하지 못했었다. 하지만 엑스레이가 진실을 보여 주었다. 전에 찍었던 엑스레이 사진과 비교해보니 지난 15년 동안 내 발의 모양을 잡아 주고 있던 네 개의 조임쇠 중 하나가 부러진 뼛조각들을 밀어내고 있는 것이 확연히 보였다. 이제 전혀 다른 종류의 치료가 필요하다는 사실이 드러났다. 그리스도의 십자가는 하나님의 의를 이보다 더 철저하게 계속 계시한다. 그리스도는 성삼위 하나님의 징벌을 받고 계셨던 것이 아니라, 하나님의 의에 동의하사 우리를 위해 자발적으로 자신을

순복시키신 것이라고 말이다. 그 계시는 우리의 삶이 얼마나 회복을 필요로 하는지 잘 드러내 보여 준다.

10. 내 발의 상태가 어떠한지 드러나자 의사는 하는 수 없이 부러진 뼈들에게 강한 충격을 주고 있는 그 조임쇠를 제거할 수밖에 없었다. 이 과정 역시 나 아닌 외부의 사람에 의해 진행되어야 했다. 마찬가지로, 십자가만이 우리와 하나님 사이를 바로잡을 수 있다. 오직 십자가만이 우리를 의롭다고 할 수 있다.

11. 조임쇠가 일단 제거되자 이제 부서진 뼈뿐만 아니라 새로운 부상도 치료해야 했다. 발의 피부도 다시 재치유 과정을 겪어야 한다. 그리고 이는 구속의 전 개념을 연상시켰다. 성삼위 하나님이 원래 이미 한번 우리를 소유하셨음에도 불구하고 하나님이 우리를 되사셔야 했다는 사실을 말이다. 로마서 6:17-22과 고린도전서 6:20, 7:23은 우리가 "값으로 산" 바 되었음을 강조한다. 이제 우리의 주인이 완전히 바뀐 것이다!

12. 내 왼쪽 발과 다리는 15년째 불구이다. 발 모양이 좀 구부러져 있었는데, 애초에 의사가 오진을 한 데다가 회복 과정에서 구부러진 발은 치료가 되기는커녕 다리가 부러지고 만 것이다. 그 이후 줄곧 부목을 착용하고 살았지만, 걸핏하면 다리를 다치기 일쑤였다. 그 결과, 오른쪽 다리가 아주 **튼튼**해져서 목발

과 함께 나를 지탱해 주고 있기는 한데, 아픈 왼쪽 다리 대신 오른쪽 다리를 과도하게 사용하는 탓에 이 다리는 쓰리고 아프며 부어오를 때가 많다. 이번에도―넉 달 이상 무리를 가한 덕분에―오른 쪽 다리는 엄청나게 부어오르고 상처가 나서 아직 완전히 회복되지 않고 있다. 십자가에서의 그리스도의 희생은 동물의 피를 뿌리는 제사라는 모세 율법의 패턴으로 훨씬 더 광범위하게 예표되었다. 히브리서는 예수님의 죽음이 죄를 사하는 효과가 있다고 선포하고 있는데, 이는 특히 그분이 제사장인 동시에 제물이었기에 그런 효과가 있는 것이다. 그분의 죽음이 어떻게, 그리고 왜 그런 희생 제사를 완결 종식시켰는지 우리가 완전히 다 이해할 수는 없지만 말이다.

13. 죽은 피부, 감염, 그리고 말썽을 일으킨 조임쇠 문제가 다 해결된 후, 수술 부위는 주목할 만한 속도로 빨리 아물었다. 조임쇠가 **빠져나간** 공간과 **뼈**가 부서진 자리도 얼마나 신속하게 메꾸어졌는지 모른다. 발을 여러 번 다쳐보았지만 이번 회복은 정말 유례없이 해방감을 주었다. 마찬가지로, 그리스도의 사역으로 말미암아 우리가 누릴 수 있게 된 용서는 우리를 더욱 철저하게 해방시켜서 전혀 다른 삶을 살게 해준다. 이제 우리는 죄책과 회한 가운데 더 이상 허우적거리지 않는다. 해방되었으므로 새롭게 시작할 수 있는 것이다.

14. 15. 이 시련을 겪으면서 가장 크게 문제되었던 것은, 이 모든 일들이 무의미하게 여겨졌다는 것이다. 우선, 내가 어떻게 해서(혹은 왜) 발을 데었는지 아무도 설명해 주지 않았고(그 일로 해서 이 일련의 복잡한 과정이 시작되지 않았는가), 이 사건이 내게 — 그리고 다른 누구에게도 — 아무 유익을 끼치지 않은 게 분명했다. 하지만 그런 깨달음이 있었기에 나는 그리스도의 고난에 더욱 감사할 수 있게 되었다. 이사야서 53장이 가르치고 있는 것처럼, 고난당하는 종께서 어린 양처럼 죽임당하는 자리로 가셨기 때문이다. "그가 찔림은 우리의 허물 때문이요 그가 상함은 우리의 죄악 때문이라." 그분의 고난은 우리의 고난(이제 별거 아닌 것으로 여겨지는)을 좀더 감당할 만한 것으로 만들어 준다.

16. 아픈 발이 나아가는 이 기나긴 과정에서 생긴 최악의 부작용 가운데 하나는 그 발을 제외한 내 몸의 다른 부분이나 내 마음 상태를 사실상 제어할 수 없거나 본래의 상태대로 유지할 수 없었다는 것이다. 그 한 예로, 신장 기능이 심각하게 나빠졌다. 상황은 그다지 좋지 않아서, 투석을 하든지 아니면 이식을 해야 하는 지경까지 나아가고 있다(예상보다 훨씬 빠른 속도로). 내 신장이 보존되기 위해서는 뭔가 기적이 필요할 듯하다. 그리스도의 고난과 죽음과 부활을 통해 우리에게 구원의 선물이 주어진 것은 정말 하나의 복합적 기적이다. 누가 그것을 다 이해할까만, 우리는 그리스도의 사역을 통해 신성으로 해방되고,

건짐 받고, 구원받았다!

17. 18. 19. 이 혼란스러운 상황에서 내가 깨우친 가장 중요한 교훈은, 내가 몸의 건강을 하나의 우상으로 삼고 몸의 건강을 하나님보다 더 바라게 되기가 쉽다는 것이다. 나에게 무엇보다 필요한 것은 나 자신에게서 벗어나 하나님과 좀더 밀접한 관계에 들어가게 해주는 영적 치유이다. 그것이 갈라디아서 4장이 우리에게 주는 약속이다. 그리스도의 구원 사역으로 말미암아 우리가 하나님의 자녀로 입양되었다는 이 놀라운 소식 말이다. 이제 우리는 전적으로 새로운 삶의 어휘를 배울 수 있게 되었다. 우리가 받은 이 선물은 성화, 영생이다.

20. 이 장기간의 여행이 내 가르침에 깊이를 더해 주었기를 나는 기도한다. 세상을 위한 나의 사역이 더욱 강해지기를 나는 소망한다. 그 사역이 비록 하나님이 우주를 새롭게 하시기 위해 행하시는 그 모든 일들의 지극히 작은 한 부분일지라도 말이다. 성 아타나시우스는 이 모든 것, 하나님의 모든 사역이 본질상 동일한 성질을 지니고 있다는 사실을 역설한다.

피조계의 갱신은 태초에 피조계를 만드신 분의 동일한 말씀에 의해 이루어졌다. 따라서 창조와 구원 사이에는 불일치점이 없다. 한 성부께서 동일한 행위자에게 이 두 사역을 맡기셔서, 처음에 세상을

만드실 때와 동일한 그 말씀을 통해 세상의 구원이라는 결과를 낳았기 때문이다.[71]

물론 내가 위에서 든 비유들은 안쓰러울 정도로 불충분하고 부적절하다. 하나님이 그리스도 안에서 우리에게 주신 선물들의 그 깊이를 알 수 없는 광대함에 대해 알고자 한다면 이러한 개인적인 사례를 무한대수로(수학자들이라면, 10에 10을 100제곱한 수에 다시 그 수만큼을 곱한 수만큼) 늘려야 할 것이다.

그리고 가장 놀라운 사실은, 우리는 그러한 선물을 단 한 가지도 받을 자격이 없다는 것이다. 어찌보면 우리의 하나님은 정말 치욕스러울 만큼 다 퍼주는 분이 아니신가!

부활

그리스도의 부활은 그 함축적 의미가 너무 광대하기 때문에 우리가 무슨 말을 한다 해도 그 의미를 다 표현하기에는 심히 역부족이다. 그리스도의 부활에 대해 어떤 식으로 설명하려 하든, 그리고 그것을 어떻게 찬양하려 하든 모두 언제나 불충분할 것이다. 최고의 예술 작품과 문학이 그 엄위로운 신비의 희미한 빛이나마 포착해 줄 수 있을 뿐이다. 예를 들어 C. S. 루이스는 어린이들을 위한

이야기 『사자와 마녀와 옷장』에서 이 신비에 대해 흥미진진하게 설명한다.[72]

마찬가지로 작곡가 랜덜 톰슨 Randall Thompson은 찬양대를 위한 멋진 성가곡을 만들었는데, 가사는 '할렐루야!'라는 단 한 마디만 거듭 반복되지만, 갈수록 음량이 커지다가 풍성한 울림과 밝은 환호로 끝을 맺는 곡이다. 한번은 내 친한 친구 토마스 기센이 시카고의 루터란 성가대를 지휘하여 이 유명한 곡을 공연한 적이 있는데, 성가대는 웬일인지 처음부터 끝까지 피아니시모로만 불렀다. 그 단조로움 때문에 나는 몸이 자꾸 몸이 근질거렸다. 그가 어서 찬양대를 채근하여 크레센도로 불러주기를 기다리다가 연주는 끝이 났다. 나중에 그에게 이 일에 대해 묻자 그는 이런 요지의 말을 했다. "그리스도의 부활은 너무 엄위롭습니다. 성가대가 아무리 큰 소리나 풍성한 소리를 낸다 해도 그걸 다 표현할 수는 없습니다. 그래서 나는 우리의 모든 찬미로도 그 엄위로움을 다 표현하기는 영원히 불가능하다는 사실만이라도 분명히 나타내야겠다고 생각했습니다."

부활하신 그리스도 안에서 나타난 하나님의 역사를 변변치 못하게 찬양하는 것보다 더 나쁜 오염 현상은, 당연히 그 일의 역사성을 의심하는 것이다. 어떤 사람들은 네 복음서 기사들 간에 불일치하는 점들이 있기 때문에 예수님의 육체적 부활은 사실일 수 없다고 주장하지만, N. T. 라이트가 지적하듯 우리 21세기 독자들은 "고대 세계에서 실제로 일어났던 사건을 다른 이들에게 전하고

자 하는 사람은 사건 하나하나마다 모든 특징들을 시시콜콜 이야기해야 한다는 의무감 같은 것은 갖지 않았다(오늘날의 훌륭한 기자나 실제로 활동하고 있는 역사가도 마찬가지일 것이다)."[73] 사실 그가 강조하고 있는 것은, 만약 실제로는 아무 일도 일어나지 않았고 모든 이야기가 다 후대에 꾸며진 것이라고 한다면 모든 기사들이 한 치의 오차도 없이 똑같아야 하지 않는가 하는 점이다.

몇 페이지 안 되는 이 글에서 라이트의 방대하고 대가다운 학문적 업적을 요약 설명한다는 것은 불가능하지만, 이교도·구약성경·성경 시대 후의 유대인·신약성경·초대 교회 문헌 등에 관한 그의 방대한 연구는 예수님이 육체적으로 죽음에서 부활하셨으며(존 도미닉 크로산 John Dominic Crossan [논란 많은 '예수 세미나' 소속 학자로, 학제간 연구를 통해 역사적 예수를 연구한다고 했으나 예수님을 주로 전통적 권위와 관습에 도전하는 '전복적 지혜 교사'로 보았다 — 역자 주]이나 마커스 보그 Marcus Borg [역시 '예수 세미나' 소속 학자로, 부활 이전의 예수와 부활 이후의 예수를 구별하여, 역사적 예수 탐구란 부활 이전의 예수님을 탐구하는 것으로 보았고, 그가 보는 역사적 예수는 '유대교 신비가'이며, 종말론적 예수상은 초대교회에서 덧입힌 것으로 보고 거부한다 — 역자 주] 같은 사람들의 환원주의적 주장과 달리) 그분의 부활은 세상을 영원히 변화시켰다고 하는 역사적 기독교의 믿음을 확고히 해준다.

한 예로 누가복음을 잠깐 살펴보자. 라이트는 누가복음에 나오는 모든 상세한 묘사들이 복음의 두 가지 주요 요점들을 강조하는 데 정황상 어떻게 기여하고 있는지 잘 설명해 주었다. 그 두 가지

요점이란 부활 사건에서 "이스라엘 및 세상을 위한 하나님의 계획이 갑작스럽게 절정에 도달했으며, 또 이로써 우리에게는 이 사건의 효력이 세상에 미치게 해야 할 사명이 부여되었다"는 것이다.

가장 매혹적인 점은, 라이트가 누가복음의 처음 두 장과 맨 마지막 장의 병행구절들을 지적해 위의 사실을 아주 공들여 상세히 설명하고 있다는 것이다. 여기에는 천사가 예수님을 이스라엘의 메시아로 선언하는 것(1:32, 2:11, 26과 24:26, 46), 시므온이 아기 예수님이 이스라엘과 이방 나라에 구원을 가져오리라는 사실을 선포한 것과 예수님이 사명을 부여하시는 것(2:32과 24:47), 안나와 글로바가 구속을 바라는 이들로 묘사된 것(2:38과 24:21), 그리고 마리아와 요셉 부부가 예수님을 삼 일 동안 찾아다닌 끝에 그분을 만나 거룩한 필연성(누가복음의 주요 테마)에 관한 기이한 대답을 들은 사건과(2:49) 이와 동일한 주제에 대한 예수님 자신의 말씀(24:25-26)을 대조시킨 것(24:7, 44 참조) 등이 포함된다. 간단히 말해, "누가에게 있어 부활절이란 역사의 의미에 관한 것이며 … 교회의 과제 및 형태에 관한 것이기도 하다."

우리가 부활의 역사성을 부인한다면, 그리고 지금 여기에서 부활의 함축적 의미를 구현하는 삶을 살지 못한다면, 이는 부활의 의미를 오염시키는 것이다. 확신컨대 이 죄책에서 예외인 사람은 아무도 없을 것이다.

누가는 그의 복음서 마지막 장과 사도행전 1장 전체를 통해 예수님이 자기 자신이 육체적으로 살아 있음을 여러 증거들로 증명하셨음을 보여 주되, 누가복음 전체에서 세상 나라들과 대립하는 예수님을 묘사하고 또 예수님은 틀림없이 세상의 참 주님이시라고 단호하게 결론 내려 예수님이 증명하신 사실을 우주적인 것으로 만들어주고 있다.

우리는 그 증거들을 신뢰하는가? 지금 우리는 모든 면에서 그분을 우리 주님으로 여겨 순복하는가?

"그리스도께서 죽으셨고$^{\text{has died}}$ 그리스도께서 부활하시고$^{\text{is risen}}$ 그리스도께서 다시 오실 것$^{\text{will come}}$"이라는 교회의 위대한 신앙고백에서 동사의 시제(과거 완료, 현재, 미래)를 늘 기억할 필요가 있다. 그리스도는 우리의 삶에서도 부활하시는가?

승천

예수님은 대체 어디로 가셨을까? 승천은 도대체 어디에서 이루어졌을까? 예수님이 그냥 하나님 속으로 슈웅 하고 들어가신 게 아닌 것은 분명하다. 하지만 예수님의 승천은 이 책에 등장하는 대다수 단어들에 비해 훨씬 더 많이 무시당하고 의미가 축소되고 왜곡되거나 혹은 절충되고 있다.

승천 사건의 의미가 오염되는 것은 현대인들이 성경이 말하는 '하늘'^{heaven}이라는 말의 뜻을 잘 모르기 때문이기도 하다. '하늘'에 대한 오해 때문에 많은 이들이 승천을 시대에 뒤떨어진 우주론, 곧 세상은 땅 위에 하늘이 있고 땅 밑에 지옥이 있는 3층 구조로 구성되었다는 이론의 산물로 여겨 철저히 거부하는 것이다. 그런 사람들은 과학자 코페르니쿠스가 그런 어리석은 개념을 이미 오래전에 일축시켜 버렸다는 사실에 자못 흡족해한다. 그리고 또 어떤 이들은 승천은 단지 '영적인' 일이었다고 추론한다. 즉, 그것은 제자들 쪽에서 일어난 태도의 변화를 말하는 것이거나, 또 어쩌면 "부활하신 것으로 추정되는" 그리스도에 대해 그들이 좀더 많은 비전을 갖지 못한 결과일 뿐이라고 생각하는 것이다.

하지만 학자인 더글러스 패로우 Douglas Farrow가 역설한 것처럼, 승천의 본질과 의미에 관한 그런 그릇된 가정은 그 폴란드 천문학자 코페르니쿠스가 존재하기 오래전부터 이미 존재하던 것이었다.

승천 교리는 초대 교회에서, 그러니까 2세기에서 6세기까지의 교회에서 이론이 분분했는데, 이는 특정한 사건에 대해 영적인 의미로 해석하려는 경향 때문이었다. 첫째는 영지주의자들 사이에서 그러했고 다음은 오리게네스 추종자들 사이에서 그러했다. 그리고 그런 경향이 생겨난 것은, 누가가 묘사하고 있는 것과 같은 그런 육체적 승천이 고대 이교 세계의 우주론 및 구원론과 이미 양립이 불가능했기 때문이 아니겠는가?[74]

그렇다, 진짜 문제는 예수님이 하늘로 올라가신 일이 우주가 2

층 혹은 3층으로 이뤄졌음을 암시한다거나 제자들의 환상을 기록한 것에 불과하다는 것이 아니다. N. T. 라이트가 고대 문헌을 대량 연구한 끝에 결론내린 것처럼, "'하늘'과 '땅'이라는 언어는… 지나치게 문체적 기교를 부리는 신학자들이 하나님(하늘)과 인간(땅)이 거주하는, 서로 평행하며 맞물린 우주를 뜻하는 말로 늘 사용했다." 누가의 승천 기사는 일부 학자들이 주장하는 것처럼 이교(異敎)의 전설을 그대로 옮긴 게 아니다. 왜냐하면 누가의 글은 "세상의 참된 주가 되어 보좌에 오르시는 그들의 대표자 메시아에 의해" 왕국이 이스라엘에게 회복되었음을 (아주 정치적으로) 강조하고 있기 때문이다.[75]

그러므로 그리스도의 승천과 관련하여 우리가 씨름해야 할 문제는 하늘이 땅 위에 있다고 하는 고대의 우주론이 아니다. 오히려 문제는, 부활하신 그리스도의 새로운 몸, 물리적이기도 하고 초물리적 transphysical(라이트는 초대 교회가 전승으로 이미 인식하고 있었던 개념을 이 용어로 표현하고 있으며, 후에 바울은 이것을 이론화하여 '썩지 않을' incorruptible 등과 같은 말들로 표현했다)이기도 한 그 몸이다.[76] 이런 의미에서 승천은 위로 올라가는 것을 말하는 게 아니라 하나의 세상에서 그와 맞물려 있는 다른 세상으로 이동하는 것을 말한다.

승천은 세상을 위해 하나님이 행하신 일들의 역사에서나, 우리가 교회의 일원이 된다는 게 무슨 뜻인지 이해하는 데 있어 중추가 되는 사건이다. 승천은 성경에서 최소한 35번 직접적으로 언급된다(간접적으로 언급되는 예도 많다).[77] 현대의 그리스노인들은 승천 교리를 무시하지만, 초대 교회 그리스도인들은 이것을 자기 신앙의 본질을 이루는 한 부분으로 삼았으며, 이 사실은 디모데전서 3:16에 잘 나타나 있다.

> 그는 육신으로 나타난 바 되시고
> 영으로 의롭다 하심을 받으시고
> 천사들에게 보이시고
> 만국에서 전파되시고
> 세상에서 믿은 바 되시고
> 영광 가운데서 올려지셨느니라.

그렇다면, 뭐든지 영적인 의미로 해석해 버리는 사람들 혹은 불신자들과 대조적으로, 우리는 패로우가 강조하는 것처럼 승천이 다음과 같은 것이었음을 이해하는 일부터 시작해야 한다.

(승천은) 진정한 출발이요, 공유해온 역사를 — (부활 이후로는) 이제 완전히 공동의 것은 아니었지만 — 전적으로 구별되고 독특한 역사로 교환하는 것이었다. 이 출발과 교환은 극적인 형식으로 일어난 게 분명하다. 공간 여행 같은 게 일어나리라고 기대하는 사람은 없었다. 그런데 그 일이 일어났다. … (이는) 우리의 타락한 세상과 새로운 피조계 사이에 연결 고리를 만들어 주는 사건이었다. 더 나아가 이 사건 안에서 존재 presence 와 부재 absence 의 문제가 수면 위에 떠

올랐고, 이 문제는 종말론적 상황을 규정해주었으며, 기독교 특유의 성례 예식을 가져왔다.[78]

승천이라는 사건이 정확히 무엇과 관련된 사건인지 간파하는 게 아주 중요하다. 승천에는 진짜 이 세상의 구성 요소가 있으며, 순전히 추상적 의미의 초월적 사건이 아니라 정확한 역사의 발현임에 틀림없다. 왜냐하면, 만일 승천이 순전히 추상적 개념의 초월적 사건이라면, 그리스도는 "시간과 공간을 초월해" 존재하시는 분일 것이고, 승천 사건 속에서 그분이 지닌 "인간으로서의 정체성"은 흐려질 것이기 때문이다. 달리 표현하자면, 승천이라는 움직임이 "우리의 타락한 시공간" 안에서가 아니라 그 시공간 밖에서 일어났다면, 교회의 성례는 무슨 의미가 있으며 교회와 세상이 다른 점이 무엇인가? 그리스도인들은 성례의 인간적 요소들(물, 떡, 포도주) 안에서 그리스도가 임재하신다고 믿는다. 성경 또한 그리스도께서 자기 백성들 가운데 임재하신다고 주장한다. 승천 사건 이후 예수님이 우리에게 부재하시는 동시에 존재하시기도 한다는 것이 승천의 주요 이슈가 되는 까닭은 바로 그 때문이다.

그렇다면 승천이라는 이 신비에 대해 우리가 실제적으로 알고 있는 것은 무엇인가? 우리는 예수님이 어디로 가셨는지 알고 있다. 당신을 보내신 아버지께로 간다고 예수님이 말씀하셨기 때문이다(요 16:5-11). 또 우리는 그분께서 왜 그리로 가셨는지도 알고 있다. 그것은 우리가 아버지와 함께 있을 처소를 예비하시기 위해서였으며, 그분은 우리를 그곳으로 데려가실 것이라고 말씀하셨다(요 14:2-3). 우리는 또한 그분이 길이라는 것도 알고 있다. 왜냐하면 그 분께서 가셨기 때문이다(요 13:31-14:31, 20:17). 어떻게 가셨는가 하면, 십자가와 부활에서 절정에 이른 성육신이라는 방법을 통해서였다. "그리고 그분이 가신 결과, 아버지 집의 문이 활짝 열려 있음을 선포하는 성령의 사명이 시작되었다."

예수님이 승천하신 까닭에 그리스도인들은 세상 속에서 독특한 위치에 거한다. 그곳은 "간절한 기대"와 "탄식"이 있는 곳이다. 그곳에서 우리는 "세상과 무관하게 살아서도 안 되고 그렇다고 세상을 따라 살아서도 안 된다는 명령을 받는다. 세상으로부터 뒷걸음질 치든 세상적으로 살든 성례전적 세계관과 조화되지 않기는 마찬가지이다." 만일 우리가 그리스도께서 보이신 것과 같은 철저한 사랑으로 우리 이웃을 진실로 사랑할진대 그 사랑에는 희생이, 어쩌면 죽음에 이르기까지의 희생이 따를 것이다.

승천 교리를 생각할 때 빠뜨릴 수 없는 중요 신학자로 칼 바르트를 꼽을 수 있는데, 그는 무엇보다 승천과 부활 사이의 시간이 제자들에게 단순히 주관적이고 "영적인" 체험의 시기가 아니었음을 인식했다. 그 시간에 대해 패로우는 이렇게 요약한다. "예수님은 전혀 손상되지 않은 인성과 더 이상 베일에 가려져 있지 않은 신성을 지니시고 친히 새롭게 임하셨다. 이 시간은 하나님이 분명히 눈으로 보여진 시간, 하나님이 이 사람으로 존재하며 이 사람은 하나님으로 존재한다는 것이 알려진 시간이었다." 승천은 ─ "그 시간에 분명한 한계를 정하고, 그 독특성을 보존"하면서 ― 그 시간을 종식시켰지만 그분의 임재를 부정하지는 않았다. 그분의 임재는 이제 "하나님과 함께 감춰져 있다. … 그리고 승천은 하나님과 함께 (그분의 모든 시간, 그분의 삶과 죽음과 부활의 때를) 한정함으로써 승천이 모든 시간의 중심에 있음을 확실히 하는 것이다."

그러므로 (이는 우리가 다 이해할 수 없을 만큼 방대하고 의미가 깊은 '그러므로'이다) 우리 그리스도인들은 예수님의 임재 presence 와 부재 absence 의 긴장 속에서 살고 있다. 패로우의 저서를 읽으면서 나는 그 긴장감 속에 함축되어 있는 소명과 목표로 인해 삶 속에서 나를 깊이 고무시키는 의기양양함을 느꼈다. 우리는 그리스도의 백성이요 사실상 그분의 몸이며, 그분은 자신이 다시 오실 때까지 완수해야 할 사명을 우리에게 주셨다. 오순절 때 우리에게 부어진 성령의 능력으로 우리는 그분이 다시 오시기까지의 시기를 살 수 있는 채비를 갖추었다. 그분께서 다시 오사 하나님의 영원 세상과 현재 우리가 속한 시간 사이의 간극을 넘어 우리를 데려가실 것임을 알고, 그분이 성례전 속에서 우리와 함께 임재하되 이땅에 부재하시는 것 같은 중에도 성령의 능력으로 (역시 그분께서 우리에게 주신) 우리에게 맡기신 사명을 완수하고 계심을 믿으면서 말이다.

그리스도인들의 공동체는, 승천 때 하나님이 예수님을 자신의 오른편 보좌에, 즉 시간과 공간을 망라한 모든 존재의 중심에 앉히셨다고 "세상을 향해 알리는 선지자적 외침"으로 살아간다. 언젠가 우리는 우리 자신을 위해서도 그 외침을 울리게 될 것이다. 그렇게 되기까지 승천은 우리에게 이중의 비전을 보여 준다. 즉, 우리는 주변 세상의 현실을 눈으로 보고 있으면서도, 그리스도가 우주 가운데 임재해 계신다는 진리를 알고 있다. 우리는 사모하는 마음으로 그분께서 다시 오실 날을 기대한다. 그날이 되면 그리스도의 우주적 임재라는 진리가 이 세상의 현실을 다 삼켜 버릴 것이다!

오순절

어제 오순절 주일을 맞아 초청 설교자로 강단에 서게 된 것은 나에게 큰 기쁨이었다. 그 교회 목사님(이분은 남편과 내가 결혼할 때 주례를 맡아 주신, 우리 부부의 좋은 친구이다)이 내가 오고 있다는 것을 모르고 계셨던 덕분에 즐거움은 더 컸다. 목사님은 아내를 위해 결혼 40주년 기념 깜짝 파티를 계획하고 계셨는데, 교인들이 목사님 내외분 모르게 나에게 비행기 표를 보내 두 분 모두를 깜짝 놀라게 만든 것이었다. 비밀한 계획에 동참하고 있다는—그리고 교인들이 다 기다리는 가운데 내가 갑자기 등장하여 복음을 전하고 그 비밀을 드러내기로 한다는—데 대한 나의 들뜬 기분은, 첫 번째 오순절 날 성령을 고대하고 있던, 그러나 그때가 언제일지 예상치 못했던 그리스도의 제자들에게 갑작스럽게 성령을 부어주실 때 성부 하나님이 얼마나 크나큰 기쁨을 느끼셨을지 조금이나마

짐작할 수 있게 해주었다.

매년 오순절을 축하할 때마다 우리는 좀 충격을 받을 필요가 있다. 하나님이 주시는 엄청난 선물은 우리가 소화할 수 있는 한계를 넘어설 것이기 때문에 그런 충격을 미리 맛볼 필요가 있는 것이다. 오순절 축하 행사에 갔다가 목격한 가장 놀라웠던 일은 한 음악가가 파이프 오르간으로 성령의 바람 소리를 표현한 것이었다. 또 어떤 직물 예술가는 밝은 주황색과 붉은 색의 두껍고 반짝거리는 플라스틱을 수십 여 개의 불꽃 모양으로 잘라내 거대한 모빌을 만들어 예배당 천장에 늘어뜨려 놓기도 했다. 모빌은 허공에서 쉼 없이 움직이면서 빛을 받아 반짝거렸다. 또 어떤 행사에서는 첫 번째 오순절 날 모였던 무리들이 했던 말을 프랑스어, 스페인어, 독일어, 폴란드어, 노르웨이어로 읽는 모임에 한 노인이 참석해 인디언 라코타 족 말로 자기 대사를 읽기도 했다.

이 모든 것이 특별한 경험이었지만, 오순절의 그 극적인 실제적 변화에 비교할 만큼 놀라운 것이 아님은 물론이다. C. S. 루이스가 상상하는 것처럼, "하나님은 피조물을 자녀로 변화시키기 위해 인간이 되셨다. 단순히 낡은 유형의 인간을 좀 더 나은 인간으로 만들어내시는 것이 아니라 새로운 종류의 인간을 만들어내시기 위해서 말이다. 이는 말을 잘 가르쳐서 점프를 좀 더 잘 하게 만드는 것이 아니라 말에게 아예 날개를 달아 주어 새로운 피조물로 만드는 것과 같다."[79]

오순절을 너무 평범하게 기념하는 것보다 훨씬 더 위험한 일은,

성령의 역사를 첫 번째 오순절과 같은 극적인 사건만으로 축소시키는 것이다. 그렇게 되면 그것은 그날 진짜로 일어났던 일, 즉 교회가 탄생했다는 사실을 잃어버리는 것이다. 그날, 그들의 모든 일상적인 삶이 철저하게 변화했다. 그날 이후로 — 정경도 없고 신조도 없고 성직 제도도 없었던 — 교회가 번성한 것은 사도들 및 새로 회심한 이들이 평범한 일상에서나 특별한 일에서나 교회를 지도하고 인도하시는 바로 그 성령의 능력만을 그저 의지했기 때문이다.[80]

우리는 그와 같은 자세를 상실했다.

또한 우리는 성령께서 일상 속에서 아주 사소한 방식으로도 역사하신다는 믿음을 상실했다. 예를 들어, 십자가의 치욕 편에서 상세히 설명했듯, 올해 나는 발에 심한 화상을 입었고 화상이 마침내 다 나은 후 다시 걸음을 걷기 시작하자마자 그 발에 다시 골절상을 입었다. 정말로 내가 놀랐던 것은, 조임쇠를 제거하기 위해 어쩔 수 없이 수술을 해야 했고 또 기능이 더 나빠지는 일 없이 뒤꿈치 뼈가 잘 아물게 하기 위해 그 뒤로 몇 주 동안 애를 쓰기는 했지만 그런 과정들이 나에게 끔찍할 정도로 괴롭게 여겨지지 않았다는 것이다. 비록 다시 걸음을 걷고 수영을 할 수 있게 되기를 몇 달 동안 간절히 고대하긴 했지만 말이다.

장기간 걸음을 걷지 못하게 될 것이라는 전망 앞에서 기쁨에 들떴던 것은 물론 아니다. 하지만 성령께서 나를 제어하사 자주 우울에 빠져들지 않게 해주셨고, 감사해야 할 이유들을 헤아릴 수 없을 만큼 많이 떠올리게 해주셨고, 그 기간 동안 내가 이런저런 방식으로 간증을 할 수 있는 힘을 주셨다. 심지어 수술 바로 전 날 예배 때에는 성가대 선창자이자 봉헌송 독창자로 봉사할 수 있는 기쁨을 누리기도 했다. 하나님을 찬양하는 것이야말로 몇 주 동안의 더 힘든 고비를 앞에 두고 내가 할 수 있는 가장 중요한 준비 작업이었기 때문이다. 긴장 수준이 높은 상황에서 내가 어떻게 되는지 나 자신을 잘 알기에, 그리고 걸음을 딛지 못한다는 것은 내 작업에 많은 불편을 초래했기에 나는 다음의 사실을 결코 부인할 수 없었다. 즉 비교적 평정한 내 마음 상태는 성령의 역사가 아니고 무엇이겠는가.

역사 속 어느 날, 예수님의 공동체에 하나님의 은혜가 넘치게 부어진 그 기념할 만한 사건 이후, 성령의 임재는 크게든 작게든 모든 것을 계속 변화시키고 있다. 예수님의 부재 중에 성령께서 우리를 구비시키사 예수님이 다시 오셔서 아버지의 영광을 위해 하나님 나라를 완성하실 때까지 그분의 몸으로 그분의 일을 할 수 있게 해주신다.

개인의 삶 가운데서, 그리고 교회 공동체로서 하나님의 뜻을 행하고자 할 때 우리는 그저 더 높이 뛰려고 애를 쓰는 게 아니다. 우리는 (앞서 언급한 그 날개 달린 말처럼) 공중을 나는 것이다!

파루시아(그리스도의 재림)

"언젠가 예수님이 와서 선생님을 하늘나라로 데려가실 거라는 그 어리석은 말을 정말 믿으십니까? 그 나라는 길거리가 온통 금 같은 걸로 포장돼 있다면서요?" 자신을 일컬어 '전투적 무신론자'라고 공공연히 떠들고 다니는 한 학생이 내가 성경 문학을 가르치고 있던 대학의 사무실에 찾아와 도전적으로 물었다. 오래전 그날 나도 입심 좋게 대답해 주었다. 진실로 나는 종말에 그리스도와 함께 있게 될 것이고, 거기 하나님의 임재 가운데 온 세상이 새로워질 것으로 알고 있다고 말이다. 이 세상에서 우리는 금을 최고로 중요한 것으로 여기지만, 그곳에서는 금을 그냥 밟고 다닐 것이라고….

최근에 나는 파루시아, 곧 종말에 예수님이 오실 것에 대해 더욱 더 절박하게 묵상을 하고 있는데, 그것은 너무도 많은 사람들이 예수님의 재림을 그냥 말도 안 되는 개념 정도로 받아들이고 있기 때문이다. 반대로 그분이 언제 오실지 날짜와 시간을 알려 하거나 그 일 이전에 연쇄적으로 있게 될 각종 사건에 대해 책을 써서 팔아먹으려 하는 이들로 인해 예수님의 재림 개념이 오염되고 있기 때문이기도 하다. 그런 책들은 성경을 소름끼칠 정도로 오독하고 있음을 드러내 보여 주며,[81] 종말론적 정치나 정책을 그릇 되게 조장하기도 한다.

재림 개념은 다른 것에 비해 오염 정도가 그렇게 끔찍하진 않지만, 그럼에도 불구하고 많은 교회들이 기도는 "곧 오소서, 주 예수여, 속히 오소서"라고 하면서 25년 장기 계획을 세우는 것을 생각하면 이 또한 가볍게 보아 넘길 수 없는 오염 현상이다. 우리 그리스도인들은 왜 그렇게 하는가? 왜 우리는 세상을 위한 그리스도의 몸으로 존재하면서 성령으로 하여금 날마다 우리를 인도하시게끔 하지 않고 각종 프로그램이나 비즈니스 모델에 의지해 우리의 미래를 계획하려 하고 재림이 있기까지의 우리의 삶을 조직화하려고 하는가?

내 말을 오해하지 말라. 사역을 위해 계획을 수립하고, 돈을 모으고, 각종 시설들을 마련하고, 회합을 독려하는 등의 일이 필요할 때가 있다는 것을 나도 안다. 내 말은 그저 우리가 이 세상에 너무 많은 것을 쌓아 두고 있는 듯하다는 것이다.

역시 내 말을 오해하지 말라. 내 말은 우리 그리스도인들이 "이 세상에서는 아무 쓸모없는 존재가 될 만큼 천국의 일에만 마음을 두고" 있어야 한다는 뜻이 아니다. 오히려 그 반대로 우리가 이 세상의 일에 너무 마음을 빼앗긴 나머지 천국에서는 아무 쓸모가 없을 것으로 여겨져서 걱정이다.

이는 고린도 교회 신자들이 순수한 사역에 매진하지 못하고 모든 그릇된 일들에 대해 다투고 파당을 짓고 시기하는 삶을 사느라, 지푸라기처럼 타서 없어지지 않을 영원한 일을 위해 서로 합력하고 각자의 은사를 발휘하지 못하고 있을 때 바울이 제기했던 문제(고전 3:1-15)와 다소 유사한 것으로 볼 수 있다.

우리는 우리의 참된 사역 및 이 시대 교회들의 진정한 사역을 어떻게 이해하고 있는가? 우리는 교회 건물을 관리하는 일이나 각종 프로그램을 운영하는 일, 예배는 이러저러해야 한다는 논쟁 혹은 사소한 행정업무 처리에 너무 몰두한 나머지, 마르틴 루터가 늘 말했던 것처럼, 우리의 이웃을 위해 작은 그리스도로 존재하는 일에 대해서는 절박함이 없는 것 같다. 그리스도의 승천과 재림 사이 그분이 이땅에 부재하시는 시기에, 그리스도의 몸의 일원으로 존재해야 한다는 긴장감을 느끼며, 그분이 맡기신 사명을 감당하면서 위와 같은 방식으로 살아가기는 너무 힘들다는 사실을 우리는 깨닫는다. 자신의 임재를 알도록 하기 위해 그분께서 우리에게 주신 성령에 의지하여 순간순간 살아가는 것은 너무 위험한 일이라고 우리는 생각한다. 우리는 자신의 미래를 스스로 통제하고 그 미래의 방향을 스스로 결정짓고 싶어 한다. 또한 우리는 우리 자신이 이루어 놓은 일에 너무 안주해 있거나 혹은 그 업적을 너무 자랑스러워하는 나머지 예수님이 정말로 다시 오시는 것을 원하지 않는다!

교회들이 25년 장기 계획을 세우는 것은, 교인들을 어떤 사역에 참여시키기 위해 일종의 점화 장치, 그 사역을 향해 움직이게 만드는 모종의 비전이 필요하기 때문인 것 같다. 하지만 우리에게는 예수 그리스도의 십자가와 부활이라는 훨씬 더 강력한 점화 장치가 있지 않은가? 그것이 우리가 세례 받을 때, 즉 우리 자신에 대해서는 죽고 그분과 함께 새로운 피조물로 소생할 때 우리가 출발점으로 삼았던 것 아닌가? 또한 우리에게는 승천이라는, 훨씬 더 불이 잘 붙는 불쏘시개가 있지 않은가? 그것이 우리 안에 불을 당기고 온 세상에 그리스도의 임재를 전달해야 할 사명을 완수하게 하지 않는가? 오순절 날 제자들에게 임했던 바람을 보라. 성령의 숨결이 강하게 불어 그들을 담대하게 만들지 않았는가! 때가 이르러 종말에는 성삼위 하나님의 역사가 정점에 달하기를 우리가 불 같은 열정으로 고대하고 있을 때 우리의 불꽃이 계속 타오를 수 있도록 그 숨결이 바람을 일으켜 주지 않겠는가? 의와 공평, 진리와 평강이 빛을 발하는 하나님 나라에 대한 비전은 예수님의 부재가 종식되고 예수님의 임재가 더 이상 가려지지 않는 날까지 우리의 길을 사랑으로 인도하기에 충분한 불꽃이 아닌가?

성삼위 하나님의 그 불길은 우리가 속한 교회 공동체와 우리의 삶에 열정이 불타오르도록 역사하고 계시지 않는가? 우리가 사용하는 언어의 오염 현상을 모두 태워 없애고 우리가 더욱 신실하게 행하는 대로 말할 수 있게 해주실 뿐 아니라 우리가 말하는 대로 행하도록 가르치고 계시지 않는가?

미주

들어가는 글

1. 앨런 제이콥 Alan Jacob 은 C. S. 루이스의 말을 인용하는데, 루이스는 자신이 첫 번째로 펴낸 기독교 변증서의 머리말에서 이렇게 선언했다. "나는 옛부터 전해지는 정통 교리를 내가 재진술했다고 믿는다. 만일 이 책에 새롭다거나 비정통적이라는 의미에서 '독창적인' 내용이 단 한 군데라도 있다면 그것은 내 뜻에 반하는 것이며, 내 무지의 소치이다."
이 '평이하고 주요한' 기독교 신앙을 역사적으로 면밀히 검토해 보면 "종파 간의 차이를 투명하게 보여 주는 무미건조한 내용이 아니라 긍정적이고 일관성 있고 무궁무진한 어떤 것이라는 사실이 드러난다. 기독교 신앙은 긍정적이기 때문에 영적 탐구자에게 방향을 제공해 준다. 기독교 신앙은 일관성이 있기 때문에 마음을 든든하게 해준다. 기독교 신앙은 그 내용이 무궁무진하기 때문에 기쁨을 준다"고 루이스는 주장한다. Alan Jacob, *Vanity Fair: Moral Essays on the Present Age* (Grand Rapids: Brazos Press, 2001), 121-124.
2. Kenneth L. Woodward(〈뉴스위크〉지 종교면 편집자), "Reply to Andrew Lang(UCC[United Church of Christ]의 연락 사무국 소속 집필 간사로서 UCC의 새찬송가에 대한 우드워드의 논평에 반론을 폈다)", *How Shall We Sing the Lord's Song: An Assessment of the New Century Hymnal*, ed., Richard L. Christensen(Centerville, MA: Confessing Christ, 1997), 54.
3. T. R. Reid, *Confucius Lives Next Door: What Living in the East Teaches Us*

About Living in the West(New York: Random House, 1995), 103.
4. Reid, Confucius Lives Next Door, 103-104.
5. 이런 개념은 Jacques Ellul, *The Humiliation of the Word*, trans. Joyce Main Hanks(Grand Rapids: Eerdmans, 1985)에서 얻은 것이다.
6. Richard B. Hays, "Reading Scripture in Light of the Resurrection", *The Art of Reading Scripture*, eds. Ellen F. Davis and Richard B. Hays(Grand Rapids: Eerdmans, 2003), 220.
7. Joseph Sittler, *Gravity and Grace*(Minneapolis: Augsburg, 1986), as quoted in *For All the Saints: A Prayer Book For and By the Church*, Vol.: Year 1: Advent to the Day of Pentecost, compiled and edited by Frederick J. Schumacher with Dorothy A. Zelenko(Delhi, NY: American Lutheran Publicity Bureau, 1994), 954-955.
8. John Howard Yoder, *Preface to Theology: Christology and Theological Method*(Grand Rapids: Brazos press, 2002), 176-179

1부 하나님의 속성

1. Luke Timothy Johnson, *The Real Jesus: The Misguided Quest for the Historical Jesus and the Truth of the Traditional Gospels*, paperback edition(San Francisco: HarperSan-Francisco, 1997)을 참조하라.
2. Tom Wright, *The Original Jesus: The Life and Vision of a Revolutionary*(Grand Rapid: Eerdmans, 1996)을 참조하라.
3. 이런 대명사들을 나에게 가르쳐 준 전 리전트 칼리지 학생 케이티 코백스에게 감사한다.
4. William C. Placher, *Jesus the Savior: The Meaning of Jesus Christ for Christian Faith*(Louisville: Westminster John Knox, 2001), 44-45.
5. John Howard Yoder, *The Politics of Jesus*, 2nd.ed.(Grand Rapids: Eerdmans 1994), 162-192를 참조하라.
6. Christopher A. Hall, *Learning Theology with the Church Fathers*(Downers Grove, IL: InterVarsity Press, 2002), 218.
7. Marva J. Dawn, *Powers, Weakness, and the Tabernacling of God*(Grand Rapids: Eerdmans, 2001)을 참조하라.
8. Marva J. Dawn, "Introduction to the Gospel of John", *Renovar Spiritual Formation Study Bible*, Richard J. Foster, ed.(SanFrancisco: HarperSan-Francisco)을 참조하라.

9. Placher, *Jesus the Savior*, 49.
10. 플래처는 David S. Yeago, "Jesus of Nazareth and Cosmic Redemption: The Relevance of St. Maximus the Confessor", *Modern Theology* 12(1996): 167을 언급하고 있다.
11. Placher, *Jesus the Savior*, 49.
12. 이는 칼케돈 공의회가 내놓은 공식 신앙 고백문으로, J. N. D. Kelly, *Early Christian Doctrines*, 2nd ed.(New York: Harper & Row, 1960), 339-340에 번역되어 실렸다.
13. Gregory of Nazianzus, *The Third Theological Oration-On the Son in Christology of the Later Fathers*, ed. Edward R. Hardy(Philadelphia: Westminster, 1954), 174-175.
14. Rowan Williams, *The Dwelling of the Light: Praying with Icons of Christ*(Grand Rapids: Eerdmans, 2003), 6-7.
15. 마리아가 자기 아들과 나누었을지도 모르는 가상의 대화에 관해서는 Walter Wangerin, Jr., *Mary's First Christmas*, illus. Timothy Ladwig(Grand Rapids: Zondervan, 1998)을 보라. 또한 David G. Benner, *The Gift of Being Yourself: The Sacred Call to Self Discovery*(Downers Grove, IL: InterVarsity Press, 2004), 93-94도 참조하라.
16. Yoder, *Preface to Theology*, 140.
17. 마가복음이 묘사하고 있는 하나님으로서의 예수님과 신으로 추앙받으려는 시도로 승리의 행진을 벌인 네로 황제를 통찰력 있게 대조시킨 글로, Thomas Schumidt의 *A Scandalous Beauty: The Artistry of God and the Way of the Cross*(Grand Rapids: Brazos Press, 2002), 31-37, 제3장 "the man who would be god"를 참조하라.
18. Robert L. Wilken, *Remembering the Christian Past*(Grand Rapids: Eermans, 1995), 87.
19. Wilken, *Remembering the Christian Past*, 88, Gregory of Nyssa, *Contra Eunomium* 1:158을 인용함. Christopher Hall, *Learning Theology with the Church Fathers*, 47-51을 참조하라. 그는 *Four Discourses Against the Arians*에서 아타나시우스가 이 이름들을 어떻게 논평했는지에 대해 이야기하고 있다.
20. 성경, 특히 마태복음에 나타난 초기 삼위일체론에 대해서는 R. W. L. Moberly, The *Bible, Theology, and Faith: A Study of Abraham and Jesus*(Cambridge: Cambridge University Press, 2000)를 보라.

21. Allen Vander Pol, *God in Three Persons: Biblical Testimony to the Trinity* (Phillipsburg, NJ: Presbyterian and Reformed, 2001).
22. J. N. D. Kelly, *Early Christian Creeds*, 3rd ed.(London: Longman, 1972), 23. 캐서린 모우리 라쿠나는 이 발언에 동의를 하기는 하면서도 켈리가 여기서 "아무래도 신격의 삼중 현시 개념이 기독교 사상에 애초부터 깊숙이 자리잡고 있다는 인상을 받게 된다"고 결론내리는 것은 자신의 입장을 과장한 것이라고 생각한다. Catherine Mowry Lacugna, *God for Us: The Trinity and Christian Life*(San Francisco: HarperSanFrancisco, 1991), 129를 참조하라. 실제로 켈리는 그 문장에서 시대착오적 용어("삼중 현시[threefold manifestation]", "신격[Godhead]")를 사용하고 있긴 하지만, 그가 말하고자 하는 바는 정당한 것으로 여겨진다. 최근에 내가 신약성경을 대강 훑어본 결과에 의하면, 성삼위의 세 위격을 언급하는 본문들은 모두 동등성과 상호성이라는 의미와 더불어 이것을 언급하고 있음이 드러난다(마 3:16-17, 28:19; 막 1:10-11; 눅 1:35, 3:21-22, 10:21; 요 1:32-33, 3:34, 14:16-17, 26, 15:26, 16:13-15; 행 2:32-33, 38-39, 5:31-32, 7:55, 10:38, 20:21-23, 28; 롬 5:5-6, 8:9, 11, 14:17-18, 15:16, 19, 30; 고전 6:11, 12:3-6; 고후 1:21-22; 3:3, 13:13; 갈 4:6, 1:3-14, 2:13-18, 3:14-17, 4:4-6; 빌 3:3; 살후 2:13; 히 10:29; 벧전 1:2, 4:14; 요일 4:2, 13-14). 이후에도 아침 경건의 시간에 성경을 읽을 때마다 이런 구절들이 점점 더 많이 눈에 띄고 있다.
23. Wilken, *Remembering the Christian Past*, 76.
24. Karl Rahner, *The Trinity*(New York: Herder & Herder, 1970), 10-11.
25. Wilken, *Remenbering*, 81. 현실에서 하나님을 삼위일체로 인식하는 게 얼마나 중요한지에 대해서는 Stanley Hauerwas, *With the Grain of the Universe: The Church's Witness and Natural Theology*(Grand Rapids: Brazos Press, 2001)를 보라.
26. Lacugna, *God for Us*, 2.
27. Roger E. Olson and Christopher A. Hall, *The Trinity*(Grand Rapids: Eerdmans, 2002), 1.
28. Henri Nouwen, Sabbatical Journey, 134. Rebbecca Laird and Michael J. Christensen eds., *The Heart of Henri Nouwen: His Words of Blessing*(New York: Crossroad, 2003), 147에 인용됨.
29. Dante Alighiere(1268-1321), *The Divine Comedy*, Canto XXIV, trans. H. R. Huse(New York: Holt, Rinehart & Winston, 1961). *For All the Saints*, 166에 인용됨.
30. 열한 번과 170번이라는 숫자는 Wilken, *Remembering the Christian Past*, 89에

서 인용했다.

31. Gregory of Nazianzus, *The Third Theological Oration-On the Son*, ed. Edward R. Hardy, *Christology of the Later Fathers*, 171. Hall, *Learning Theology with the Church Fathers*, 64에 인용됨.

32. Charles Michael Jacobs(1875-1938), *Helps On the Road*, from J. W. Doberstein, *Minister's Prayer Book*(Philadelphia: Muhlenberg Press, 1958). Frederick J. Schumacher with Dorothy A. Zelenko ed. *For All the Saints: A Prayer Book For and By the Church*, Vol. II, Year 1. *The Season After Pentecost*(Delhi, NY: American Lutheran Publicity Bureau, 1995), 484에 인용됨.

33. Basil the Great, *On the Holy Spirit*, trans. David Anderson(Crestwood, NY: St. Vladimir's Seminary Press, 1980), 76. Hall, *Learning Theology with the Church Fathers*, 117에 인용됨.

34. Marva J. Dawn, A Royal "Waste" *of Time: The Splendor of Worshiping God and Being Church for the World*(Grand Rapids: Eerdmans, 1999), 186-193, 제15장, "Worship Is Not a Matter of Taste"에서 '당대적(contemporary)'이라는 말과 '전통적(traditional)'이라는 말을 잘못 정의함으로 말미암아 교회를 분열시키고 예배를 분열시키는 일을 중단하자고 하는 내 호소를 주목해 주기 바란다.

35. Ellul, *The Humiliation of the Word*.

36. 켄다 크리시 딘 Kenda Creasy Dean과 론 포스터 Ron Foster는 *The Godbearing Life: The Art of Soul Tending for Youth Ministry*(Nashville: Upper Room, 1998)에서 젊은이들은 현실적 초월성을 지닌 하나님을 필요로 한다고 주장한다. 그런 하나님은 청년들에게 상상을 초월하는 특별한 결과를 낳는다고 말이다. *Robert Wuthnow's After Heaven: Spirituality in America since the 1950s*(Berkeley: University of California Press, 1998), Kenda Creasy Dean, *Practicing Passion: Youth and the Quest for a Passionate Church*(Grand Rapids: Eerdmans, 2004)를 참조하라.

2부 인간과 세상에게 하나님이 필요한 이유

1. Cornelius Plantinga, Jr., *Not the Way It's Supposed to Be: A Braviary of Sin*(Grand Rapids: Eerdmans, 1995)를 참조하라.

2. *Lutheran Book of Worship*(Minneapolis: Augsburg, 1978), 56.

3. 점령군에게 피해를 당하는 다른 모든 희생자들에 대해서도 똑같이 말할 수 있겠지만, 팔레스타인의 위기는 50여 년이 넘게 지속되어 온 데다가 그리스도인들이

흔히 이 문제를 간과하고(아니 심지어 선동하기까지 하고) 있다는 데 문제의 심각성이 있다. 베들레헴에 있는 루터교회 목회자 미트리 라헵 Mitri Raheb이 *Bethlehem Besieged: Stories of Hope in Times of Trouble*에서 들려 주는 감동적인 이야기를 참조하라.

4. 내 글에서 '기쁨 Joy'의 첫 글자를 항상 대문자로 쓰는 것은 내가 말하는 기쁨이 단순히 어떤 상황에 기인한 충일함, 행복감, 즐거움, 혹은 흥분 상태를 뜻하는 게 아니기 때문이다. 나는 우리가 말로 다 설명할 수 없는 진리에 의해, 특히 그리스도의 부활로 인해 영원 세계가 우리의 현재가 되었고 그래서 우리는 지금 장차 임할 하나님 나라의 기쁨 그 온전한 충만함 가운데 살고 있다는 사실에 의해 우리의 삶이 변화될 때 비로소 우리의 소유가 되는 깊고 영속적 확신, 감사, 신뢰를 뜻하는 말로 이 단어를 사용한다.

5. 선과 악을 아는 지식을 갖고 싶어하는 게 곧 신비를 용인하지 못하는 것이라는 제언은 Charlie Peacock, *New Way to Be Human: A Provocative Look at What It Means to Follow Jesus*(Colorado Springs: Shaw, 2004), 39에서 인용한 것이다.

6. 이후에 이어지는 내용들은 상당 부분 Dietrich Bonhoeffer, *Creation and Fall: a Theological Interpretation of Genesis 1-3*, Trans. John C. Fletcher, revised by editorial staff of SCM Press(New York: Macmillan, 1959, originally published in 1937), 64-65에서 인용했다. 히틀러의 나치 당이 독일을 장악한 직후 주변 세상의 정세에 영향을 받은 것이 틀림없는 본회퍼는 베를린 대학교에서 창세기 1-3장을 본문으로 이 강연을 했다.

7. 조지 맥도널드가 들려 주는 어린이 이야기 중에 의존에 관한 아름다운 교훈을 주는 것이 있다. 이야기꾼은 이렇게 말한다. "양떼들은 세상에 대해 아는 게 별로 없다. 대신 그들은 잘 하는 게 한 가지 있다. 양들은 지혜로운, 즉 순종적인 동물이니, 순종은 최고의 지혜이다. 왜냐하면, 양들에게는 그들을 돌봐주는 목자가 있는데, 이 목자는 양들을 어디로 데려가야 할지 특히 폭풍우가 몰려올 때 양들에게 어디가 가장 안전한지 잘 알고 있기 때문이다." George MacDonald, "A Scot's Christmas Story", *The Christmas Stories of George MacDonald*(Elgin, IL: David C. Cook, 1981), 42.

8. 본회퍼는 "세상의 한 가운데 The Middle of the Earth"라는 제목의 장에서 인간의 조건에 대해 설명한다. 그런데 한 가지 궁금한 게 있다. (『반지의 제왕』 저자인) 톨킨 J. R. R. Tolkien은 바로 여기에서 아이디어를 얻어, 호빗족을 비롯한 그 외 사람들이 선과 악을 선택해야 하고 이런저런 부패한 세력들과 전투를 벌여야 했던 지역을 일컫는 이름으로 '중간계 Middle Earth'라는 이름을 만들어내게 된 것이 아

날까 하는 것이다. J. R. R. Tolkien, *Part One: The Fellowship of the Ring, Part Two: The Two Towers, and Part Three: The Return of the King of the Lord of the Rings*(Boston: Houghton Mifflin, 1955)를 참조하라.

9. Bonhoeffer, *Creation and Fall*, 76.

10. Garry Wills, *Reagan's America:Innocents at Home*(Garden City, NY: Doubleday, 1987), 384, as cited in Plantinga, *Not the Way It's Supposed to Be*, 198.

11. David G. Benner, *The Gift of Being Yourself: The Sacred Call to Self Discovery*(Downers Grove, IL: InterVarsity Press, 2004), 63.

12. Christopher A. Hall, *Learning Theology with the Church Fathers*(Downers Grove, IL: InterVarsity Press, 2002), 122-156.

13. N. T. 라이트 N. T. Wright는 조지 스타이너 George Steiner의 저서 *Errata*에서 증명된 재미있는 뒤틀림 현상에 주목하는데, 즉 포스트모더니즘은 원죄 교리를 다시 끄집어내서 모더니즘의 오만함을 통렬히 비난하는 근거로 삼고 있는 듯하다는 것이다. *Christian Century 119*, no. 26(Dec. 18-31, 2002), 31쪽에 실린 라이트와의 인터뷰, "부활 신앙 Resurrection Faith"을 참조하라.

14. Glen M. Stassen and David P. Gushee, *Christian Ethics as Following Jesus*(Downers Grove, IL: InterVarsity Press, 2003), 19장에 실린 구시의 글 "인종 Race"과 Andrew Hacker, *Two Nations: Black and White, Separate, Hostile, Unequal*(New York: Ballantine, 1992)을 참조하라.

15. 계층 구별에 대한 죄의식에서 벗어날 수 있게 해주는 탁월하고 은혜 충만한 논의로서 Arthur Simon, *How Much Is Enough?*(Grand Rapids: Baker, 2003)를 보라. Marva J. Dawn, *Unfettered Hope: A Call to Faithful Living in an Affluent Society*(Louisville: Westminster John Knox, 2003)도 참조하라.

16. Ps. 106:15-16 as cited in *For All the Saints: A Prayer Book For and By the Church*, Vol. I; *Year 1: Advent to the Day of Pentecost*, compiled and edited by Frederick J. Schumacher with Dorothy A. Zelenko(Delhi, NY: American Lutheran Publishing Bureau, 1994), 674.

17. Oswald Chambers, "The Relinquished Life", from *My Utmost for His Highest*(Grand Rapids: Discovery House, originally 1935), as cited in *Bread and Wine: Readings for Lent and Easter*(Farmington, PA: Plough, 2003), 34-35, and in "The Offense of the Natural", *My Utmost for His Highest Journal: Selections for the Year*(Uhrichville, OH: Barbour, nd), December 9.

18. Karl Barth, quoted in Thomas G. Long, "A Response to Douglas John Hall",

Journal for Preachers 25, no. 1(Advent 2001): 16.
19. Long, "A Response to Douglas John Hall", 15.
20. J. K. Rowling, *Harry Potter and the Order of the Phoenix*(New York: Scholastic/ Arthur A Levine 2003), 223.
21. C. S. Lewis, *The Screwtape Letters*(New York: Macmillan, 1941) 참조.
22. Peacock, *New Way to Be Human*, 38.
23. Arthur Piepkorn(1907-1973), *Response*, vol. 5, no. 2(Lutheran Society for Worship, Music & the Arts, 1963), 73, as quoted in *For All the Saints*, 481-482.
24. '정사(政事)'를 다루는 최고의 책들 중 하나는 Jacques Ellul, *Money and Power*, trans. LaVonne Neff(Downers Grove, IL: InterVarsity Press, 1984)이다. 또한 Marva J. Dawn, *Powers, Weakness, and the Tabernacling of God*(Grand Rapids: Eermans, 2001)와 "The Concept of 'the Principalities and Powers' in the Works of Jacques Ellul", Ph. D. diss., University of Notre Dame, 1992(Ann Arbor, MI: University Microfilms, #9220614)도 참조하라. *Is It a Lost Cause? Having the Heart of God for the Church's Children*(Grand Rapids: Eermans, 1997)과 Marva J. Dawn and Eugene H. Peterson, *The Unnecessary Pastor: Rediscovering the Call*(Grand Rapids: Eermans, 1999), chapter 5에서도 다른 설명들을 볼 수 있다.
25. "A Prophetic Epistle from United Methodist Calling Our Brother George W. Bush to Repent", *Christian Century* 120, no. 7(April 5, 2003): 28.
26. Cited in David McCullough, *Brave Companions: Portraits in History*(New York: Simon & Schuster/Touchstone, 1992), 227.
27. C. S. Lewis, *The Great Divorce*(New York: Macmillan, 1945).
28. 죽음에 직면한 상황에서 하나님의 임재를 경험한 성도들에 대한 아름다운 사례들을 *Soul Searchers: An Anthology of Spiritual Journey*, compiled by Teresa de Bertodano(Grand Rapids: Eermans, 2001)의 마지막 단락에서 찾아볼 수 있다.
29. John Chrysostom(344-407), *Catechatical Address*, quoted in *For All the Saints*, 980-981.

3부 하나님의 행위

1. Philip Yancey, *Soul Survivor: How My Faith Survived the Church*(London: Hoder & Stoughton, 2001), 241.
2. 나는 *Have His Carcase: A Lord Peter Wimsey Mystery*(New York: HarperPaperbacks, 1995, first published 1932)나 *Busman's Honeymoon*(New York: Harper-

Paperbacks, 1995, first published 1937) 같은 도로시 세이어스 Dorothy Sayers의 작품을 생각하고 있는데, 두 작품 모두 피터 윔지 경과 해리엇 베인이 등장하는 미스테리물이다. 전문적인 미스테리 소설은 아니지만 G. K Chesterton의 *The Man Who Was Thursday: A Nightmare*(New York: Dodd, Mead & Company, 1908)는 사건 해결의 단서, 서스펜스, 유머, 도덕적 교훈(굳이 가르치려고 하지는 않지만), 그리고 경이로움이 완벽하게 조합된 작품이다.

3. John Howard Yoder, *Preface to Theology: Christology and Theological Method*(Grand Rapids: Brazos Press, 2002), 58.

4. Miroslav Volf, "Faith Matters:Married Love", *Christian Century 119*, no. 12(June 5-12, 2002): 35.

5. 마 13:35, 25:34, 요 17:24, 엡 1:4, 벧전 1:20, 계 13:8을 보라.

6. Søren Kierkegaard(1813-1855), as quoted in *For All the Saints: A Prayer Book For and By the Church*, Vol. I ; *Year 1: Advent to the Day of Pentecost*, compiled and edited by Frederick J. Schumachre with Dorothy A. Zelenko(Delhi, NY: American Lutheran Publicity Bureau, 1994), 834.

7. 이 문제에 대해 폴 브랜드 박사만큼 더 잘 설명한 이는 없다. 나병 환자들은 감각이 없는 탓에 손발 등에 부상으로 입고도 통증을 느끼지 못해 그로 인해 결국 손발을 잃게 되는 일이 많은데, 그는 이런 나병 환자들을 위해 통증을 느낄 수 있는 장치를 발명하고자 했다. 그런데 환자들은 기꺼이 통증을 겪으려 하지 않고 그 장치를 떼어내기에 바빴다. 그리고 그럼으로써 그들은 위험을 경고해 줄 수 있는 경보 장치를 잃은 것이다. Paul Brand and Philip Yancey, *The Gift of Pain: Why We Hurt and What We Can Do About It*(Grand Rapids: Zondervan, 1997).『아무도 원하지 않는 선물』(비아토르, 2019) 역간.

8. Introductory Essay By Sharon Begley, *The Hand of God: Thoughts and Images-Reflecting the Spirit of the Universe*, ed. Michael Reagan(Kansas City, MO: Andrews McMeel Universal Company, 1999), 9.

9. C. S. Lewis, *The Magician's Nephew*(New York: HarperTrophy, 1955), 126-127. 116-136에 실린 창조 관련 글 전체를 참조하라.

10. 이런 움직임은 창세기 22장에서 시작되었는데, 여기서 여호와께서는 어린아이를 희생 제물로 바칠 것을 요구하지 않는다는 것을 보여 주심으로써 당신이 여타의 신들과는 다른 하나님이심을 보여주신다. John H. Yoder, "If Abraham Is Our Father", *The Original Revolution*(Scottdale, PA: Herald Press, 1972)), 85-104를 보라.

11. 하나님의 진노가 어떤 본질을 지녔는지에 관한 이 개요는 2001년 11월 18일 덴버에서 열린 American Academy of Religion/Society of Biblical Literature 연례회의 때 테렌스 E. 프레딤 Terence E. Fretheim 박사가 강연한 "Reflections on The Wrath of God in the Old Testament"를 근거로 한 것이다. 그의 논문은 *Horizons in Biblical Theology* 24(2002)에 요약되어 있다. 그의 주요 논점에 관한 좀더 자세한 설명을 보려거든 Marva J. Dawn, *Unfettered Hope: A Call to Faithful Living in an Affluent Society* (Louisville: Westminster John Knox, 2003), 118-122를 참조하라.
12. Yoder, *Preface to Thelogy*, 168. 이제 이 책의 참조 구절은 본문에서 괄호로 처리하겠다.
13. *Sources and Trajectories: Eight Early Articles by Jacques Ellul that Set the Stage*, translated and edited by Marva J. Dawn(Grand Rapids: Eerdmans, 1997), 284-203의 제8장 "Innocent Notes on 'The Hermeneutic Question'"를 보라.
14. 다른 학자들도 유익한 접근 방식을 제안한다. 노트르담 대학의 한 강좌에서 편집 비평학자 제롬 머피 오코너 Jerome Murphy O'Connor는 이사야 7:14에서 '젊은 여인 young woman'을 뜻하는 히브리어를 마태가 '파르테노스 parthenos' 혹은 '처녀 virgin'라고 옮긴 것은 어떤 역사적 확신에 근거한 것이 아닌 한 편집 비평학적으로 아무 의미가 없다고 주장했다. 레이몬드 브라운 Raymon Brown은 "성령의 창조 능력을 통해 한 처녀에게서 다윗 계통의 메시아가 태어날 것이 고지된다는 선복음 pre-Gospel 기사"를 마태와 누가가 어떻게 다루고 있느냐의 관점에서 그 확신을 논한다(Raymond E. Brown, *The Birth of the Messiah: A Commentary on the Infancy Narratives in Matthew and Luke* [New York: Doubleday, 1977], 161).
15. Martin Luther, "The Magnificat"(1521), *American Edition of Luther's Works*, Vol. 21(St. Louis: Concordia, 1956), as quoted in *For All the Saints: A Prayer Book For and By the Church*, Vol. IV; *Year 2: The Season After Pentecost*, compiled and edited by Frederick J. Schumacher with Dorothy A Zelenko(Delhi, NY: American Lutheran Publicity Bureau, 1996), 1307.
16. 그리스도 안에서의 하나님의 죽음에 관해 내가 읽은 책 중 최고의 책은 Alan E. Lewis, *Between Cross and Resurrection: A Theology of Holy Saturday* (Grand Rapids: Eerdmans, 2001)이다.
17. St. Athanasius, *On the Incarnation* (De Incarnation Verbi Dei), trans. Sister Penelope Lawson, C. S. M. V.(New York: Macmillan, 1946), 13. 이제 이 책의 참조 구절은 본문에서 괄호로 처리하겠다. 노트르담 대학의 조직신학 강좌에서 아

타나시우스의 이 논문을 반복해서 읽어야 한다고 강력 권고해 주신 찰스 카넨가이저 Charles Kannengeiser 교수에게 늘 감사드린다.

18. Dorothy Sayers(1893-1957), *Creed of Chaos?*(A. Wattsins, Inc.; Harcourt Brace 1st American Edition, 1949), as quoted in *For All the Saints: A Prayer Book For and By the Church*, Vol. Ⅲ; *Year 2: Advent to the Day of Pentecost*, compiled and edited by Frederick J. Schumacher with *Dorothy A Zelenko*(Delhi, NY: American Lutheran Publicity Bureau, 1995), 156.

19. Lewis, *Between Cross and Resurrection*, 119.

20. 불신자들이 기독교의 정체를 폭로한답시고 곧잘 사용하는 여러 방법들 중 G. K. 체스터튼 G. K. Chesterton이 자신의 독창적 미스테리물 *Father Brown*에서 설명하고 있는 가장 기발한 방식은 "The Resurrection of Father Brown"에서의 엉터리 '기적'이다. G. K. Chesterton, *The Complete Father Brown: The Enthralling Adventures of Fiction's Best-Loved Amateur Sleuth* — 확신컨대 체스터튼은 브라운 신부가 명성을 얻기를 거부함으로써 모든 거짓을 다 뒤엎는 것과 똑같은 이유에서 이런 부제를 붙이지는 않았을 것이다—(New York: Penguin, 1981), 319-322를 보라(그리고 그의 위트와 지혜를 한껏 즐기라).

21. 리틀우드라는 유명한 수학자가 긍정적으로 가정한 기적의 법칙 Littlewood's Law of Miracles에 따르면, 우리는 한 달에 한 번 정도 기적을 기대할 수 있다고 한다. 우리 각 사람이 하루에 3만 가지의 사건들을 겪고, 백만 가지 사건 중 하나가 기적의 성격을 지니고 있다고 한다면 말이다. 하지만 그래도 "기적이란 게 정확히 무엇인가? 기적은 그저 우연히 일어나는 것인가? 기적이 일어난다 해도 우리가 알아차리기는 할 수 있는가?"라는 의문은 남는다. *New York Review of Books*, March 25, 2004, as cited in "Century Marks", *Christian Century* 121, no. 7(April 6, 2004): 7. 리틀우드의 법칙을 읽다보니 내 강의를 중국어로 번역해 준 사람을 지난 주 홍콩에서 우연히 다시 만났던 일이 생각난다. 그를 만난 곳은 페리호를 타려고 기다리던 부두에서였는데, 그는 생일을 맞은 아내를 만나려 나선 그날 밤 말고는 한번도 페리호를 타 본 적이 없다고 했다. 공식 통계에 의하면 홍콩에서는 매일 백만 명이 페리호를 탄다고 한다.

22. Tom Hanculak, "The Dream That Saved Me", *Notre Dame Magazine* 31, no. 4(Winter 2002-2003): 42.

23. Interview with N. T. Wright, "Resurrection faith", *Christian Century* 119, no. 26(Dec. 18-31, 2002): 28.

24. C. S. Lewis, *Mere Christianity*(New York: HarperCollins, 1952).

25. Lewis, *Between Cross and Resurrection*, 133-162를 보라. Jürgen Moltmann, *The Crucified God*, trans. R. A. Wilson and J. Bowden(London: SCM and New York: Harper & Row, 1974)를 보라.
26. 예를 들어 Terence E. Fretheim, *The Suffering God: An Old Testament Perspective, Overtures to Biblical Theology*, eds. Walter Brueggemann and John R. Donahue(Philadelphia: Fortress Press, 1984) and Kazoh Kitamori, *Theology of Pain of God*(Richmond, VA: John Knox, 1958)를 참조하라.
27. Lewis, *Between Cross and Resurrection*.
28. 고난당하는 사람들에 대한 페미니스트적 관심의 견지에서 본 "십자가 신학"의 중요성을 논하는 탁월한 논의로서 Deanna A. Thompson, *Crossing the Divide: Luther, Feminism, and the Cross*(Minneapolis: Fortress Press, 2004)를 참조하라.
29. Chesterton, *The Man Who Was Thursday*, 190-191.
30. 멜 깁슨의 논란 많은 영화 〈패션오브크라이스트〉의 예술적·신학적 덕목과 부족한 점들을 일련의 기사들로 다룬 탁월한 논의로는 "The Problem with The Passion", *Christian Century* 121, no. 6(March 23, 2004): 18-23과 Jean Bethke Elshtain, "Faith Matters:Anti-Semitism of anti-Judaism?" *Christian Century* 121, no.10(May 18, 2004): 39를 참조하라.
31. Mark Douglas, "The Passion of the Christ: A Review(or why liberals are right for the wrong reasons and conservatives are wrong for the right ones)", *Journal for Preachers* XXVII, no. 4(Pentecost, 2002): 47-56, and responses by Kathleen M. O'Connor and Iwar Russell-Jones, 57-68을 보라.
32. 예를 들어 Willard M. Swartley, ed., *Violence Renounced: Ren Girard, Biblical Studies, and Peacemaking*(Telford, PA: Pandora Press, 2001)에서 지라르의 저술들이 성경을 해석하는 데 적용될 수 있을 것인지에 대한 다면적인 논의들을 보라.
33. Rebecca Parker는 "The Unblessed Child: Rebecca Story", *Proverbs of Ashes: Violence, Redemptive Suffering, and the Search for What Saves Us*(Boston: Beacon Press, 2001), 211에서 "예수가 십자가에 처형당함으로써 구원받은 이는 아무도 없다"고 말한다.
34. John H. Yoder, *The Politics of Jesus*, 2nd ed.(Grand Rapids: Eerdmans, 1994), 162-192.
35. 복음서 기사에 대한 예술적 반응의 한 예로서 Walter Wangerin Jr., *Reliving the Passion: Meditations on the Suffering, Death, and Resurrection of Jesus as Recorded in Mark*(Grand Rapids: Zondervan, 1992)를 보라.

36. 예를 들어 Martin Luther, *The 1529 Holy Week and Easter Sermos of Dr. Martin Luther*, Irving L. Sandberg, trans., and Timothy J. Wengert, annotater(St. Louis: Concordia, 1999) 또는 Fleming Rutledge, *The Undoing of Death: Sermons for Holy Week and Easter*(Grand Rapids: Eerdmans, 2002)를 보라.
37. Dawn, *Unfettered Hope*, 131-135에서 바흐 작품의 몇 가지 요소들에 대해 논한 것을 참조하라.
38. Henri J. M. Nouwen, *In the Name of Jesus: Reflections on Christian Leadership* (New York: Crossroad, 1989).
39. C. S. Lewis, *The Lion, The Witch, and the Wardrobe*(New York: Harper Collins, 1950), 169-170.
40. Rutledge, *The Undoing of Death*, 109.
41. Paul Rowntree Clifford, *The Reality of the Kingdom: Making Sense of God's Reign in a World Like Ours*(Grand Rapids: Eerdmans, 1996), 83.
42. Michael Card, *Scribbling in the Sand: Christ and Creativity*(Downers Grove, IL: InterVarsity Press, 2002), 77. 『땅에 쓰신 글씨』(IVP, 2003) 역간
43. Lewis, *Between Cross and Resurrection*, 31.
44. 대속 교리에 나타난 승리자, 희생물, 본보기로서의 그리스도의 이미지에 대한 저자의 체계적 성찰과 더불어 이 이미지들에 대한 성경의 근거와 교회 역사 속에서 그 이미지들이 어떤 양상으로 전개되었는지 좀더 명쾌하고 통찰력 있게 요약한 책으로 Jonathon R. Wilson, *God So Loved the World: A Christology for Disciples*(Grand Rapids: Baker Academic, 2001), 83-136을 보라. 각 이미지의 장점들에 대한 내 설명은 이 윌슨의 요약 내용에 빚진 바 크다.
46. Eugene H. Peterson, "Foreword", *Get Up Off Your Knees: Preaching the U2 Catalog*, eds. Raewynne J. Whiteley and Beth Maynard(Cambridge, MA: Cowley, 2003), xiii.
47. Joel B. Greene and Mark D. Baker, *Recovering the Scandal of the Cross: Atonement in New Testament & Contemporary Context*(Downers Grove, IL: InterVarsity Press, 2000), 218-219.
48. St. Athanasius, *On the Incarnation*, 37.
49. Marva J. Dawn, Powers, *Weakness, and the Tabernacling of God*(Grand Rapids: Eerdmans, 2001) and "The Concept of 'the Principalities and Powers' in the Works of Jacques Ellul" Ph. d. diss., University of Notre Dame, 1992(Ann Arbor, MI: University Microfilms, #9220614)를 보라.

50. 더글라스 존 홀 Douglas John Hall은(폴 틸리히 Paul Tillich를 따라) '죄책과 정죄'에 관한 염려를 오늘날에는 그다지 유력하지 않은 중세적 개념으로 치부하여 폐기해 버린 사람 중 하나이다. 틸리히와 존은 '무의미와 절망'을 이 시대 사람들이 지고 있는 주요한 짐으로 본다. Douglas John Hall, "Despair as Pervasive Ailment", *Hope for the World*, ed. Walter Brueggemann(Louisville: Westminster John Knox, 2001), 84를 보라.
51. Leon Morris, *The Cross in the New Testament*, 2nd ed.(Grand Rapids: Eerdmans, 1999), 6.
52. Leon Morris, *The Atonement: Its Meaning and Significance*(Downers Grove, IL: InterVarsity Press, 1983), 162.
53. Evelyn Underhill, *The Ways of the Spirit*, ed. Grace Adolphsen Brame(New York: Crossroad, 2001), 68.
54. Rutledge, *The Undoing of Death*, 63.
55. Fyodor Dostoevsky, *The Brothers Karamazov*, trans. Constance Garnett (New York: Barnes and Noble, 1995). 자신의 논문 "Dostoevsky's Apocalyptic Poetics and Monastic Spirituality: Elder Zosima on Restorative Justice"에서 이 사실을 지적한 맥매스터 대학교의 트래비스 크로커 Travis Kroeker 교수에게 감사드린다. 이 논문은 2001년 11월 17일 덴버에서 열린 American Academy of Religion/Society of Biblical Literature 연례 회의에서 발표되었다.
56. 모두 8절로 이뤄진 찬송의 첫 5절로서 Robert Campbell(1814-1868)이 1632년에 펴낸 라틴어 공식 찬송가에서 번역한 것으로 1566년부터 보헤미아 형제단 Bohemian Brethren 곡조로 불려진 노래이다. #210 in the *Lutheran Book of Worship*(Minneapolis: Augsburg, 1978).
57. Carl E. Braaten and Robert W. Jenson, *Union with Christ: The New Finnish Interpretation of Luther*(Grand Rapids: Eerdmans, 1998)을 참조하라.
58. 짐짓 신앙 깊은 체하는 사람들로서 특히 성직자들이 지목되어 악의에 찬 공격을 받기는 하지만, 목회자와 사제들의 실생활을 그린 글이나 문헌을 좀더 폭넓게 읽어보면 성직자들에 대한 풍자화와 달리 더욱 훌륭하고 더욱 순전한 거룩함에 도달했던 사람들의 예를 아주 풍성하게 찾아볼 수 있을 것이다. Raymond Chapman, compiler, *Godly and Righteous in the Literature and Letters: An Anthology*(Grand Rapids: Eerdmans, 2002)를 참조하라.
59. Stanley Hauerwas, *Sanctify Them in the Truth: Holiness Exemplified* (Nashville: Abingdon, 1998)을 보라.

60. 이 표현에 관하여 오랫동안 생각해 보았지만 이게 내가 만들어낸 표현인지 아니면 다른 사람의 글에서 인용한 것인지 그렇다면 그게 누구인지 확신할 수 없다. 전에 내가 이런 표현을 어디에서 읽었거나 들은 것인데 출처를 표기하지 않은 것이라면 용서해 주시길, 그리고 출처를 귀띔해 주시길.

61. 예를 들어 Murray Jardine, *The Making and Unmaking of Technological Society: How Christianity Can Save Modernity From Itself*(Grand Rapids: Brazos Press, 2003) and Marva J. Dawn, *Unfettered Hope: A Call to Faithful Living in an Affluent Society*(Louisville: Westminster John Knox, 2003) and *Powers, Weakness, and the Tabernacling of God*(Grand Rapids: Eerdmans, 2001)를 참조하라.

62. Colin E. Gunton, *The Actuality of Atonement: A Study of Metaphor, Rationality and the Christian Tradition*(Grand Rapids: Eerdmans, 1989), 158.

63. William C. Placher, *Jesus the Savior: The Meaning of Jesus Christ for Christian Faith*(Louisville: Westminster John Knox , 2001), 141.

64. William Schweiker and Charles Mathewes, *Having: Property and Possession in Religious and Social Life*(Grand Rapids: Eerdmans, 2004) and Dawn, *Unfettered Hope*를 참조하라.

65. Marva J. Dawn, *How Shall We Worship?: Biblical Guidance for the Worship Wars*, "Vital Questions" Series(Carol Stream, IL: Tyndale House, 2003)을 참조하라.

66. John Perkins, *With Justice for All*(Ventura, CA: Gospel Light, 1982) and *He's My Brother: Former Racial Foes Offer Strategies for Reconciliation*(Grand Rapids: Chosen, 1994)을 참조하라.

67. *Chronicles of Higher Education*, March 12, 2004에 보도되고 "Century Marks" *Christian Century* 121, no.7(April 6, 2004): 7에 인용됨.

68. 요더의 저서 외에, 이하에 스케치된 내용들을 잘 강조하고 있는 책들로 P. T. Forsythe, *The Work of Christ*(Eugene, OR: Wipf and Stock, 2001[1910])과 Gunton, *The Actuality of Atonement*, 그리고 Wilson, *God So Loved the World*가 있다.

69. 이에 대한 가장 빈틈없는 답변은 N. T. Wright, *Jesus and The Victory of God* (Minneapolis: Fortress press, 1996), 540-611에서 찾아볼 수 있다.

70. Yoder, *Preface to Theology*, 285-313, 특히 288을 보라. 요더는 이 모든 테마들 및 그 강점과 약점에 대해 탁월하게 설명하고 있기는 하지만, 그가 제시하는 대안적

모델은 루터가 말한 '행위에 의한 의로움'으로 기울어지는 우리의 성향을 진지하게 고려하고 있지 않다. 요더는 '죄에 속박된' 우리의 상태에 대해, 그 속박에서 우리 힘으로는 벗어날 수 없다는 것에 대해 진지한 인식이 있는 것 같지 않다. 그는 그리스도의 역사(役事)에 화답하여 올바르게 살 수 있는 우리 자신의 능력에 의지하기보다는 새 생명 안에서 우리를 통해 이뤄지는 그리스도의 역사를 더 크게 강조할 필요가 있다.

71. St. Athanasius, *On the Incarnation*, 4.
72. 이 책은 누구나 다 평생 몇 차례씩은 읽어야 한다. Lewis, *Lion, the Witch, and the Wardrobe*, 특히 159-180쪽의 죽음과 부활 장면.
73. N. T. Wright, *The Resurrection of the Son of God*, Vol. 3, *Christian Origins and the Question of God*(Minneapolis: Fortress Press, 2003), 648.
74. Douglas Farrow, "Confessing Christ Coming", *Nicene Christianity: The Future for a New Ecumenism*, ed. Christopher R. Seitz(Grand Rapids: Brazos Press, 2003), 137.
75. Wright, *The Resurrection of the Son of God*, 655.
76. Wright, *The Resurrection of the Son of God*, 477, 404-405, 612, 678- 679.
77. 직접적으로 언급된 구절은 다음과 같다. 마 26:62, 막 14:62, 16:19, 눅 9:31, 51, 요 1:18, 3:13, 6:62, 14:2, 20:17; 행 1:9, 2:34, 3:21, 5:31-32, 7:56; 롬 8:34, 10:6; 고후 12:2; 엡 1:20, 4:7-13; 빌 2:9, 3:14; 골 3:1; 딤전 3:16; 히 1:3, 4:14, 6:19-20, 7:26, 8:4, 9:11, 24; 벧전 3:21-22; 계 11:12, 12:5.
78. Douglas Farrow, *Ascension and Ecclesia: On the Significance of the Doctrine of the Ascension for Ecclesiology and Christian Cosmology*(Grand Rapids, MI: Wm. B. Eerdmans Publishing Co., 1999), 39. 이제 이 책의 참조 페이지는 본문에서 괄호로 표시하겠다.
79. Lewis, *Mere Christianity*, 167.
80. William J. Abraham, "I Believe in One Holy, Catholic, and Apostolic Church", *Nicene Christianity: The Future for a New Ecumenism*, ed. Christopher R. Seitz(Grand Rapids: Brazos Press, 2003), 180-182.
81. 대신 Marva J. Dawn, *Joy in Our Weakness: A Gift of Hope from the Book of Revelation*, rev. ed.(Grand Rapids: Eerdmans, 2002)를 보라.